DENNIS FREISCHLAD

HYMNUS
DIE SUCHE NACH AMERIKA

EIN ROADTRIP
VON KÜSTE ZU KÜSTE

1. Auflage 2015
© 2015 DuMont Reiseverlag, Ostfildern
Alle Rechte vorbehalten
Gestaltung: Herburg Weiland, München
Titelfoto: Glow Images, EyeUbiquitous, Richard Rickard
Umschlagkarte: Gerald Konopik, DuMont Reisekartografie
Printed in Spain
ISBN 978-3-7701-8269-5

www.dumontreise.de

*Für Jana und Basti.
Kinder, Geschwister und Eltern.*

»*Wir sollten doch eigentlich voller Begeisterung sein.*«
RALPH WALDO EMERSON

»*Now as I look around, it's mighty plain to see
This world is such a great and a funny place to be
Oh, the gamblin' man is rich an' the workin' man is poor
And I ain't got no home in this world anymore.*«

WOODY GUTHRIE / »I AIN'T GOT NO HOME«

Inhalt

	Prolog	8
Kapitel 1	New York	9
Kapitel 2	Virginia	24
Kapitel 3	Tennessee	49
Kapitel 4	Nashville	67
Kapitel 5	Mississippi	97
Kapitel 6	New Orleans	130
Kapitel 7	Texas	158
Kapitel 8	El Paso – Ciudad Juárez	171
Kapitel 9	New Mexico – Arizona	195
Kapitel 10	Los Angeles	243
Kapitel 11	San Francisco – Yosemite	274
	Playlist / Songs	306
	Quellennachweis	311
	Danksagung	330

Prolog

Bevor es den Menschen gab, existierte bereits Leben.
Bevor es Leben gab, existierte bereits eine Art
anderen Lebens.
Das Leben ist das, was immer ist.
Leben ist immer der Wille zum Sein.
Im Willen zum Sein existiert der Wille zum Entwurf.
Für den Entwurf existiert die Erzählung.
Für die Erzählung existiert der Mensch.

Kapitel 1

New York

> *What he has now to say is a long*
> *wonder the world can bear & be.*
>
> JOHN BERRYMAN / »DREAM SONG 1«

Nur noch ein offener Mund. Als frage er sich, ob er endlich seinen seit Jahrtausenden geplanten Gang übers Wasser antreten soll. Als müsse er nur noch kurz nachspüren, ob der Ozean ihn tragen würde.

Seit der Horizont die Sonne hervorgebracht hat und das Meer aus der Dämmerung gestiegen ist, hat er seine Liturgien eingestellt und ist hochkonzentriert – ohne Gebrabbel blinzelt er nun in die ersten satten Sonnenstrahlen und denkt sich wer weiß was. Der Strass an der grünen Kutte hat zu leuchten begonnen. In seinem Haar glänzt das Salz. Andächtig starrt er über den Atlantik, als wisse er um die wenigen klaren Gelegenheiten, die sich in die Dauerverwirrtheit seines Kopfes legen. Das plötzliche Aufflattern einer Seemöwe lässt ihn zusammenzucken. Um sie zu strafen, ballt er eine Faust und reißt martialisch den Arm in die Höhe. So steht er einige Zeit da, bevor er sich zu mir umdreht und sagt: »Hast du gewusst, dass es früher in New York nur Möwen gab? Alle anderen Vögel sind von einem Verehrer der Dichtkunst eingeführt worden, der wollte, dass alle in Shakespeares Stücken vorkommenden Vogelarten auch hier vertreten sind.«

Käme man noch immer mit Schiffen von Europa nach Amerika, um ein besseres Leben zu wagen, diese beiden Figuren würden die Aufständigen begrüßen: die Freiheitsstatue und der Kerl hier, der das ontologische Gefahrengut der Identität schon losgeworden ist, um großartige Geschichten zu erzählen.

Er zieht seinen Mantel aus, setzt sich darauf und schläft ein.

Ich schreibe ihm eine Nachricht in den Sand und fahre zurück in die Stadt, die sich bereits die Finger nach den Menschen leckt. Kommt man aus dem Ende der Nacht und den behutsamen Morgenstunden, verschlucken einen die Schluchten, der Beton und die Waggons, als sei alles Sein nur Stoff und Bauen ein Traum. Das erste goldene Licht an den Wänden, die Wärme und, wie jeden Morgen, der leichtfüßige Körper der Hoffnung, die wir untereinander aufteilen und die den Tag erwartet wie neue Monde.

Ich bringe Frühstück mit und warte im Garten, bis Kimba und Nikki wach sind und mit einem Pott Kaffee heruntergeschlendert kommen. Ein Rotkardinal fliegt zwischen den beiden Bäumen umher, Nikki studiert einen Tanz ein, den ihr das Vorwärtsrücken der Zeit diktiert, Kimba sagt: »Wer weiß schon, ob man wirklich zu den schönsten Momenten seines Lebens gehört ...« Als ich ihr die Geschichte von den Vögeln Shakespeares erzähle, schnippt sie dreimal mit den Fingern. Ein Zeichen, dass ihr die Story gefällt und ihre Runde machen wird.

Ich schlafe bis zum frühen Nachmittag und mache mich schließlich auf zur Good-Luck-Wäscherei, einem heiligen Ort, aus der Zeit geraten wie Fernsehen. Die milchige Glasfront ist mit schaufensterhohen Pflanzen vollgestellt, sodass man hinter ihr eine Art Aquarium vermutet, aber nur eine lange Theke vorfindet, deren Holzvertäfelung von allerlei Insekten runtergenagt wird.

Vergilbte Werbeposter an der Wand.

Es riecht nach Chemikalien und dem Staub alten Leders.

Aus dem hinteren Raum – vielleicht der einzige, der darauf hindeutet, dass dies hier eine Wäscherei ist, denn ich habe da hinten schon mal einige Hemden rumliegen gesehen – wackelt die chinesische Besitzerin und setzt ein blitzartiges Lächeln auf, um mit der Kraft dieser physiognomischen Neuausrichtung ihren schrillen Begrüßungston zu formen. Sie hält sich an unsere unausgesprochene Abmachung, in elf verschiedenen Sprachen und dreiundvierzig Lauten miteinander zu kommunizieren, die keiner von uns versteht.

Prüfenden Blickes versucht sie, wie immer, herauszufinden, ob ich etwas im Schilde führe. Wir starren uns an. Ich frage mich, wie viele Kunden hier nur hereinschlawinern, um die Dracheneier gegen Haarausfall, die Krötenzungen gegen Nierenleiden oder dreißig Jahre in Tigersperma eingelagerte Salamanderkrallen gegen Blasenschwäche zu besorgen, die sie bestimmt illegal unter der Ladentheke vertickt. So stehen wir da und wundern uns eine Weile, bis sie mich wiedererkennt, ein scharfes »Ahh« hervorpresst und meinen Sack Klamotten holt.

Ich sehe normalerweise keine Farben, wenn ein Wort fällt, aber ihr »Dollar« ist eindeutig gelb, sogar warnblinkend gelb, einer Abmahnung gleichkommend. Sie pocht auf ein Stück Papier, das sie mir hingeschoben hat, und wiederholt ihren Geldfluch, als treibe sie mir Dämonen hinter die Stirn.

Ich bezahle und überprüfe die Sachen. Der Optimismus im Namen der Good-Luck-Laundry ist ernst gemeint, denn es kann passieren, dass man ölige Striemen auf seinen Sachen findet, die vorher nicht da waren, und dann muss man seinen Sack in eine richtige Wäscherei schleppen, um es in Ordnung zu bringen.

Aber alles okay. Ich verabschiede mich und ziehe durch die Dreifaltigkeitspracht Williamsburgs, meiner Nachbarschaft aus chassidischen Juden, Puertoricanern und einer stets allegorischen Boheme beziehungsweise jenen, die dies werden möchten – drei großartige Formen der Menscheninstandsetzung, zwischen denen nur eine vermüllte Straße liegt.

Im Süden des Broadway liegt das jüdische Ghetto, welches mich besonders an den Wochenenden an Teile Hebrons oder Jerusalems erinnert. Die Wieger der Menschheit: In lange Mantelröcke und breite Hüte gekrempelt, vollbebartet und schläfenlöckchenumrahmt kreisen sie lahm und stumm im Orbit der lärmenden Stadt. In den bleichen Gesichtern, deren fahler Augenschein die ringsum zur Schau gestellte Mitwelt nur oberflächlich scannt, um zum Beispiel nicht über eine aufgebrochene Bürgersteigplatte zu stolpern, erkennt man stets eine ungewollte Verwunderung darüber, die gleichen menschlichen Züge wie alle anderen zu besitzen, die gleichen zwei Beine und die gleiche Stirn, hinter der es unentwegt rattert und fuhrwerkt. In einer Welt, in der alles weitergeht, drehen sie ihre Runden. Die Lieder und Wortgenauigkeiten, die sie sich permanent an die Lippen bringen, sind so alt wie die Wüste, aus der sie stammen, und schmecken genauso. Einige Jahrtausende später ist es nur die Zeit selbst, der der Weltenlauf weniger anhaben konnte.

Wer hier an einem Samstag durch den Sabbat schlendert, ist äonenweit von dem Menschenkind entfernt, das auf der anderen Seite des Broadway beweist, wie vollständig sich Fleisch und Geist bedingen. Puerto-ricanische Flaggen sind zwischen den Häusern gespannt, aus jedem Fahrzeug tönt die Schallfreude eines nur zeitweise stillgelegten Tanzbeins, aus den mexikanischen Tacoschuppen und Delis quillt der Bratfettgeruch auf die Straße und mischt sich unter jene, die es mit den Anforderungen des Lebens nicht allzu genau nehmen. Das diesseitige Leben hat in den Körper gefunden, in Rausch, Bauchumfang und Lüsternheit; die Blicke klaffen allesamt einladend und offen vom Beat der ersten großen Hochsommertage; jeder will lieben. Die Jungen imitieren die Bewegungen von feinen Tieren, die

NEW YORK

Alten hocken murmelnd über ihren Kartenspielen. Anachronistisches Brooklyn: Während hundert Meter weiter die jüdischen Frauen in farbloser Ganzkörperkleidung jeglichen Reiz des menschlichen Körpers mit ihren Grautrachten fortbiedern, sehnen sich die Latinas mit jedem Flecken Haut wohl und tänzerisch zu den Sonnenstrahlen hinauf, die sie bis ins Mark begehren. Und dazwischen die Künstler, Hedonisten, Vagabunden, Freaks, Rumtreiber, Schausteller und Sonnenfahrer, die sich teilweise innerhalb eines Jahres mehrfach neu durchgestalten und sich die Freiheit bewahren, am nächsten Tag nicht mehr dieselbe Person sein zu müssen. Ihre Zahl und ihre Insignien – High-End-Coffeeshops, Lofts, Modeateliers oder vegane Restaurants – nehmen mit jedem Meter zu, den man von der Hewes Street zum Hudson marschiert.

Wasser. Ich bin mir sicher, dass New York ohne die Gegenwart des Flusses schon längst untergegangen wäre. Gut, dass er zu allen Seiten ausliegt wie eine allgegenwärtige Beruhigung, welche die Seelenlast der Menschen und des Überbaulichen in von ihr eingerichtete Besänftigungszonen leitet. Tagsüber tobt der Hudson, ist beschäftigt und fügt sich in den arbeitsamen Ablauf, den man von ihm verlangt. Die Fähren bringen die Einwohner und Touristen von Ufer zu Ufer, und die Frachtschiffe stehen so tief im Wasser, als gingen sie jede Sekunde unter – abends aber, unter der Schirmherrschaft der Dunkelheit, bereitet er die schönste Stunde dieser zu Recht selbstverliebten Stadt vor.

Noch bevor die ersten niederländischen Siedler im 17. Jahrhundert hier ihre ersten Häuser errichteten und Neu-Amsterdam gründeten, das später von den Briten in das Neue York umgetauft wurde, nannten die hier lebenden Lenni Lenape die Insel auf der anderen Seite des Wassers Mannahatta, Land der Vielen Hügel. Die einstigen Hügel gibt es nicht mehr. Sie sind neuen gewichen, die nun den Horizont bedecken wie Figuren einer heillosen Heterotopie, die vor nicht allzu langer Zeit noch gar nicht vorstellbar gewesen wäre.

Die späte Dämmerung ist der letzte großartige Aufgang des Tages, der sich am besten hier von den Ufern Brooklyns bewundern lässt – eine große Sammlung besänftigt New York wie eine Mutter, nun, da diese Stadt Unerhörtes geleistet hat und belohnt werden will. Die Dämmerung schließt. Das letzte Blau senkt seine Strahlen auf den Hudson. Silbrig-anthrazit hebt das Wasser an, dahinter die Blöcke Gothams, an denen tausendundeins die Lichter in einer großen Symphonie entspringen – die elektrischen Sterne glühen über dem blauschwarzen Körper des Abends, als kühle sich die Stadt nach einem gehörigen Feuer ab.

Die berühmteste Skyline der Welt ist verwandelt. Warm und mit etwas Demut hat es der Tag in die Waagschale der Nacht geschafft. Wie Laternen tragen die Hochhäuser nun das Licht in die Dunkelheit. Fast könnte man glauben, dass sich Harmonie über die Stadt breitet und die Seelen ihrer Bewohner ein wenig der Erholung anheimgibt.

Aber eben nur fast.

Es wird ein unruhiger Abend. Jeanne und ich nehmen die U-Bahn zur Lower East Side, wo wir Philip auf einer Vernissage abholen und mit ihm zurück nach Brooklyn fahren, um Kimba und ihre Bagage zu treffen, die sich nicht einig werden wollen, wo es hingehen soll. Schließlich fahren wir zu viert zurück nach Manhattan, was mir egal ist, denn diese nächtlichen Taxifahrten beinhalten stets eine Entfernung zur Stadt, die das Ich als Mittler zwischen Körper und Welt genau richtig positioniert: Hinter den Scheiben gewaltigt das Vielzuviel an menschlicher Gestaltung, potenziert und maßlos, gerade jetzt im Schutze der Dunkelheit, wo alles ungeahnt bleiben muss, um greifbar zu werden. Auf der Brücke steckt man den Kopf aus dem Fenster, um zurück- und vorauszuschauen auf das Meer aus Mensch und Beton, diese maßlose Gewissheit, die jeden Tag beweist, dass es sie tatsächlich geben kann. Neun Millionen Menschen, jeder als Mittelpunkt seiner einzigartigen Welt, jeder von dieser Stadt bis ins Tiefste vereinnahmt und definiert, ohne in alldem von bleibender Bedeutung zu sein. Es ist eine großartige Freiheit, in die das stets um Beweisbarkeit streitende Menschenkind taumelt: Man könnte genauso gut nicht da sein, und nichts hätte sich verändert.

Die unverstandene Gegebenheit der Welt. Ich winke ab, schließe das Fenster und erwarte von unserem Spiel mit der Nacht alles und nichts.

Die Magenverstimmung, die ihm in den letzten Tagen die Hinfälligkeit des Lebens an sich und die Eskapaden der vorangegangenen Nacht in die Toilette teufelt, hält Philip Emde nicht davon ab, ein sehr guter Trinkkumpan zu sein, der nie ein Ende finden will. Da mein Kölner Mitstreiter schon seit fünf Monaten in der Stadt ist, überlasse ich ihm stets die Abendplanung und reihe mich ein in die Galerien, Bars und Clubs, die er in einer Unaufhaltsamkeit durchwandert, als seien sie Stationen des Jakobsweges und er der Erde letzter Wanderprediger. Auch er weiß, dass wir irgendwann nicht mehr sein werden, aber zwischen Grüßgott und Lebewohl ein ungeheures Leben besitzen; dass letztendlich alles egal ist und gleichzeitig von größter Bedeutung. In unserem ersten Stopp erzählt er noch lang und breit von den neuen Errungenschaften seiner Kakteensammlung, in der zweiten Bar bezirzt er eine rothaarige Frau in einem tatsächlich roten Kleid mit der Universalkraft seines misanthropischen Charmes, in der dritten muss ich schon die ersten Typen beruhigen, denen er mit Absicht auf den Schlips tritt. Jeanne und Kimba sind wunderschön und kümmern sich nicht um uns. Philip sagt: »Ey, du solltest die Kakteen sehen im Winter! Der Frost glitzert an ihnen.«

Auch wenn es noch abertausend Erdenrunden gäbe, und auch wenn schon ab morgen die Engel in uns niederstiegen – bessere Abende wird es nicht geben.

Die Dunkelheit und ihre Gäste. Das Panoptikum des Menschenmöglichen stolpert heran und schwenkt seine Geschichten, die alle einem neuen Sein auf die Schliche kommen wollen. Schnell hat man gelernt, dass jeder, der es in diese Stadt geschafft hat, nun den Vorzug genießen darf, sich als Mittelpunkt des Geschehens zu begreifen. Die Reichen und die Schönen, die Mittellosen und Verruchten, die Halbbeisammenen, Draufgänger und Abdanker bevölkern das Medium der Nacht, um das Tempo des Tages noch einmal auf die Spitze zu treiben. All das Blink-Blink, der Rausch und der saure Sud der Verzweiflung. Es ist, als verlange die Stadt von ihren Menschen, sich noch einmal unendlich stark zu empfinden, bevor einen der Schlaf aus der Welt reißt. Als wolle man vergessen, beim nächsten Tageslicht gleichfalls von vorn beginnen zu müssen.

Ich halte uns ein Taxi an und erstarre, als ich auf dem Beifahrersitz Platz nehme.

Oft ahnt man nur, dass der Weltengang einem gewisse Menschen und Umstände zuspielt, aber zum ersten Mal bin ich mir vollkommen sicher, dass sich dieses Märchenmännchen von Taxifahrer nur für mich allein aus dem Quantenschaum der kosmischen Möglichkeiten in das Antlitz einer festgeschriebenen Größe materialisiert hat. Auch wenn es eigentlich unmöglich ist: Er übertrifft alles, was ich in den letzten Wochen in New York gesehen habe. Wache, braune Kugelrundaugen im kindlich-indischen Gesicht, die Haut makellos und weich, obwohl er bestimmt um die fünfzig ist. Gerahmt ist er in eine absurde Frisur – gleichschenklig sind lange, ascheweiße Haare an seinem Gesicht angebracht, als habe man es aus einem weißen Vorhang millimetergenau herausgeschnitten: ein Eingeweihter, mindestens aber ein indischer Flaschengeist! Und er sieht mich an, ohne einen Ton über die Lippen zu pressen.

Ich drehe mich zur Rückbank um und schaue durch das kleine Fenster, um mich meiner Gefährten zu versichern. Philip befingert sein Telefon. Kimba und Jeanne liegen sich in den Armen und erzählen so wild, dass niemand auf meine Rufe reagiert. Es regnet mittlerweile in Strömen; der erste Regen seit Langem, und alle Himmel gehen auf. Das Taxi wird zu einem Schiff. Der Rest New Yorks geht hinter den Fensterscheiben unter, und ich sitze allein mit meinem Fabelwesen in unserer Kajüte und segele in unsere Geschichte hinaus.

Ich muss etwas tun, also quatsche ich rum. Ich erzähle ihm von Indien, dem Land seiner Ahnen, vom Ölsalbungsgesang der Shiva-Tempel, die das ganze Land formulieren und von einer Wirklichkeit in die andere reißen. Von nie ganz anwesenden Lichtern, die jedoch so bekannt sind, dass sie in der Seele brennen. Er nickt, hört zu und fragt immer wieder, wo genau er uns hinbringen soll. Ich habe keine Ahnung. Ich wiederhole: »Du musst Indien sehen, bevor du stirbst«, denn der Geist behauptet hartnäckig, noch nie in Indien gewesen zu sein. Er antwortet nur, dass er lieber wissen will, wo er *mich* absetzen soll, aber ich sage, er möge jetzt mal bitte keine Faxen machen, aus diesem Moloch hier verschwinden und ab ins Mutterland, bevor er seine Chance verbumsfiedelt habe.

Ich glaube, Philip hat irgendwann eine Adresse durchgemurmelt.

Der Geist hält und sagt: »Hier!«

Philip schreit, ich solle mal hinmachen, aber bevor ich aussteige, zwinge ich dem Geist noch den Schwur von den Lippen, sich so schnell wie möglich vor den Tempeln Indiens in den Staub zu werfen.

Er greift über mich hinweg und öffnet die Beifahrertür.

Die Kapsel des Wagens öffnet sich – in einem einzigen Augenblick sind wieder Geräusch, Stadt, Menschen und ein monströser Platzregen gegenwärtig. Als wir alle patschnass am Straßenrand stehen, frage ich die anderen, ob sie den Taxifahrer gesehen hätten und was sie von seiner Frisur hielten, aber Philip sagt nur, dass ihn der Taxifahrer einen Scheiß interessiere, Kimba klappert mit den Zähnen und Jeanne will tanzen; keiner von ihnen hat ihn gesehen, und ich möchte fast behaupten: nicht sehen können.

Bald stehen wir mit vierzig anderen Feierwütigen in einem alten Lastenfahrstuhl, der uns auf das Dach eines Wolkenkratzers bringt, und ich höre den riesigen Schwarzen, der den Aufzug bedient, vor sich hinmurmeln: »God, I hate these fucking people ...«

Oben angekommen, ist eine großartige Party im Gang, die gewiss auch von dem Erlebnis angeheizt wird, hoch über dieser unbezwingbaren Stadt zu thronen. Ich lehne mich an die mannshohe Glasmauer, die mich vor dem freien Fall in die Tiefe schützt, und schwebe im Blick über das nächtliche Manhattan. Dröhnend und glorreich liegt hier alles beisammen, und man käme aus dem Staunen nicht heraus, verbrächte man auch den Rest seines Lebens auf diesem Dach. Woher kommt eine solche Idee in die Welt, welches Prinzip, welche Abstammung ist dafür verantwortlich, und wie zur Hölle hat es der Mensch geschafft, sich in alldem einzurichten, ohne komplett auszurasten?

»America«, hatte Kimba letztens gesagt, »is all about creation, it is *only* about creation.« Zweifelsohne: Die Erscheinungswut und -wucht der menschlichen Selbsterfindungsprozesse hat hier einen neuen Raum okkupiert, der all seine Vorgängerorte übersteigt, während er sie gleichzeitig integriert. »Ein großer Gelehrter«, schrieb R. W. Emerson in sein Tagebuch, »wird in Aristophanes und Hafis und Rabelais lauter amerikanische Geschichte entdecken.«

So richtig diese Feststellung auch ist, so wenig braucht es einen Gelehrten, um zu ihr zu gelangen. Zwei Augen sind nötig und ein Gang durch diese Stadt, die wahrlich keine Erfindung Amerikas ist, sondern schlichtweg das Resultat der Welt. Neben dem kompletten monotheistischen Erbe Echnatons enthält sie die Resonanz uralter Archetypen, die säkularen Folgen der Aufklärung, neben allen Kulturen und Völkern dieser Welt auch alle Religionen und Sprachen, neben dem Drang zum Neubeginn ebenfalls die Ohnmacht, selbigen schaffen zu können. Ich brauche nur von Brooklyn nach Manhattan zu spazieren und habe das komplette

Mythengewebe der menschlichen Erzähl- und Selbstdarstellungskunst durchlaufen. Das, was wir gemeinhin unter Natur verstehen, fehlt in dieser Stadt. New York ist einzig am Maß des Menschen kalibriert. Das Gemeinsame ist jeweils: der Entwurf. Das Sein ist nur wirklich seiend, solange es erzählt wird. Deshalb wird in diesem Land der ständig wiedergekäute und allenfalls schludrige Halbbegriff der Freiheit in seiner letzten Konsequenz einen Aufruhr meinen: jenes zu suchen, was das menschliche Subjekt-Kapital zu leisten vermag, wenn es sich als neue Geschichte auf den Weg macht.

Amerika existiert, um diese Fabel zu sein.

Und New York ist das Monstrum, das der Menschheit nichts schuldig bleibt.

Philip drückt uns allen einen Drink in die Hand und vergisst nicht zu erwähnen, welche Unsumme er dafür hat bezahlen müssen. Ich nehme mein Gesicht von der Scheibe und schüttle mir den Wind aus dem Bart. Die Stadt ist zu hell und die Nacht zu bewölkt, um die Sterne zählen zu können; ich bin mir jedoch sicher, sie beobachten uns zahlreich. Wie soll man sich an einem solchen Ort nicht vollkommen loslösen wollen? – Wir tanzen und trinken, bis ich urplötzlich genug habe und beschließe, noch allein durch Manhattan zu wandern.

Wie wusste schon Heiner Müller: »Wer mit sich identisch ist, der kann sich einsargen lassen, der existiert nicht mehr, ist nicht mehr in Bewegung.« Hohe, nimmerstille, vollvertraute Straßenschluchten! Wie früh es auch ist und wie lange die Menschen auch schon schlafen, es hält sich diese enorme Energie, die nie versiegt und stets dafür sorgt, dass in der hinterlassenen Stadt immer etwas dampft, rumort, noch etwas herumwirbelt und unvollständig bleibt, ein Meer aus gelben Lebenslichtern bei leicht zugekniffenen Augen, durch das die Tierchen wuseln und in dem die Versprechen nicht aufhören, an der nächsten Straßenecke einer weiteren

Offenbarung zu erliegen. Nie ist New York gänzlich befriedet, nie angekommen. Es ist die Aufführung dieses fortlaufenden Rhythmus, der auf eine glorreiche Art rasend macht, der John Coltrane zwang, »My Favorite Things« nie zu Ende spielen zu können: Der Kreis lässt sich nicht schließen, ohne ihn zu sprengen.

Das Heranbrechen des Tages dauert eine Ewigkeit. Erstes Hellblau spiegelt sich in den Pfützen. Menschen klammern sich an ihre Kaffeebecher und gleiten in den Tag wie Schlafwandler, während die Tauben noch zufrieden in den Verschlägen gurren und darauf warten, auf die Stadt niederzugehen.

> Die New Yorker Morgenröte
> hat vier Säulen aus Morast
> und Orkane schwarzer Tauben,
> die in den Kloaken plätschern.
> Die New Yorker Morgenröte
> stöhnt auf endlos langen Treppen,
> stöbert zwischen Häuserkanten
> nach den Narden schemenhafter Angst.

FEDERICO GARCÍA LORCA / »DIE MORGENRÖTE«

Ich erreiche Battery Park und stehe bald am Hudson, diesem dunklen Band, das zwischen dem in die Höhe gewürfelten Stein wie dessen Hauptschlagader verläuft; in der Ferne die Freiheitsstatue und davor Ellis Island, die Insel der Tränen. Als ehemaliger Sitz der Einreisebehörde hat sie weit mehr Neu-Amerikaner kommen sehen als jeder andere Ort der Neuen Welt: Insgesamt durchliefen hier bis 1965 siebzehn Millionen Menschen die Aufnahmeprozeduren. Immigranten aus allen Ländern Europas und des weiteren Ostens, vor allem Deutsche, Iren, Italiener, Schweden und Engländer hatten hier zum ersten Mal den Boden ihrer neuen Heimat unter den Füßen. Die Vorfahren von über vierzig Prozent der heutigen Amerikaner kamen über diese winzige Insel auf den Kontinent und stellten sich nach einer kräfteraubenden Überfahrt den Gesundheitsuntersuchungen. Senile, Herzleidende und psychisch Kranke mussten hoffen, dass man ihnen ihren Ballast nicht anmerkte, ansonsten schickte man sie geradewegs zurück auf den Ozean. Schon damals zeigte sich der amerikanische Hang zur Happy-End-Dramaturgie. Hatte man den Papierkram und die Untersuchungen hinter sich gebracht, durfte man die Hallen von Ellis Island durch eine Tür verlassen, auf der stand: »Push to New York«.

Willkommen, will man diesen Weltreisenden immer noch zurufen, ihr habt überlebt, nicht nur die Reise hierher, sondern auch diese festgefahrene, seltsam dunkle Periode, diese europäische Vergangenheit mit all dem schweren Gehalt engstirniger Kriege und veralteter Symbole, die Welt der Päpste, Monarchen und mittellosen Bauern, diesen bereits so fest am Leib der Geschichte verankerten Ort, den Heinrich Heine den Kirchhof der Romantik nannte. Was nun? Die Überseefahrer haben ihre Heimat verlassen, oft aus schierer Not, und sind am unbekannten Ende des Weltmeeres mit fast nichts in den Taschen angekommen als ein paar zerrütteten Hoffnungen und dem Wunsch, neu zu werden an einem fremden Ort. Diese Menschen waren der Baustoff für eine Nation, die noch nicht wusste, was sie alles sein will und kann – und es bis heute nicht herausgefunden hat.

Spricht man den Amerikaner auf die Pilger und Pioniere an, aus denen die Gründungsväter hervorgingen, stellt er sich automatisch eine heilige Truppe Gläubige vor, die 1620 von England beziehungsweise Holland, in das sie zwischenzeitlich schon geflüchtet waren, in See stachen und an der Küste des heutigen Neuengland die Neue Welt betraten. Die Puritaner hatten sich als erste christlich-religiöse Gemeinschaft auf das amerikanische Abenteuer eingelassen; in England bot sich ihnen keine Chance, ihren Glauben zu leben. Ob sie auch noch gekommen wären, wenn sie gewusst hätten, was sie erwartet? – Die Hälfte der Menschen starb in den ersten Monaten, ihr neues Reich empfing sie mit rauen Winden und einem bitteren Winter. Langsam lernten sie von der indigenen Bevölkerung den Anbau von Mais und den Fischfang, zimmerten ihre ersten einfachen Hütten und ein Versammlungshaus, in dem der Gottesdienst abgehalten wurde: der Beginn ihres neuen Lebens, der Neubeginn eines uralten Kontinents.

Doch die noch heute glorifizierten Puritaner waren weder die ersten britischen Siedler noch die Einzigen, deren Prinzipien heute das Sein und Bewusstsein Amerikas bestimmen. Letztlich geht es in allem, was man in diesem Land vorfinden wird, um die Weiterführung der immergleichen Angelegenheiten, also um Gott, Geld, das Potenzial des Menschlichen und ums nackte Überleben.

Christliche Reformbewegungen, denen Europa zu eng, zu veraltet und verrucht war, segelten in dieses freie Land, um endlich das wahre Jerusalem zu errichten, ein Land, von Gott bereitgestellt für die Erfüllung eines gottergebenen Lebens auf Erden. Aber schon die Mayflower, das erste Schiff, mit dem die Puritaner den Ozean überquerten, hätte ohne die nötigen Geldgeber, die buchstäblich mit im Boot saßen, den Garten Eden nie erreicht. Die Finanziers schielten vor allen Dingen auf fast unendliche Rohstoffe und den daraus resultierenden Handel. Wer reich werden wollte, hatte bereits im 17. Jahrhundert sein El Dorado gefunden. Aus den undefinierten Grenzen des Marktes entstanden nach dem Bürgerkrieg zuerst die Räuberbarone: gnadenlos ehrgeizige Industrielle mit einem schier fantastischen Vermögen. Sie warfen den Turbokapitalismus an, der Amerika zur Weltmacht emporwirtschaften sollte und heute dafür sorgt, dass das Land seine Schulden nie wieder begleichen können wird und die Märkte künstlich so hochgepumpt sind, dass die heiße Luft, auf denen sie gebaut sind, regelmäßig den Atem kostet.

Eine neue Anwendung von Göttlichkeit suchten auch jene, die in diesem Neuland endlich die Möglichkeit sahen, den Menschen seiner eigentlichen Bestimmung anzunähern und ihn von den sozialen Einschränkungen, dem geistigen Irrglauben und der politischen wie religiösen Barbarei der Vergangenheit zu erlösen. Ralph Waldo Emerson, Walt Whitman oder Henry David Thoreau waren Vertreter jener Dichter und Denker, denen es darum ging, das Individuum mit dem Ganzen, was es voraussetzt, zu vereinen. Freiheit wird bei ihnen bedeuten, die großen Summen von Liebe und Weisheit, mit denen sich der Mensch dem Kosmos der Lebendigkeit anschließt, zur vollen Entfaltung bringen zu können.

Gott also, Geld und Gemeinschaft. Als vierte und verbindende Kraft stranden noch die weltsüchtigen Abenteurer, Possenreißer, Schurken, Tunichtgute, Spieler und Gauner an diesem Ort, an dem sie nicht wiedererkannt werden würden.

Die Geschichte der Menschheit ist um eine Attraktion reicher: Lassen wir den Menschen frei walten und schauen, ob er in einem Land, das nichts von ihm weiß und dementsprechend nichts erwartet, dem Göttlichen nahekommt – oder dem Allzumenschlichen.

> America the greatest experiment on earth
> with the greatest chance to create
> a higher human being
> A reconditioned anima or animus
> bandy-legged and gender-blended
> A cuss upon the cusp
> of civilization.

LAWRENCE FERLINGHETTI / »AMERICUS«

Kapitel 2

Virginia

Des Menschen Verstand ist herrlich, das Mundwerk mächtig
Und die Berufung so groß, dass das Paradies sich öffnen muss.

CZESŁAW MIŁOZ / »AUF UNSERER ERDE«

New York ist schlecht vorbereitet auf diese Art Regen. Von den Straßenbahntrassen fließen silbrige Sturzbäche und die Kanalisation gurgelt all das Wasser empor, das nun in flinken Bächen über die Straßen rauscht. Als ich meinen Greyhound-Bus im Herzen der Stadt erreiche, bin ich klatschnass und schlafe ein, bevor sich der Bus überhaupt in Bewegung setzt.

Eine halbe Stunde später erinnert nichts mehr an die Stadt, die man gerade hinter sich gelassen hat. Sattes Grün glänzt in der Sonne, die durch den sich öffnenden Himmel schießt und genügend Platz hat, sich zwischen die Gleichgesichter der kleinen Städte zu schmiegen; der Bus rollt geräuschlos und sein Fahrer reißt schäbige Witze durch das Bordmikrofon. Es geht uns bestens. Vorbei die Zeit, als die Greyhound-Busse ausschließlich aus einem Bündel Metallschrott bestanden und nur jenen Teil Amerikas transportierten, der gerade noch so viel Kleingeld besaß, um sich transportieren zu lassen. Der Bluesmusiker Robert Pete Williams sah sich in seinem »Greyhound Bus Blues« sogar veranlasst zu fragen, warum ein solch armer Kerl, der in so einem Bus sitzt, überhaupt irgendwo hinreise.

Mein Herz macht große Augen, als wir uns Baltimore nähern. Ich erwarte viel von der Stadt, wenn auch nur aufgrund des gleichnamigen Randy-Newman-Songs, der dafür gesorgt hat, dass ich mir die Stadt schon immer als argen Ort für verloren gegangene Seelen vorgestellt habe, die nichts Schlimmeres mehr zu wagen haben, als aus dem letzten Fetzen Leben eine enorme Liebe zu schneidern – das muss dann halten. Baltimore, klanglich schon schicksalsträchtig und wie aus alchemistischen Beschwörungen gesponnen, schien aus der Ferne schon immer als ein Ort, der ständig mit sich selbst ringt und seit jeher taumelt, ohne ganz zu Boden zu gehen:

Hard times in the city
In a hard town by the sea
Ain't nowhere to run to
There ain't nothin' here for free.

Hooker on the corner
Waitin' for a train
Drunk lyin' on the sidewalk
Sleepin' in the rain.

And they hide their faces
And they hide their eyes
'Cause the city's dyin'
And they don't know why.

RANDY NEWMAN / »BALTIMORE«

Liegen gebliebene Industrieromantik, das meiste vergeben und vergessen. Ein schwereloser Untergang, der nur jene vorbeihuschenden Augen begeistert, die hier nicht leben müssen; selbst zu Beginn des Sommers erinnert alles an die harten Winter, die hier durchjagen wie Teufel.

Zum Meer kommen wir nicht. Die abgelegene Haltestelle ist so unspektakulär wie der Kaffee, auf den mich Bernhard, mein Sitznachbar, einlädt. Wir nippen die schale Brühe aus unseren Styroporbechern und plaudern ausgelassen über das zurückgelassene New York. Unbemerkt vergeht die Zeit. Hinter der funktionsuntüchtigen Schiebetür soll bald der Bus stehen, der uns runter Richtung Virginia bringen wird.

»Black don't crack« ist ein gängiges Sprichwort, das mit etwas Augenzwinkern den Umstand zum Besten gibt, dass Schwarze nicht so schnell den Erscheinungen des Alters erliegen wie der Rest der auf den körperlichen Zerfall zueilenden Menschheit. Es ist schon fast grotesk, wie wahr diese Redensart ist*. Bernhard zum Beispiel ist ein Mann von fast sechzig Jahren, und außer einem Wohlstandsbauch erscheint er wie ein jungspundhafter, falten- und augenringfreier Mann von knapp vierzig Jahren, dem ein Lachen höchstens das gesunde Backenfleisch wölbt und sonst nichts.

Nach Baltimore nimmt die Fahrt nun Stimmung auf. Ein White-Trash-Pärchen ist zugestiegen und nimmt jeweils zwei Sitze für sich in Anspruch, indem sie sich mit dem Kopf an die Fenster lehnen und breitbeinig ihre Schlappen in den Gang hängen las-

---

* Die asiatisch-amerikanische Komikerin Helen Hong hat ihrerseits dem fernen Osten der Welt eine materielle Hartnäckigkeit zugesprochen, indem sie während einer ihrer Stand-up-Shows verkündete: »Rice stays nice.« Ich werde mir für die Nachwelt erlauben, eine große Wahrheit über die Kaukasier auszusprechen, die hoffentlich ohne zu zögern den Gang in die Lexika der Redewendungen antreten wird: White ain't tight!

sen. Ungemütlich? Nicht, wenn man von den mächtigen Wogen seines eigenen Körpers getragen wird. Mit ihren kurzen Hosen und zu lange getragenen Hemden sehen sie aus wie ausgebleichte Meeressäuger, die die Haltestelle in unseren Bus gespült hat. An Francis' Unterbein schaukeln zwei tätowierte Titten und er hustet trocken aus, bevor er mir zu verstehen gibt, dass die guten Dinger leider nicht seiner Frau gehören.

»Ich würde mir den Ringfinger abschneiden«, gesteht er, »um tauschen zu können, ehrlich, Mann! Den Ringfinger braucht man ja kaum, und eine miese Tittentätowierung auf dem Bein, shit, das ist mal richtig egal.«

Grinsend blickt er rüber zu seiner Frau, die konzentriert in einer Broschüre blättert, bevor sie einen dumpfen Laut der Unzufriedenheit von sich gibt und das Heft verächtlich auf den Boden pfeffert. Sie ist ein Wunder. Von dem aufgeblasenen Schlafkissen, das ihr um den Hals liegt, ahnt man auf den ersten Blick nicht, dass es ein künstlicher Teil ihres Körpers ist: Es sitzt wunderbar in den üppigen Fleischringen, aus denen ihr Körper besteht. Ein weibliches Michelin-Männchen, dessen winzige Knopfaugen voller Zuversicht stecken.

Sie reisen quer durchs Land bis nach Arizona, wo sie herkommen, zugleich aber zugezogen sind und wieder oder überhaupt wegwollen; es wird nicht ganz klar. In ihre Heimaterzählungen mischen sich Philadelphia-Erinnerungen von gestern, als man zwei Hunde gesehen hat, deren Arschlöcher zusammenklebten, oder es geht um einen Cousin, der irgendwo im Mittleren Westen eine unprofitable und allem Anschein nach extrem traurige Taubenzucht betreibt. Ab und an richtet sich Francis umständlich auf und haut die anderen Fahrgäste um Zigaretten und Kaugummi an oder holt Erkundigungen ein:

Wer hat die meisten Reisen in einem Greyhound auf dem Buckel?

Was mit Amerika los sei, da man zwei Stunden in diesem verdammten Baltimore habe warten müssen?

Ob sich jemand mit Tauben auskenne?

Neben Bernhard und mir kauert eine spindeldürre Japanerin, umgeben von einem Berg aus Taschen, die wir ihr in Baltimore in den Bus geschleppt haben. Alle zehn Minuten tippt sie mir auf die Schulter.

»Junger Mann, wo steigen Sie aus? Was ist mit dem Bus? Haben Sie die Nummer der Heilsarmee?«

Aus den Tiefen einer ihrer Taschen kramt sie eisgekühlte Äpfel hervor, die sie im ganzen Bus verteilt. Sie ist ernsthaft verrückt und hat keine Ahnung, wo in der Welt sie sich gerade befindet. Wie ein Kind klammert sie sich an den Vordersitz und späht nach vorne, als erwarte sie jeden Augenblick das Ende der Fahrt und einen Ort, an dem sie wer weiß was vorhat.

»Junger Mann, die Nummer der Heilsarmee bitte! Der Bus, ich weiß ja nicht ...«

Ich erzähle ihr irgendwelche Geschichten und richte mich darauf ein, ihr in Charlottesville eine Unterkunft zu organisieren beziehungsweise die Heilsarmee zu kontaktieren. Ich sage etwas Beruhigendes wie: »All will be good if it turns out to be good.« Bernhard lächelt und nickt mit dem Kopf. Obwohl sie mich nicht versteht, lacht sie laut auf, bedankt sich tausendmal und schlüpft neben einen Kerl, der die alten Soullieder mitsingt, die in seinem Walkman laufen – sie wiegt den Kopf im Rhythmus seiner Stimme hin und her und sieht glücklich aus. Vorne kommt es zu einem Streit, als sich ein Kerl von Francis angehustet fühlt, und hinter mir echauffieren sich zwei Frauen mit aufgemalten Augenbrauen über eine gemeinsame Bekannte: »She went to an eye doctor, I mean, who in the world goes to a fucking eye doctor, that fucking bitch, I tell ya! What's an eye doctor doing anyway!«

So rollen wir dahin. Draußen schlummert das ländliche Virginia mit seinen auf weichen Hügeln sitzenden Häusern, die zugleich gespenstisch und zärtlich wirken. Man kann nie sagen, ob in ihnen Heilige oder Wahnsinnige wohnen, ob unter ihren einfachen Dächern das Grauen haust oder eine Liebe, die der Welt noch nicht offenbart wurde. Passend zum Kleinod des ländlichen Amerika stehen immer wieder Säulen nebligen Lichts auf den Feldern, vom Himmel zur Erde geschickt. Ein letzter Tanz mit dem Ende des Tages, bevor der Abend ein beeindruckendes Schauspiel aufführt. Dunkle Gewitterwolken rollen heran und hängen so tief, dass sich in ihnen jede Rundung, jede Linie, jeder letzte Lichtkontrast ablesen lässt. Ein fast comicartiger Himmel. Die schwere Luft brüllt und überschlägt sich. Fasziniert von dem Schauspiel drücke ich mein Gesicht an die Fensterscheibe. Das einsetzende Gewitter ist derart laut, dass die Scheiben zittern und der Japanerin die Furcht ins Gesicht geschrieben steht. Sie hält sich die Ohren zu und macht große Augen.

»Nicht Heilsarme, nein, nein: Polizei! Kraaaankenwagen!«

Der Bus schiebt sich weiter durch den Tunnel aus dichtem Regen. Wir erreichen Charlottesville, und weiß der Teufel, wie die Japanerin das hingekriegt hat, aber am Busbahnhof wartet bereits ein uniformierter Kerl und lädt ihr Taschenarsenal in den Van der örtlichen Heilsarmee. Sie macht eine Beuge und braust davon. Ich rufe Sumit an und sehe ihn einige Minuten später auf mich zurennen, zwei Regenschirme durch die Luft wedelnd.

Sumit Babaji ist im Himalaya aufgewachsen und, nachdem er Modedesign studiert hat, im Süden Indiens gelandet, in Auroville und Pondicherry, wo wir einige Jahre in seliger Nachbarschaft verlebten. Wir klapperten in unzähligen Motorradtouren die Schätze Tamil Nadus ab und fuhren eines glorreichen Sommertages gemeinsam hoch nach Chennai, um Sachin Tendulkar, den größten Kricketstar seit Erfindung des Balls, mit Erfolg in einem Hotel aufzuspüren. Der größte kleine Mann der Welt, ein Demi-Gott, dem seine Fans Briefe mit ihrem Blut schreiben! Er lief direkt an uns vorbei. Fast hätte ich ihn berührt. Wenige Stunden später sahen wir ihn in das völlig ausrastende Kricketstadion einlaufen, und es war dann auch egal, dass er nach nur wenigen Bällen wieder das Feld verlassen musste. Dehydration, wie wir später aus der Presse erfuhren. Noch Tage später leuchteten unsere Augen. Das alles zementierte eine Freundschaft, die uns wohl bis in alle weiteren Leben verbinden wird.

Kürzlich hat Sumit seine amerikanische Freundin geheiratet und ist mit ihr nach Charlottesville gezogen, wo er zwei Träume auf einmal lebt: den indischen, denn er hat sich eine weiße Ausländerin geangelt, die mit ihm im wohltemperierten Wald-und-Wiesen-Elysium des weißen Amerika lebt, und den amerikanischen, was bedeutet: »zwei Jobs gleichzeitig zu arbeiten, von morgens bis abends, und gerade so viel zu verdienen, dass es irgendwie reicht«.

Wir fahren zu einem Diner ans andere Ende der Stadt und erzählen uns die letzten drei Jahre, in denen wir uns nicht gesehen haben. Bierselig lassen wir unsere Vergangenheit auf uns niederrieseln und sitzen noch lange auf den Stufen zu seiner Wohnung. Die warme Nacht behält uns lange. Als wir endlich schlafen gehen, werde ich so schnell auf der Couch heimisch, wie es gedauert hat, mich auf sie fallen zu lassen. Ein überfallartiger Schlaf und dermaßen traum- und bilderlos, als sei ich in ein pränatales Bewusstsein zurückgefallen.

Man kann von Charlottesville sagen, was man will, sagt aber immer nur die eine Sache: eine freundliche und sehr entspannte Collegestadt, *a very nice place*. Ich vertreibe mir den Vormittag in einem Café, in dem ein Obdachloser, der sich garantiert nach dem Abbild Jeff Bridges aus »König der Fischer« entworfen hat, in einem Sessel schläft und mit aufgerissenem Mund sein Kinn vollsabbert. Schließlich treffe ich mich mit Sumit, der sich extra den Nachmittag freigenommen hat, um mir die von Thomas Jefferson gegründete Stadt zu zeigen. Alles hat mit dem ehemaligen Präsidenten zu tun, den Sumit immer nur »Mister Jefferson« nennt: Mister Jefferson hat dafür gesorgt, dass alle Häuser einen Säulenvorbau erhalten, Mister Jefferson hat die Universität begründet,

Mister Jeffersons Anwesen heißt Monticello und thront auf einem Hügel über der Stadt. Dort konnte Mister Jefferson in seinem Garten stehen und beobachten, wie Sklaven die Universität errichteten. Mister Jefferson hat alles selbst entworfen, sein Haus, die Uni, die Stadt, Amerika.

Kein einziges Mal bezeichnet er ihn als Thomas Jefferson oder Präsident Jefferson oder einfach nur Jefferson, sondern stets: Mister Jefferson. Seine Kindheit im Herzen des Himalaya hat ihm eine solche Ehrfurcht vor dem Leben gelehrt, dass er seine neue Heimat so zart behandelt, als sei sie seine Geliebte, die stets mit mehr als nur einem Ohr seinen Komplimenten lauscht. Als er mir auf dem Campus das alte Studentenzimmer von Edgar Allen Poe zeigt, ist es wie selbstverständlich das alte Zuhause von »Mister Poe«.

Der Sonntag ist der einzige Tag, an dem Sumit nicht bis in den Abend arbeiten muss, um sich die schwarzen Augenränder zu verdienen. Ich hatte mir im Internet Fotos von einigen Vans angeschaut, um endlich meinen Autokauf voranzutreiben. Meine Kandidatenliste war in dem Moment hinfällig, als ich über »Craigslist« einen vierundzwanzig Jahre alten Dodge Ram entdeckte, ein in milden Farben gehaltenes Rechteck, das beim ersten Anblick schon Hunderte Geschichten erzählte und für lumpige tausend Dollar zu haben war. Man braucht ja kein Auto für solch eine Reise, sondern einen Gefährten. Scheiße, er hatte sogar eine Gardine auf der einen Seite! Es hat keine Sekunde gedauert, um zu wissen, dass dies mein Reisekumpan werden würde, der mich quer durch die Vereinigten Staaten karrt. Ich vereinbarte einen Besichtigungstermin mit dem Eigentümer, und an einem wunderschönen Sonntagnachmittag fahren Sumit und ich hinaus in die Wälder Virginias.

Tom hat den Wagen an der nächsten geteerten Straße geparkt, damit wir ihn überhaupt finden. Er zeigt hoch in den Wald und sagt, dass er es mittlerweile etwas abgeschiedener mag. Er steckt den Zeigefinger wieder zurück in die Tasche, zupft an seiner Truckermütze und beginnt endlose Geschichten zu erzählen, die nichts mit ihm oder dem Wagen zu tun haben.

Immer wieder schiele ich zu dem Van hinüber. Alle Zeichen stehen gut. Die Sonne fällt in einer derartigen Perfektion durch die hohen Bäume, dass kein Übel von dieser Stunde auszugehen scheint, und Tom ist ein ganz und gar vertrauenswürdiger Geselle.

»Ach ja«, unterbricht er sich. »Das Auto!«

Ich klettere auf den Fahrersitz.

Das Ding ist eine verdammte Couch.

Das Kassettendeck funktioniert.

Ich sage: »Ich nehme den Wagen.«

Tom hat damit kein Problem, zwingt mich aber doch, den Wagen einmal kurz Probe zu fahren. Als das erledigt ist, begleiten wir ihn hoch in den Wald, wo er uns seinen Fuhrpark und sein Haus präsentiert, das er selbst nach einem speziellen Thermosystem gebaut hat. Mit dem Ding sei er auf seine alten Tage eine Internetberühmtheit geworden, versichert er, während er den Kaffee aufsetzt und seine Frau Sylvie uns Gebäck serviert, als seien die Kinder zu Besuch. Als es Zeit ist, zurück nach Charlottesville aufzubrechen, schenkt sie mir noch ein Fläschchen Lavendelöl. Ich solle vor dem Schlafengehen einen Tropfen auf mein Kissen netzen, dann fände ich einen prima Schlaf.

»If the car breaks down«, fasst Sumit den Nachmittag zusammen, »at least people were nice.« Ohne es zu merken, hat er damit ausgesprochen, was er vom Kauf der alten Kiste hält. Egal. Ich bin zufrieden, besser hätte es nicht laufen können. Zu Hause verbringen wir den Abend im Auto und machen eine gute Flasche Wein auf, während wir die Füße aus den Fenstern hängen lassen und Charlottesville seinen Mucksmäuschenschlaf hält.

Babaji klopft auf die Kunststoffarmaturen. »Du wirst mit diesem Auto eine großartige Zeit haben. Es ist alt, aber es ist genau das Richtige für so einen Trip. Verdammt, ich wünschte, ich könnte mitkommen.«

VIRGINIA

»Das wirst du. Dir zu Ehren soll er ›Mister Jefferson‹ heißen, und er soll statt deiner den Pazifik küssen. Ich werde eine Blume in die Wellen setzen, als ob es der Ganges wäre, und an dich denken, Mister Sumit Babaji.«

Wir stoßen an; das Klirren der Gläser hallt als Initiationsgebet in den klapprigen Ohren Mister Jeffersons, und als ich etwas Wein über den Sitz verschütte, ist mein neues Zuhause endgültig getauft.

Eine gute, alte Seele.

Möge er die nächsten Monate, seine wohl letzte große Reise, irgendwie überstehen.

Auch in Charlottesville beginnt die Fußballweltmeisterschaft; ich suche mir einen Barplatz in einem Diner, das alle Spiele überträgt. An meiner Seite Shawn, ein durchtrainierter und gutaussehender Kerl eines haitianischen Vaters und einer irisch-amerikanischen Mutter, schwul bis hinter beide Ohren. Er sitzt nur hier, um sich bereits am frühen Nachmittag guter Dinge volllaufen zu lassen. Fröhlich erzählt er von den Vorteilen eines ab und zu durchgeführten *daydrinking*. »Man kann nur wissen«, schwadroniert er, »was der Alkohol mit einem anstellt, wenn er einen den ganzen Tag über begleitet, richtig? Is' doch richtig ...«

Da er hier ab und zu arbeitet, muss er nichts zahlen und versorgt uns beide mit Freibier, bis das Spiel vorbei ist und wir runter in die Stadt spazieren. Er führt mich ein wenig herum, bis ich einen Bus raus zum DMV-Büro (Department of Motor Vehicles), der Kfz-Anmeldebehörde, nehme, wo ich Mister Jefferson anmelden muss. Als ich zurück bin, treffe ich mich wieder mit Shawn in einem großartigen alten Theater, in dem auf Großleinwand das erste Spiel der USA übertragen wird. Obwohl sich hier niemand für Fußball interessiert, ist der Saal voll – genauso wie Shawn. Er kann sich kaum noch auf den Beinen halten, obwohl er quer in seinem Sessel liegt. Wir sitzen in der ersten Reihe, und während ich das Spiel verfolge, fängt

Shawn imaginäre Fliegen und schreit plötzlich herum, dass der Torwart der USA verschwunden sei. Zur Unterhaltung der anderen Zuschauer steht er wirklich auf, ehrlich entsetzt wie er ist, wankt und schlägt sich an den Kopf. »Er ist verschwunden, verdammt!«, schreit er, obwohl der Torwart lang und breit da steht, wo er hingehört, nämlich im Tor. Shawn ächzt und stöhnt, schläft ein und geht nach dem Spiel auf die Toilette, um dort zu ›socializen‹.

Wir spazieren in eine Bar, wo er von der Barkeeperin alle Einzelheiten über einen legendären Kampf wissen will, der hier einst stattgefunden hat.

»Ich habe hier viele Schlägereien erlebt«, antwortet sie, »aber so eine nicht.«

»Doch, doch, hier, der ganze Eingangsbereich musste renoviert werden.«

»Na, na, mein Lieber, das wüsste ich aber!«

»Ich weiß es aber auch«, sagt Shawn nun etwas trotzig und schiebt sich vergeblich auf dem Barhocker zurecht.

»Vielleicht ist es schon zu spät, das noch zu wissen ...«

»Doch, doch, doch ...«

Er fängt an, sie ein wenig verächtlich mit »Chica« anzumotzen, und unser Tag endet, als Shawn kurz vor Ladenschluss noch in einen *liquor shop* rennt und eine Zwei-Liter-Plastikflasche Wodka kauft. Ich schlage sein Angebot, ihn und den Fusel noch zu einem Kumpel zu begleiten, ab und gehe nach Hause, um mir eine Strategie auszudenken. Mein Nachmittag bei der Kfz-Anmeldebehörde war eine Katastrophe. Ich hatte weder einen amerikanischen Führerschein noch eine Sozialversicherungsnummer, keine Adresse in den Staaten oder dergleichen. Man machte mir keine Hoffnungen, Mister Jefferson anmelden zu können, bevor ich nicht mindestens einen hiesigen Führerschein mein Eigen nennen könnte. Ein Unterfangen von cirka einem Monat, den ich nicht habe. Eine Versicherung für Mister Jefferson zu bekommen erwies sich als gleichfalls unmöglich.

VIRGINIA

Ich sitze auf der Holztreppe vor Babajis Haus, starre betrunken auf Mister Jefferson, der im gelben Licht des Parkplatzes so friedlich aussieht, als könne ihm keine DMV-Behörde der Welt etwas zuleide tun, und habe plötzlich die nervöse Anwandlung, sofort etwas unternehmen zu müssen. Ich rufe Geico an, einen eher unseriösen amerikanischen Versicherungskonzern, der mit einem sprechenden Gecko für allerlei Versicherungen wirbt: Wie gut es ist, auf jede der erforderlichen Bedingungen und Fragen, die man mit einem lallenden Nein adressiert, ein »That's absolutely no problem, Sir« zu hören! Amerika, du großes Land! Ich gebe kurzerhand Sumits Adresse als meine eigene an, versichere, dass ich schon lange hier wohne, und zwei Minuten und sechshundertsechzig Kreditkartendollar später ist Mister Jefferson für ein Jahr versichert.

Am nächsten Morgen lasse ich mir von Geico ein Fax in den Büroladen nebenan schicken, und mit diesem Wisch stehe ich bald wieder bei der Kfz-Behörde. Die Frau am Empfang will mich gar nicht erst durchlassen, als ich ihr erkläre, warum ich heute schon wieder hier antanze und ihr das völlig unbrauchbare Fax vor die Nase halte. Als sie mich rüde zum Abzug auffordert und unser Tumult bereits die Aufmerksamkeit des Wachmannes auf sich zieht, beginnt eine Glückssträhne, von der ich nicht genau weiß, womit ich sie mir verdient habe.

Ich war vor den DMV-Mitarbeitern gewarnt worden. Niemand in diesem Land hat ein gutes Wort für sie übrig. Der einzige Mensch, der mir und wahrscheinlich irgendeinem Kunden in diesem Laden wohlgesonnen ist, ist jene ältere und ungemein herzliche Dame, die sich gestern schon mit meinem hoffnungslosen Fall befasste. Sie sieht mich und ruft mich zu sich. Jetzt bloß nicht die Empfangsfrau mit einem abschätzigen Blick strafen und weitergehen, einfach immer weitergehen.

»Honey«, sagt sie, »show me what you got.«

Ich zeige ihr das Fax, das womöglich die drei heiligen Zutaten besitzt: meinen Namen und eine Bestätigung Geicos, dass ich, wohnhaft 8th NW Street in Charlottesville, Geld für eine Versicherung aus dem Fenster geworfen habe.

Sie schüttelt den Kopf und bedauert, dass dies unmöglich ausreichend sei, aber sie werde den Manager fragen. Wer weiß, wenn überhaupt könne er meinen Antrag mit Gottes Segen durchwinken. Gottes Segen, wiederhole ich stumm, ich weiß nicht. Vielleicht wäre es jetzt hilfreicher, einen Advokaten des Teufels auf meiner Seite zu wissen.

Der Manager des DMV erscheint, und ich kann in seinen Augen lesen, dass er nicht bei der Sache ist. Keine Ahnung, was ihm gerade widerfährt, aber man sieht deutlich, dass sein Wesen gerade von einer Angelegenheit okkupiert wird, die dringlicher und existenzieller ist als mein dämliches Fax, das ihm präsentiert wird wie eine Urkunde, mit der er vom Präsidenten höchstpersönlich für sein Lebenswerk ausgezeichnet wird. Meine Sachbearbeiterin spricht mit ihm in der wärmsten Stimme, die ihr möglich ist, schmiert ihm Honig ums Maul, obwohl ich ihr Krumen hingeworfen habe, streut Goldtaler vor seine Augen, obwohl ich nur noch Kleingeld übrig habe, und singsangt Strophen von solcher Reinheit in sein Ohr, dass er gleichwohl aus seiner Existenz ins Empyreum der Welteninstandhalter erhoben wird. Mein ganzer Trip hängt von diesen beiden Menschen ab, die es gerade auf ein Schauspiel ankommen lassen! Ich stehe herum und versuche mit aller Macht, so zu tun, als hätte ich mit den beiden nicht das Geringste zu tun. Wir drei müssten für die Weltenseele, hätte sie eine Schwäche für Komödien, ein prächtiges Bild abgegeben haben.

Der Manager jedenfalls würdigt mich keines Blickes. Er zuckt nur kurz die Achseln, sagt: »Well, well«, und, mit einer Handbewegung, die die ganze Welt wegzuschmeißen versucht: »Yeah, it's okay.«

Abgang Manager.

Lässig verschwindet er in seinem Büro.

Mein Engel grinst und sagt: »You are a very, very lucky man, honey«, und keine zehn Minuten später sitze ich wieder im Bus zurück in die Stadt, meine Registrierung und meine Nummernschilder fest an den Brustkorb gepresst.

Jetzt geht alles sehr schnell. Ich schraube die Nummernschilder an Mister Jefferson, verschenke die beiden Rückbänke, besorge mir eine Matratze und das nötige Bettzeug, eine dünne Baumwolldecke, Kerzen, Taschenmesser, Taschenlampe et cetera und lasse den Rest der Scheiben verdunkeln, damit ich hinten ungestört schlafen kann. Wie ein Wahnsinniger rausche ich einen ganzen Tag lang durch alle Erledigungen und fahre am Abend hoch zum alten Anwesen Thomas Jeffersons, Monticello. Das Besucherzentrum hat bereits geschlossen, und so treffe ich keine Menschenseele, als ich die Wiesen und Hügel hinauf zu seiner pracht-, aber nicht prunkvollen Villa steige, vorbei an Jeffersons Grab und etlichen Rehen, die sachte durch den Wald spazieren und den einzigen Menschen beargwöhnen, der noch durch die Dämmerung wandert.

Bis auf die Vögel ist es völlig ruhig. Die Sonne ist fast untergegangen und markiert durch ihre letzte Glut, wo sich der Rest Amerikas befindet: als unendliches Versprechen dort hinter den endlichen Wäldern.

Kierkegaard schrieb einst, man müsse sich nach vorne erinnern. Hier, von wo aus das Abenteuer zur Besiedlung Nordamerikas begann, werde auch ich meine Segel westwärts setzen und schauen, was sich in diesem so oft besungenen Land finden lässt, wenn man sich auf die Suche nach dessen Heiligen macht. Die kommenden Wochen versprechen die Begegnung mit Legenden. Es lässt sich nicht anders begreifen: Das direkt vor mir liegende Land zwischen den Appalachen und New Orleans hellt und nährt sich an einer unerhörten Kraft, die nur darauf gewartet hat, die eintrudelnden Menschen zu ewiger Musik zu inspirieren. Die Wälder Virginias und Tennessees, Nashville, Memphis, das Mississippi-Delta, New Orleans: Die Protagonisten, die hier an den großen Stätten der amerikanischen Kultur- und Musikgeschichte ihre Stimmen hinterließen, erzählen so präzise von den Träumen und Wirklichkeiten der USA, dass man neben ihren Leben und Liedern den ganzen Kosmos der Philosophie und Politik getrost vergessen kann.

Dahinter, sonnenverbrannt und ewig, Texas und der große, weite Westen.

Erst 1804 machte sich eine Expedition unter der Führung von William Clark und Meriwether Lewis auf, das unbekannte Gebiet jenseits des Mississippi zu erforschen. Das Land, das sie vorfanden, war wild, gefährlich und von solch unfassbarer Schönheit, dass es den Reisenden immer wieder zum Gebet auf die Knie zwang. Zweihundert Jahre später fühlt man noch immer die gleiche Erregung, wenn sich hier nun die Weite, von der es noch keine Vorstellung geben kann, abermals heraufbeschwört wie eine neue Geburt.

Ich bin an meinem Ziel.

Alles wartet.

Die Reise kann beginnen.

Der Morgen weckt mich wie ein Tier, das mitten in der Nacht aufschreckt und wild um sich schlägt. Donner und Regen peitschen über Charlottesville hinweg, nachdem es die letzten Tage hochsommerlich sonnig und heiß war; die Müllabfuhr leert einige Meter neben uns geräuschvoll die Container. Es ändert nichts: Meine erste Nacht in Mister Jefferson brachte einen angenehmen Schlaf, und da ich mich gestern Abend schon von Sumit und Jackie verabschiedet habe, klettere ich voller Tatendrang auf den Fahrersitz, um endlich meinen ersten Tausendmeilenschritt Richtung Pazifik zu machen. Nasser Nebel liegt in der Stadt, der Regen hat sich schon fast wieder verzogen – mit dem ersten vorsichtigen Sonnenstrahl kurvt Mister Jefferson vom Parkplatz und rollt auf den Rest Amerikas zu.

VIRGINIA

And the fog's liftin'
And the sand's shiftin'
And I'm driftin' on out
Ol' Captain Ahab
He ain't got nothin' on me
So come on and swallow me, follow me
I am travelin' alone
Blue water's my daughter
And I'm skipping like a stone.

TOM WAITS / »SHIVER ME TIMBERS«

Vom Parkplatz runter, rechts Richtung Berge, eine Ampel, die zweite, dann stirbt der Motor und nichts tut sich mehr. »Drei Minuten«, frage ich ihn ungläubig, »drei Minuten, und an der ersten Steigung kackst du mir schon ab?«

Zum Glück ist das Lenkrad nicht blockiert. Langsam rolle ich zurück, um erst mal am Straßenrand zu parken. Ich nehme mir das telefonbuchdicke »Self-Repair Manual« vor, das beweisen soll, dass alle Fehler an so einer rudimentären Maschinerie selbst behoben werden können, aber ich werde nicht schlau daraus und rufe Tom an, der nach kurzer Zeit die Fehlerquelle identifiziert zu haben glaubt. Ich habe noch nicht getankt, da der Tank laut Anzeige noch zu einem Viertel voll ist. Tom aber hatte vergessen zu erwähnen, dass ebenjene Anzeige nicht mehr ordentlich ticke.

»Wenn der Tank viertel voll ist«, erklärt er, »bedeutet das: Er ist vollkommen leer.«

Erleichtert laufe ich zur nächsten Tankstelle, kaufe einen Kanister Benzin und fahre Mister Jefferson dann zu selbiger, um ihn bis obenhin vollzutanken. Er war tatsächlich so leer wie das Grab Jesu am ersten Ostermontag. Nun schnurrt die alte Mühle wieder wie ein altes Kätzchen und es dauert nicht lange, bis wir die Appalachen erreichen, einen der amerikanischsten Orte Amerikas.

Leser der fernen Zukunft, lass mich kurz berichten aus dem Jahr 2014. Man weiß heute natürlich noch nicht, welchen Namen man dieser Übergangsperiode gegeben haben wird, die alles verändern sollte – dieser so seltsam schmerzlosen Schnittstelle, als die Menschheit sich aufmachte, vom Jetzt ins Jederzeit zu gleiten und vom Hier ins Überall, vom Fassbaren zum Nichtanwesenden.

Das Material, das uns keltert und beleibt, ist noch greifbar, noch stundenschwer vorhanden. Man erlebt die Dinge wie Brüder, da sie Gewicht haben und sich dem Zauberstoff der Gravitation offenbaren. Wir spüren, was uns bewegt. Wir besitzen die Zeit, nicht umgekehrt. Wie unsere Urgroßväter liegen wir in blauen Nächten und lauschen der Sprachlosigkeit des Alls, der wir unser Glück anvertrauen. Es gibt warme Körper, Berührungen, Wein und Brot, und niemand ahnt, was ihn auf der Strecke zwischen Mond und Morgen erwartet. In der Frühe strecken wir uns in die Luft, die aus den Wäldern herabweht, und an den Begehrlichkeiten von Augen und Mündern lippen Gedichte, die man nur pflücken muss, um der unausweichlichen Welt gerecht zu werden. Aber vor allem trägt uns unser Planet, die wir wie Kinder sind, er trägt uns und trägt. Dies ist unsere Freiheit: dass die Dinge vorhanden sind. Und dass wir das, was sich greifen lässt, dementsprechend auch loslassen können.

Wie Kinder, ja, und doch verantwortlich. Wir steuern unsere Autos noch selbst und müssen verschiedene Pedale drücken, um zu beschleunigen oder zu bremsen. Welch großartige Haptik: Mister Jefferson schaukelt und knarzt, und wenn ich das Licht anmachen will, ist da ein runder Plastikknopf, den es gewaltsam herauszuziehen gilt. Wenn man so eine Gerätschaft über schmale Bergtrassen steuert, weiß man, was es heißt, Navigator großartiger Mächte zu sein.

Der Blue Ridge Parkway ist eine Panoramastraße durch die Blue Ridge Mountains, einen Teil der Appalachen, der sich seinen Namen durch die Ausblicke verdient hat, die immer wieder den dichten Wald unterbrechen. Der Blick geht über endlos grüne Bergketten weit nach Westen, und unter dem Spiel von Sonne und dichten Regenwolken flimmert die Luft in einem zarten Blau, das sich in winzigen Kristallen auf die Baumkronen legt.

Ein Sonnenteppich wirft sein Lichterloh über das Tal, bevor die dunklen Wolken endgültig ernst machen; es regnet sich ein. Es bleibt eine gemütliche Fahrt, bis ein metallischer Knall ertönt und die Scheibenwischer den Geist aufgeben. Ich halte an und lausche, wie unter der Motorhaube die kaputte Mechanik wild um sich schlägt. Klick, klack, klick, klack.

»Der erste Regen«, sage ich vorwurfsvoll zu Mister Jefferson, »und schon bricht hier alles zusammen?« Mit zehn Meilen pro Stunde schleiche ich zur nächsten Parkbucht und warte auf das Ende des Regens. Das Handbuch verrät nichts über kaputte Scheibenwischer. Ich lege mich nach hinten, um zu lesen und zu schlafen, und es ist schon später Nachmittag, als der Regen nachlässt, ich einmal über die Windschutzscheibe wische und mich wieder auf die Straße mache. Ich erreiche Buena Vista, ein typisches Dörfchen, das aus einer Tankstelle und einer Handvoll verstreuter Häuser besteht. Nein, hier gebe es keinen Mechaniker und auch sonst eigentlich nichts, sagt mir die Frau an der Tankstelle in einem Dialekt, der beweist, dass die Universitätsstadt Charlottesville um ein Vielfaches weiter entfernt ist als die fünfundsiebzig Meilen, die tatsächlich zwischen hier und dort liegen, ganz zu schweigen von einer Anmaßung wie New York, das in einem völlig unbekannten Universum existiert.

Die Menschen hier sind bereits dicker, schwerfälliger und leiern diesen wunderbaren Hillbilly-Akzent, ein süffiges Bergmannslied, in dem alle Worte aneinandergenuschelt werden und die letzte Silbe eines Satzes so schwer und lang wird, dass man befürchtet, der Sprecher schlafe ein über seinem Silbenwerk.

Mit Blick in den Himmel beschließe ich, so schnell wie möglich Richtung Süden zu kommen, und nehme tatsächlich die Autobahn, obwohl sich gerade das nächste Gewitter zusammenbraut. Statt mein grandioses Unterfangen zu beweinen, lache ich lieber, als ich ohne gute Ideen und ohne Scheibenwischer geradewegs in das Gewitter rase. Ich hole das letzte bisschen Geschwindigkeit aus Mister Jefferson heraus und erreiche die nächste Ausfahrt, als Himmel und Hölle über uns niedergehen. Doch sofort, *God bless America,* funkelt eine Tankstelle in der Dunkelheit. Ich fahre erst blind auf dieses Licht zu und stecke dann den Kopf aus dem Fenster, um Mister Jefferson nicht gegen Schilder oder Zapfsäulen zu setzen.

Mit einem schlechten Kaffee in einem schlechten Styroporbecher betrachte ich kurz darauf das Schauspiel. Eine kleine, dicke Frau schnellt aus der Tankstelle, zündet sich eine Kippe an und schreit: »Ahhr, dats whad ay call ey storrm, goddmn it, jihaaaa.«

Sie grinst und bietet mir eine Zigarette an, erzählt mir eine lange Geschichte, der ich nicht folgen kann, und verabschiedet sich, indem sie mir den Rest ihrer Süßigkeitentüte schenkt.

»Wo geht's hin bei dem Sauwetter?«

»Nach Hause«, antwortet sie und läuft lachend in das Gewitter, um auf einem kleinen Weg in den dichten und endlosen Wald zu verschwinden.

Einst trug die Erde nur eine einzige, zusammenhängende Landmasse: Pangäa. Vor ungefähr zweihundertdreißig Millionen Jahren begann dieser Superkontinent unter der Gewalt der plattentektonischen Verschiebungen auseinanderzubrechen und die Kontinente zu formen, wie wir sie heute kennen. Die Bergkette der Appalachen, die sich fast durch den gesamten Osten Nordamerikas zieht, ist eine der ältesten der Erde und bereits zu Zeiten Pangäas geformt worden, vor rund vierhundertfünfzig Millionen

Jahren. Vom Volk der Appalachen besiedelt, wurde sie die erste *frontier* (Grenze) jener europäischen Siedler, die versuchten, sich in diesen Wäldern zu behaupten. Mit dem wenigen, was es gab – mit einigen Kartoffelfeldern also, Schrotflinten, Bibeln, einer Fiedel und von selbst gebranntem Whiskey verheizten Stimmen – machte man sich dieses Abseits zu einem Zuhause und hat sich seitdem eine eigenständige Identität, die der *mountain people* oder *hillbillies,* bewahrt.

Hillbilly ist kein einfaches Wort. Außenseiter benutzen es als Verunglimpfung und meinen Primitivität, einen niedrigen Bildungsstand oder einfach nur eine grobe, fast schon fanatische Gewalt- und Christusbereitschaft. Meistens alle diese Dinge zusammen. Die Bewohner selbst aber rechnen sich unter die Aufrichtigen und jene, die noch wissen, was Werte sind (und wie man sie verteidigt). Im Jahr 1900 wurde der neu aufkommende Begriff vom »New York Journal« folgendermaßen etikettiert: Ein Hillbilly ist jemand, »(...), der in den Bergen lebt, keine nennenswerten Mittel hat, sich mehr schlecht als recht kleidet, redet, wie es ihm gefällt, Whiskey trinkt, wenn er ihn bekommt, und seinen Revolver abfeuert, wenn ihm danach ist.«

Viele Chancen boten sich nicht. Das Leben hier ist hart und war es schon immer. Die Neue Welt empfing die Siedler nicht, als hätten sie soeben Gottes geweihte Erde betreten. Sie hatten ihre Heimat verlassen und saßen nun fernab ihrer bekannten Welt, um den noch uneingelösten Traum vom eigenen Land und Leben zu verfolgen. Harte Arbeit, raue Sitten und viel Schießpulver waren die Folge. Wer keine Arbeit hatte, war arm, wer Arbeit hatte, auch. In »Sixteen Tons«, einem jener Lieder, die von Generation zu Generation weitergesungen werden, heißt es vom Leben eines Minenarbeiters:

You load sixteen tons, and what do you get?
Another day older, and deeper in debt.

> *Saint Peter, don't you call me, 'cause I can't go,*
> *I owe my soul to the company store.* *

MERLE TRAVIS / »SIXTEEN TONS«

Es galt, sich mit dem Unausweichlichen zu arrangieren: Das Unglück der Welt hatte den Menschen so sehr am Genick, dass einen selbst der Tod nicht loseisen konnte. Man verneigte sich vor den Tatsachen, die sich nun mal nicht ändern ließen, und hielt immer den Revolver bereit, um sich den Weg durch alle Hindernisse freiballern zu können. Mittendrin hob die Folkmusik ihre Flügel, um von den Widrigkeiten, den Verbrechen und Irrungen des Erdbodens zu erzählen, und keiner sang und spielte diese Lieder besser als Dock Boggs, ein Mensch und Name wie ein runtergekautes Gebiss.

Boggs wurde als letztes von zehn Kindern kurz vor Ende des 19. Jahrhunderts in Virginia geboren und tat, was alle taten: Er arbeitete in den Minen, heiratete, prügelte andere Männer halbtot und pries den Namen des Herrn. Über eine Zeit, in der es gefährlich war, überhaupt einen Schritt vor das eigene Haus zu setzen, weil sich auf den Straßen ständig die Besoffenen erschossen, »nur, um es knallen zu hören«, erzählte er: »Ich stand mal in meinem Hauseingang, und so ein Typ, etwa hundertzwanzig, hundertdreißig Meter weit weg, der zog seine Pistole und ballerte los, schoss mitten durch meine Tür. Ungefähr dreißig Zentimeter an meinem Kopf vorbei. Ich holte meine Pistole raus und leerte das ganze Ma-

---

* Über die Arbeit in den Kohleminen sind wahrscheinlich genauso viele Lieder geschrieben worden wie über das Leben auf den Baumwollplantagen. Zu den besten gehören sicherlich und unter anderem »Bottom of a Mountain« von Johnny Cash, »Prayers of a Minor's Child« von Dock Boggs, der »Coal Minor's Blues« der Carter Family und »North Country Blues« von Bob Dylan, der das allgemeine Leid des amerikanischen Proletariats besingt.

gazin, ballerte die Straße runter in die Richtung, wo der Schuss hergekommen war.«

Er selbst war kein Kind von anhaltender Traurigkeit. Aus einem unbestimmten Gefühl heraus plante er lange Zeit, seine gesamte Familie zu töten. Ein anderes Mal musste er die Füße in die Hand nehmen und drei Jahre nach Kentucky fliehen, weil er sich ein Duell mit dem Sheriff geliefert hatte; er konnte erst zurückkehren, als der Gesetzeshüter endlich von einem seiner Kumpel umgelegt worden war.

Ein großer Wille, ein mächtiger Schrei saß in seiner Seele, und er hatte lernen dürfen, wie man ihn in die Welt blies, wenn gerade keine Flinte zur Hand war. Als Junge erlebte er den Bau der Eisenbahn. Magisch zog es ihn zu den Gleisen, begeistert vom Rhythmus und Gesang der schwarzen Arbeiter, die sie durch die Berge zogen. Hier hörte er seinen ersten Blues und die improvisierten Bands der Arbeiter, die abends auf ihre Weise angestaubte Stücke wie »Turkey in the Straw« interpretierten. Zu Hause liefen die großen Blues- und Folksendungen im Radio. Er lernte das Banjo – ein aus Afrika stammendes Musikinstrument –, das, ehemals nur viersaitig, in Nordamerika eine fünfte Saite anvertraut bekam.

Wer Dock Boggs zum ersten Mal singen hört, zuckt augenblicklich zusammen – und weiß gleichzeitig, dass er hier ewig zuhören muss. Es ist nichts weniger als eine Heimsuchung, nach der es nicht mehr möglich sein wird, Abstand zu wahren. Sein Auftritt hat nichts von der Leutseligkeit des Feierabendmusizierens: Er lehnt sich hochachtungsvoll über Abgründe und bringt seine Helden in Bedrängnis. Das raue Bilderbuch der Appalachen legt Zeugnis ab und entfaltet vor dem Zuhörer die Zumutungen des Erd- und Himmelreichs, die so tragisch wie notwendig sind. Es sind die uralten Geschichten der Menschheit, ein ums andere Mal wiederholt und wiedergegeben von einem Mann, der, wie Greil Marcus schreibt, singt, als sehe er sein ganzes Leben schon hinter sich liegen.

»Wer von der Erde stammt«, heißt es in der Bibel, »ist irdisch und redet irdisch.« Dieser Mann stammt von der Erde und singt wie der Teufel, als er noch ein Engel war.

> *I got no sugar baby, now*
> *Got no honey baby, now*
> *Don't know what I can do*
> *But seek peace with you*
> *Can't get along this a-way*
> *Can't make a living this a-way.*

DOCK BOGGS / »SUGAR BABY«

Der Engel im Moment seines Absturzes.

In »Oh Death« hält er Zwiesprache mit dem Tod, diesem unerbittlichen Lohneintreiber, und bittet darum, ihn noch ein Jahr zu verschonen.

> *What is this that I can see*
> *With icy hands taking hold on me,*
> *I am death and none can excel*
> *I'll open the doors to heaven or hell.*
> *(...)*
> *Oh death, someone would pray,*
> *Couldn't you call some other day*
> *God's children prayed, the preacher's preached,*
> *The time of mercy is out of your reach.*

DOCK BOGGS / »OH DEATH«

Bei keinem anderen seiner Zeitgenossen findet sich diese gnadenlose Intensität, die sich einen neuen Sound zulegen muss, um das Banjo dahin zu bringen, wo Boggs verzweifelte Stimme und der oft schwere Gehalt der Texte sie haben wollen. Up-picking wird sein Stil genannt, da die Finger die Noten in einer aufsteigenden Bewegung spielen; Boggs selbst wird es immer nur *playing straight* nennen. Das Erscheinen dieses Mannes, der sein gesamtes Arbeiterleben in den Minen Virginias verbracht hatte, bis er nach seiner Pensionierung noch einmal entdeckt wurde und auf den großen Folkfestivals auftrat, schlug eine Brücke zwischen dem Blues und den uralten, aus Nordeuropa ›eingewanderten‹ Volksliedern und Balladen, die im Hinterland der Appalachen noch einmal eine Chance bekamen, sich neu zu begegnen. Er sang plötzlich all diese seit Ewigkeiten umhergeisternden Lieder wie »Country Blues«, »Pretty Polly« oder den »New Prisoner's Song«, als seien sie Wesen, die im selben Moment, in dem sie das glorreiche Licht der Welt erblicken, auch schon ihren Sterbegang antreten.

In dem allegorischen »Prodigal Son«, in dem der verlorene Sohn reumütig in das Haus seines Vaters zurückkehrt, der den Ausreißer mit einem vergebenden Lächeln erwartet, ist das Schaudern in seiner Stimme tatsächlich ein Stück aus seinem eigenen Leben und Hoffen. Nachdem er seine erste Platte aufgenommen hatte, gehorchte er dem Willen seiner Frau und der christlichen Gemeinschaft, die wussten, dass diese Lieder nichts Gutes verhießen und immer ein Stück jener Schattenseite mitschleppten, vor der man sich in den Himmel retten wollte. Er gab die Musik auf und malochte gottesfürchtig in den Minen. Doch Boggs blieb zeitlebens hin- und hergerissen zwischen dem sauberen Anspruch seines Herrn und den Volksliedern, die gänzlich ohne Reue den Schrecken der Wirklichkeit verarbeiteten und die Sehnsucht mit tonnenweise Material beschwerten – eine seit Ewigkeiten in Geist und Blutkreislauf zirkulierende Botschaft, die für das Überleben in den Appalachen mindestens genauso wichtig war und ist wie das Buch Hiobs.

»I believe I go back home«, ächzt er in »Prodigal Son« immer wieder und will zu keinem Ende kommen. Das Lied ist eine Zumutung: Land, Gott und Menschen sitzen in den Zeilen wie unverrückbare Gebirge und sind für Boggs Segen und Schrecken zugleich. »I believe I go back home / acknowledge I've done wrong.«

»Wenn du aufrichtig und ehrlich bist«, wird er an anderer Stelle sagen, »gerecht und anständig, was solltest du dann noch anderes sein?«

Der späte Ruhm wird ihn völlig unvorbereitet treffen. Und er wird froh sein, der Welt jene Lieder singen zu dürfen, die ihm seit einem halben Jahrhundert die Kehle zuschnüren. In der hartgesottenen Realität der *mountain people* ist vom Glanze Gottes nur wenig zu vermitteln. Aber auch davon singt Boggs in »Prodigal Son«. Sein Herr, ewiger Weltenmacher und Komponist der Berge, Flüsse und Täler, wird ihm die Liebe zum Schauderhaften, das sich in seiner Musik krönt wie aus Gold gegossen, gewiss verzeihen.

Kapitel

3

Tennessee

Zwei tote Rehe mit verbogenen Hälsen. Ansonsten nur Autoschrott, der den gesamten Highway 81 ziert. Das Radio weissagt ein Wetter, das alles bis auf Schnee vom Himmel holen könnte. Mister Jefferson hält eisern auf den Süden zu.

Heute Morgen hatte ich mich über meine Karte gebeugt und meinen Finger um den Watauga-See im Cherokee-Nationalpark kreisen lassen. Der vielversprechende blaue Fleck sollte mein Tagesziel werden, aber zuerst musste ich vom Highway runter und irgendwo die Scheibenwischer reparieren.

»Snakes
Witches
Injuns
Wolves
Godblessd Guns«

So lautet die Beschwörung, die jemand an einem zerfallenen Haus hinterlassen hat, um dem Fremden klarzumachen, wo er hier gelandet ist. Sie zieht nicht. An der erstbesten Dorftankstelle werde ich zu einem Mechaniker gelotst – die ältere Dame ruft sogar noch schnell an, um nachzuhören, ob man seiner Arbeit heute noch nachgehen wolle. Nachdem ich mit dem zahnlosen Mechaniker in seinem Pick-up im Nachbardorf unterwegs war, um den benötigten kleinen Gumminoppen zu organisieren, repariert er nicht nur die Scheibenwischer, sondern tauscht auch den defekten Zigarettenanzünder aus und schrubbt mit einem dreckigen Lappen über die sauberen Außenspiegel. Da es keiner von uns beiden eilig hat, dauert das Ganze zwei Stunden. Erleichtert, nun wieder bei jedem Wetter fahren zu können, gönne ich mir ein üppiges Nachmittagsessen im örtlichen Diner und besorge mir einen guten Whiskey für den Abend.

Als ich wieder in Mister Jefferson sitze, ist der Himmel fast wolkenlos, der Tank voll und unser See nicht weit. Ich klatsche in die Hände und biege im selben Moment zurück auf den Highway, als schwarzer Rauch aus der Motorhaube quillt. Mein rettender Gedanke ist, Qualm und Gestank kämen in Wahrheit von einem anderen Auto. Oder wären einfach kein Anlass zur Sorge. Aber niemand weit und breit, nur die alten Fetzen und Streifen der kaputten Reifen entlang der Fahrbahn, die schon lange abgekühlt sind. Aus den Lautsprechern schallt Hank Williams »Why don't you love me like you used to do?«. Ich drehe voll auf und richte die Frage an mein treuloses Auto, das zumindest noch bis zur nächsten Ausfahrt rollt.

Die nächste verdammte Tankstelle. Aus der Motorhaube ziehe ich zwei verschmorte Bänder. Erneut werde ich überrascht, wie weit die Hilfsbereitschaft der Amerikaner geht, denn ein Mann, der selber keine Ahnung von Autos hat, ruft einen Kumpel an, der »nur zwanzig Minuten entfernt wohnt«.

»Hier ist ein Typ mit einem qualmenden Dodge«, schreit er ins Telefon, »der Hilfe braucht.«

»Okay.«

»Ja, durchgeschmort.«

»Halbe Stunde?«

»Okay, wir warten hier.«

Er legt auf. Es ist Samstagnachmittag. Ein Wildfremder setzt sich fünfzehn Meilen entfernt in sein Auto, um einem Unbekannten aus der Patsche zu helfen. Ich versuche trotzdem noch herauszufinden, was passiert ist, und haue den nächstbesten Typen an, den der Wagen erst mal herzlich wenig interessiert. Er ist halbselig betrunken und will wissen, was ich hier in dieser Gegend mache, wenn ich auch woanders sein könnte. Er schunkelt seinen riesigen Bauch und sagt: »You came all the way from Europe for *this?*«

Mit beiden Händen macht er eine große Geste ins Nichts.

»My name is David«, sagt er und macht eine Pause, um neu Atem zu holen und mich auf seine Ansage vorzubereiten. »We got a whole lotta niggas here. Been living here all my life. More and more niggas coming, we even got a nigga for president, ya know?«

Ich nehme seine Einladung zur Offenheit an und antworte ihm in seine rot unterlaufenen blauen Augen, dass mich die Hautfarbe meiner Mitmenschen nicht interessiere. Sondern nur, ob sie dämliche Arschlöcher seien oder nicht.

Er grinst und sagt, das sei schon okay, dass ich keine Vorurteile hegte.

Er klopft auf das Dach seiner Karre und stellt mich vor.

»Das ist meine Lady«, sagt er, »und dies hier ist Harry. Harry war in Vietnam.«

Seine Lady sitzt am Steuer des abgeranzten Hondas, raucht und versucht, ein Lächeln über die Lippen zu kippen. Ihr Scheitern ist sensationell. Indessen sitzt Harry hinten in der niedrigen Karre, als werde er es nie wieder schaffen, dort herauszukrabbeln.

»Der sich festgesessene Harry«, geht es mir als Aufhänger durch den Kopf, mit denen sie ihn auf den Jahrmärkten unterbringen könnten. Der Gute sieht aus, als wäre er auf dem Hippietrail gewesen und nicht in Vietnam. Er winkt und sagt: »Howryardoin, son.«

»Das Auto«, erinnere ich David und schleppe ihn zu Mister Jefferson.

Er nimmt die kaputten Gummibänder in die Hand.

»Das sind die *fanbelts*, die Riemen, die sind durch. Kein Problem. Schau, hier: Der Luftkompressor der Klimaanlage ist blockiert, die Scheiße ist fertig, aus, kaputt, und die Bänder, die ihn antreiben, sind, ähh, sind durch, weil der Kompressor zu heiß gelaufen ist. Deine Klimaanlage ist hin. Aber sonst ist alles okay ...«

Ich starte Mister Jefferson. Er hört sich tatsächlich normal an. Wir rufen den Kumpel des anderen Typen an, dass er nicht kommen muss, und ich verabschiede mich von den beiden. Der Himmel ist beinahe wolkenlos, Mister Jefferson noch immer vollgetankt und der See noch immer nicht weit.

Und tatsächlich: Lake Watauga entschädigt. Kurz vor Sonnenuntergang nehme ich ein Bad in seinem warmen Wasser und finde einen Platz auf dem Waldcampingplatz des Cherokee-Nationalparks. Meine Parzelle ist nur einen halben Steinwurf vom Wasser entfernt. Mit meiner Abendration an Nüssen und Trockenfrüchten sitze ich noch lange an meinem Picknicktisch, bevor ich die Nachtlampe in Mister Jefferson aufhänge und wenig später in einen buchstäblich schrägen Traum sinke.

Gestern Abend war ich zu faul gewesen, diese ein oder zwei Meter umzuparken. Aber die paar Schritte veränderten alles. Mister Jefferson stand nicht wirklich eben und mein Kopf lag etwas tiefer als die Füße, was anscheinend für die Träume nicht gut ist: Ich versank in einer mir unbekannten Landschaft, die überhaupt keine Landschaft mehr sein wollte, und selbst für Traumverhältnisse ging alles drunter und drüber. Als hätte der Traum selbst einen Traum und wüsste nicht mehr, was er mit mir, dem Träumenden, noch anfangen sollte.

Ich stoße die Hintertür auf und setze mich in die offene Tür, wahrscheinlich eine halbe Stunde lang.

I wake to sleep, and take my waking slow.
I feel my fate in what I cannot fear.
I learn by going where I have to go.

We think by feeling. What is there to know?
I hear my being dance from ear to ear.
I wake to sleep, and take my waking slow.

Of those so close beside me, which are you?
God bless the Ground! I shall walk softly there,
And learn by going where I have to go.

THEODORE ROETHKE / »THE WAKING«

Es klopft an der Scheibe, und ein Mann tritt um die Ecke. In der Hand hält er eine dampfende Kaffeekanne, die aussieht, als hätte sie alle amerikanischen Kriege seit Korea auf dem Buckel. Ein schönes Stück. Er sagt: »Howdey? Fancy some coffee?«

Nickel campt mit seiner Familie direkt über mir. Ich schleiche mit ihm die paar Schritte durch den Morgen, lasse mich in einen seiner Campingstühle fallen und bekomme so viel Kaffee, wie ich vertragen kann.

»Ein schöner Platz, ha?«

Wie recht er hat. Da steht Mister Jefferson auf seinem Kiesplatz mit der Picknickbank und der Feuerstelle, um ihn herum grünt und blumt es, hinter ihm geht es einige Meter den Waldhang hinunter zum See, und hinter diesen Wassern türmt sich die endlose Hügellandschaft Tennessees auf, dichter Wald, Zentimeter um Zentimeter einfach nur Wald und Rehe und Wildschweine und Elfen und all diese Sachen. Der Himmel blau, die Sonne gold-

und morgenwarm in den Blättern, die nach dem Allbeginn der Welt duften. Alles, was den Ehrentitel Weltgestirn tragen darf, summiert sich hier zu weichen Bildern, die uns den Tag schmackhaft machen.

»Dodge, huh?«, beginnt Nickel zu leiern, »ay Dodge ... Dodge ...«

Erstaunt drehe ich mich zu ihm um; er ist in zwei Tagen schon die zigste Person, die den Wagen als semi-mystisches Objekt behandelt. Selbst der ansonsten komplett stumme Mechaniker hatte gestern das Gleiche gesagt, als ich in die Einfahrt bog, dreimal hintereinander Dodge, tranceartig und tennesseevermurmelt, als wäre dies eine geweihte Formel oder sonst irgendein Zauberspruch, der die Anwesenheit Mister Jeffersons erklären sollte.

Die Kaffeekanne geht rum und ich höre Nickel zu, wie er über die Gegend und von seinem Leben erzählt. Eine Stunde später verabschiede ich mich, gehe schwimmen und wandere den See entlang, um den schönsten und ruhigsten Platz an seinem Ufer auszumachen. Keine Menschenseele weit und breit. Es ist schon fast Mittag, als ich den Campingplatz verlasse und in einem Blockhüttenimbiss lande, wo der Reisende, wie überall in diesem Land, warm und herzlich empfangen wird. Fisch mit Wurst und Fleischbeilage ist hier bei Weitem das vegetarischste Gericht, an der Wand brilliert die Dreifaltigkeit Tennessees in billigen Plastikrahmen: ein Traktor der Firma John Deere, ein Remington-Steele-Revolver und Jesus.

Ich erkunde noch ein bisschen die Gegend und fahre zurück zum Campingplatz. Als ich die Schranke passiere, stockt Mister Jefferson, schüttelt sich ein letztes Mal und bleibt an Ort und Stelle liegen. Nichts tut sich mehr. Meine Parzelle, der schönste Ort Tennessees, so kurze und doch unerreichbare dreihundert Meter weiter Richtung See.

Ich versuche es immer wieder.

MJ springt nicht mehr an.

Diesmal sage ich nichts, schnappe mir die Flasche Whiskey und setze mich einige Meter entfernt in den Wald, um wie ein

Trottel Moos aus dem Boden zu zupfen. Mit diesem Ding komme ich nie im Leben bis nach Kalifornien, geht es mir durch den Kopf, mit dem Ding komme ich noch nicht mal mehr aus Tennessee raus, dieses Ding kann man höchstens noch einen Hügel runterrollen lassen und das war's. Aber ich musste ja die älteste Karre von allen kaufen, nur weil sie nach einer grandiosen Geschichte aussieht, eine Gardine und ein Tapedeck hat. Das beschissene Tapedeck bringt mir jetzt auch nichts mehr.

Ich nehme einen großen Schluck aus der Flasche. Sollte MJ es irgendwie bis New Orleans schaffen, falls ich ihn wieder hinbekomme, dann besorge ich mir besser ein anderes Auto. Den Tralala-Optimismus, mit diesem alten Gaul im Hochsommer klimaanlagenlos durch die Wüsten von Texas und New Mexico zu reiten, habe ich soeben eingebüßt – sei's drum. Ich schreibe Sumit eine SMS: »The car broke down, but at least people were nice«, und beschließe, das Problem für heute ruhen zu lassen. Das alles beginnt, mir in die Glieder zu steigen. Ich fühle einen Frust- und Fieberschub durch meinen Körper ziehen, einen Feuerball, der es auf meine Stimmung und meine Gesundheit abgesehen hat, und so packe ich einige Snacks und Bücher zusammen und wandere zu meinem Platz am See, an dem ich den Rest des Tages verbringe. Auch wenn es einige Zeit dauert: Bald hat es der See, aus dem die Hügel so leicht wie Wolken aufsteigen, geschafft, mein System zu reinigen. Gut, dass die Tage nicht nachdenken über uns, und besser noch, mich so lange in den See legen zu können, bis ich all den unzulänglichen Rest der Welt einfach vergesse.

Abends sammle ich Feuerholz, betrinke mich nicht zu knapp und belasse es dabei. Der Wald und der See sind ungeheure Vertraute geworden, als ich in der Nacht zurück zu Mister Jefferson marschiere und wortlos, einem verschmähten Liebhaber gleich, schlafen gehe.

Am nächsten Morgen mache ich mich auf die Suche nach Hilfe. Ich klopfe am Wohnwagen des Campingplatzbetreibers und frage ihn, ob er sich mit Autos auskenne, einem alten Dodge Ram. Die Erwähnung von Hersteller und Modell ist natürlich nicht zufällig. Von der Simsalabim-Intonierung des Wortes Dodge, die Nickel mir beigebracht hat, erhoffe ich einiges. Der Mann stellt sich als Tim vor und weiß sofort Bescheid, als ich ihm das Dilemma zeige und von den verschmorten Keilriemen erzähle. Die Bänder betreiben nicht nur die Klimaanlage, erklärt er mir, sondern eben auch den Generator, der die Batterie lädt. Deswegen habe ich schlichtweg keinen Saft mehr.

»Wir brauchen neue Riemen«, sagt Tim, »und zwar einige. Auch das Lenkradband macht es höchstens nur noch eine Runde um den See, falls wir noch jemanden finden, der uns schieben hilft, verstehst du! Wir müssen in die Stadt fahren.«

Beauftragte man einen Comiczeichner, das immer freundliche und herzliche Gesicht eines älteren Mannes zu zeichnen, dessen Physiognomie nur dazu herhalten soll, ständig Witzeleien an seiner Umwelt zu verüben, so bekäme man Tim. Wir mögen uns auf Anhieb, nehmen seinen Toyota und fahren durch das Dorfpanorama Tennessees. Jedes zweite Haus ist eine Kirche oder vielmehr ein Schuppen, der als Kirche fungiert, die meisten sind baptistisch, und jedes Gotteshaus, das was auf sich hält, besitzt ein *billboard,* eine hauseigene Reklametafel, um jegliche Art von Seelen anzuwerben: »God bless our troops«, »God your heavenly father loves you« oder das stark an den F.C. Liverpool erinnernde »You will never have to walk alone«.

»Sieht so aus«, sage ich, »als stehe jedem Einwohner das Recht auf seine eigene Kirche zu.«

»That's right, that's right. Wenn einem die Predigt nicht passt, marschiert man raus und macht seine eigene Kirche auf. Aber es gibt hier eben nicht viel zu tun. Die Leute beten oder trinken. Meistens beides.«

Gunshops, leerstehende Ladenlokale, kleine gepflegte Häuser, verwüstete Vorgärten. Menschen sehen wir erst, als wir Elizabethton erreichen, eine Kleinstadt mit knapp fünfzehntausend Einwohnern. Hoheitlich klingend, war sie vor mehr als zweihundert Jahren eine der ersten Siedlungen im Anschluss an die dreizehn Erstlingskolonien. Damals ein erster Schritt ins neue Amerika, kämpft sie heute sinnbildlich um ihr Überleben. Hinter der Hauptstraße, die mit den immer gleichen üblichen Verdächtigen, den immer gleichen Fast-Food-Ketten und den immer gleichen Supermärkten und den immer gleichen Banken genau so in jeder anderen amerikanischen Stadt zu finden ist, ist sie nur noch ein unbedeutender Rand und endlose Peripherie, die sich in den Wald ausdünnt. Ein typisches Kleinstadt-Amerika aus künstlichem Käse, verbeulten Pick-up-Trucks und lahmgelegten Hoffnungen. Der Traum ist halb leer und das Leben halb voll. Die größeren Fabriken haben ihre Produktion ins billigere Ausland verlegt oder dichtgemacht, um den Menschen, laut Tim, drei Möglichkeiten zu hinterlassen: Entweder sie ziehen sich in ihre dürftigen Hütten in den Wäldern zurück und fanatisieren ihr Hillbilly-Dasein oder gehen in die Großstadt oder reparieren jetzt Autos.

Wir frühstücken bei Taco John's, dem Grund, auf den selbst das Niveau von Fastfood sinken kann, kaufen die hoffentlich passenden Riemen und fahren zurück. Tim ist fast sechzig, will aber keine Hilfe, als er sich unter Mister Jefferson klemmt und mir nach einer halben Stunde zuruft, ich solle den Motor mal anschmeißen. Mister Jefferson schnurrt und Tim schnauft vergnügt.

Ich kann kaum glauben, dass die Karre wieder flott ist.

»Was kann ich uns bringen«, frage ich, und er antwortet: »Rum.«

Zurück in Elizabethton suche ich den Schnapsladen auf, fotografiere die Gottesreklame und fahre, um Mister Jefferson an seine neue Aufgabe als funktionierendes Auto zu gewöhnen, auf gut Glück herum. Oft muss ich daran denken, was Tim, der aus Cin-

cinnatti stammt und sich sein Rentnerdasein zwischen Florida (Winter) und dem Watauga-See (Sommer) aufteilt, über die Menschen in dieser Gegend gesagt hat: »Im Endeffekt sind es keine schlechten Menschen, aber abends sitzen sie zu Hause rum wie die Perversen und streicheln ihre Knarren.«

Fanatiker hin oder her, man fühlt sich unter ihnen pudelwohl: Überall wird man gegrüßt, als kenne man sich ewig. Man hängt den Arm aus dem offenen Fenster und hebt ihn, sobald man einen anderen Menschen erblickt, fährt kurz mit der Hand an den Hut, wirft die Fingerkuppen an die Stirn. Eine Spazierfahrt durch die Stadt lässt mich glauben, diese Leute schon seit Jahrzehnten zu kennen. Jeder glaubt, der andere besitze das gleiche Leben in einem anderen Körper. Die Abgeschiedenheit verbindet. Wer hier wohnt, geht davon aus, dass ihn von seinem Nachbarn nicht mehr trennt als die wenigen Meter Land, die Gott zwischen ihnen gepflanzt hat.

I know I'm goin' to find my paradise lost
in the hills of Tennessee
I know I'm goin' to find my Seventh Heaven
it's just a cabin, my Seventh Heaven.

JIMMIE RODGERS / »IN THE HILLS OF TENNESSEE«

Ich parke Mister Jefferson auf meinem alten Platz, den Nickel mithilfe zweier Campingstühle freigehalten hat, und gehe rüber zu Tim, der mit dem Rum Pina Colada mixt. Es ist eine unglaublich warme Nacht. Um uns herum bewegt sich ein Meer aus Glühwürmchen, Lagerfeuer brennen. Süßlicher Duft zieht um die Bäume und bewölkt den Wald, der das gelbrote Flammenmeer genauso zu genießen scheint wie wir. Wir reden über Amerika, Tennessee, seine erste Ehe, reden stundenlang in unseren Campingstühlen und lassen die Anwesenheitsschrift der Sterne auf uns herabregnen: Millionen ausgeworfener Punkte, die unsere Gegenwart markieren.

TENNESSEE

Tim ist eine gute Seele. Durch seine segnende Arbeit habe ich das gute Gefühl, dass Mister Jefferson nun rundum versorgt und sogar von seinen kommenden Macken geheilt ist. Wer weiß, wann mich die Tatsachen wieder einholen werden, aber zunächst bin ich guter Dinge. New Orleans? Soll sich mal jemand die Fanfaren ausmalen, wenn Mister Jefferson in die Stadt rollt wie ein König!

»I know this pot since I was a youngen.«

Der Morgen, wie soll man es anders sagen, fügt sich der Welt, und Nickel schwenkt die Kaffeekanne. Ich beschließe noch ein paar Tage zu bleiben, da ich keinen Gedanken finden kann, der dagegenspräche.

»Schön ist es hier«, sage ich zu Nickel, diesem einzigartigen Kerl. Den ganzen Tag rennt er mit seiner Kaffeekanne auf den paar Metern seines Campingplatzes herum, selbst abends kommt er mich mittlerweile zum Kaffeetrinken abholen. Obwohl bereits pensioniert, sieht er noch immer einem Lausbuben ähnlich. Dünnes, goldgelocktes Haar, strahlend hellblaue Augen und ein Körper wie ein Tannenbaum. Wie jeder andere Mensch der Gegend ist er unglaublich fett, nur hängt es eben kegelförmig an ihm herunter, anstatt die typischen Körperwellen zu schlagen.

Ich kann nicht genug bekommen von seinen Erzählungen. Sein Akzent ist wie ein Gedicht, das man in einer Sprache hört, die man nur halb versteht – ich lehne mich an die Melodie und darf den Worten noch so viel Unaussprechliches anhängen, wie ich möchte. Es sind märchenhafte Mitschnitte aus einem Leben, das die meiste Zeit um die Ecke stattfindet. Er hebt den Zeigefinger und deutet auf die Hügel auf der anderen Seite des Sees. »Da wohnen wir«, sagt er. Sie kommen nur hierher, um einfach mal zehn Tage zu campen und weg zu sein von Fernseher und Telefon. Nickel war früher Gefängniswärter, bis sein Körper nicht mehr mitmachte. Nun ist es seine Aufgabe, mich jeden Morgen mit einer gelungenen Feststellung in den Tag zu entlassen.

»Mir ist es egal, ob du aus Deutschland oder Asien oder woher auch immer bist, die Menschen sind überall gleich. Sobald du die Voreingenommenheit weglässt, die durch Religion oder die Regierung oder sonst was entsteht, läuft's alles aufs Selbe raus: Du willst deinen Kaffee, dass deine Familie sicher ist und es genießen, hier zu sitzen und zu campen.«

Die nächsten Tage verbringe ich an meinem abgeschiedenen Platz am See, und es ist immer dasselbe: Einige Stunden nur, in denen die Erinnerungen verblassen, und es gibt nur noch das Wasser, das warme Grün, den Wald und eine weitere Seele, die nah ist; als stummer Zeuge dieser großen Verwandtschaft ist man plötzlich wieder Aktionär von Stein und Blatt, Teilhaber des Grüns und Himmelblaus, Gesellschafter der Berge und der immerwährenden Wasser. Der ganze Tag langsamt, um die wahre Zeit hervorzubringen.

»Entferne dich nur ein, zwei oder drei Schritte, wie du willst, von einer Tatsache, sei es in der Natur oder in der Kunst, und du kommst ganz davon ab.« (R.W. Emerson) Zweifelsfrei werden wir es nie ganz verstehen: wie wir uns von den Tatsachen fortsachen müssen, um zu einer eigentlichen Sache zu gelangen. Einfach Mensch und vielfach Welt, während sich die Sonne langsam vorbeischiebt und man endlich nicht mehr erklären kann, wie die Stunden zu Tausendtagen wurden, wo der Erdenkreis beginnt und welche außerordentliche Kraft es versteht, sich im Vorhandenen zu bewegen und die Dinge zu gestalten. Feines Mineral, Erdkruste und Salz, Übergänge, die eins sind mit den Stunden, nackte Verschiebungen in das neue Beet der Aberstunde: nichts fehlt. So weit weg von allem Bekannten spürt man, dass der Mensch die Einsamkeit nur unter den Menschen gelernt hat.

Die Tage vergehen, und ich frage mich, was es eigentlich zu erzählen gibt über diesen See, über den Wald und dieses braungebrannte Amerika. Bliebe tatsächlich etwas übrig, was sagbar wäre? An meinem ersten Abend rauschte mir die erste Strophe eines Gedichts in die Hirnbalken, die nun wie ein bekanntes Rätsel über den Tagen schwebt. Sie war gut und richtig, aber das Gedicht, wenn es denn überhaupt eines sein sollte, ließ sich nicht beenden. Es findet sich kein weiterer Vers, der dem allen gerecht werden könnte.

In Bob Dylans Autobiografie »Chronicles« gibt es eine Stelle, die eigentlich alles erklärt, was in seinen Liedern, und demnach auch in Amerika, zu finden oder besser: nicht zu finden ist. Dylan befand sich Ende der Achtzigerjahre in New Orleans, um mit dem Produzenten Daniel Lanois sein 26. Album, »Oh Mercy«, aufzunehmen. Er war unzufrieden mit dem Fortschritt, den das Album nahm: Er fand nicht die rechte Methode, um die Songs zu dem zu bringen, was sie sein sollten. Eines Morgens wachte er früh auf und weckte seine Frau; sie setzten sich aufs Motorrad und fuhren los. Es hätte eine winzige Episode der Autobiografie werden können, doch Dylan entfaltet nun auf einem Dutzend Seiten die scheinbar belanglosesten Details dieser Fahrt. Wo man aß, welche Straße man nahm, wie die Luft schmeckte, was man sah an Haus und Tier und Gestrüpp. Das Hotelzimmer in allen unwichtigen Einzelheiten. Ein junges Mädchen auf einem Balkon, das einen Teppich ausschüttelte, oder eine verwunschene Unterhaltung mit einem älteren Ladenbesitzer, der die indigene Bevölkerung für Nachfahren der Chinesen hielt. Beobachtungen, vorbeirauschende Augenblicke, Szenen von Menschen, unklare Bedürfnisse und das überaus unverstandene, dramatisch Menschliche: geheimnisvolle Eingänge und noch geheimnisvollere Wege, die sich ins Unauffindbare verlaufen.

Es sind solche Szenen, die dem Leser als das eigentlich Bedeutungsvolle vorgestellt werden. Nicht, dass all dies existiert und solcherlei permanent vorfällt, sondern dass wir keine andere Möglichkeit haben, als diesem Material, das zu uns gehört wie unser eigener Herzhof, bezeugend anbeizustehen. »Das Absurde«, ließ Julio Cortázar seinen Horacio sagen, »sind nicht die Dinge. Das Absurde ist, dass die Dinge hier sind und wir sie als absurd empfinden.«

Das ist das Geschehen, um das es Dylan geht. Aber wie zur Hölle zwingt man all dies in einen Song? – Am Vorhaben, all dies angemessen zu quintessenzieren, kann man nur scheitern. Die Kunst als das großartigste aller Wagnisse: Trotz aller Fassungslosigkeit lässt einem das Ungesagtbleiben keine Ruhe. In der Vielgestalt der Welt sitzen wir immer als Narren, die sich das Sagenmüssen nicht verkneifen können.

So weiß Dylan, dass die Summe all seiner Songs nicht mal in die Nähe dessen kommt, was er »meine Vorstellung vom Leben« nennt. Mit einem Seufzer, der ebenfalls hier über das stille Tausendwasser Wataugas hallt, schreibt er:

»Wenn ich überhaupt etwas wollte, dann war ich darauf aus, das Geschehen um mich herum zu verstehen und mich dann davon zu befreien. Ich musste lernen, Sachverhalte und Gedanken zu komprimieren. Das Panorama war zu groß, als dass man es auf einen Blick hätte erfassen können, so wenig wie die vielen Bücher in der Bibliothek, die sich überall auf den Tischen stapelten. Wenn man das alles in den Griff bekam, passte es womöglich in einen Absatz oder in eine Strophe eines Songs.«

Vor Sonnenuntergang suche ich Feuerholz für die Nacht. Die Flammen knistern in der Dunkelheit, der See schimmert wie Blei. In der Nacht ist er noch mal um Jahrtausende zurückgeworfen. Ich schnappe mir mein Notizbuch. Es bleibt mir nichts anderes übrig, als das Gedicht mit einem Haiku zu beenden.

Hinlänglich
allein mit diesem
einen Auge, dem
einen Blick
in die sich lösende Zeit –
und was
noch Namen hat
zwischen Wasser und Tag.

Münder, aber ach!
Nur das Klackern der Steine
auf einzigem Grund.

Am Abend vor meiner Abreise fahren Tim und ich zu einem Spiel der Elizabethton Twins. Beide haben wir eine Schwäche für Baseball. Tim stammt aus einer Familie von halben, halbprofessionellen und professionellen Baseballspielern, und ich bin schon immer von der Tatsache begeistert, dass es auch nach jahrzehntelangem Training noch fast unmöglich ist, einen durch die Luft anrauschenden Ball mit seinem Holzschläger zu erwischen.

Ein Topspieler der Major League Baseball ist in etwa zu dreißig Prozent erfolgreich. Und ich rede nicht von Homeruns, sondern wirklich nur davon, den Ball überhaupt aufs Spielfeld zu bringen. Man stelle sich das mal vor: Carlos Zambrano gewänne nur dreißig Prozent seiner Zweikämpfe, Nadal brächte nur dreißig Prozent seiner ersten Aufschläge durch und Dirk Nowitzki hätte eine Freiwurfquote von dreißig Prozent! Nein, nein: Wie bei keiner anderen Sportart ist hier etwas Ungeheuerliches mit im Spiel.

Wir kommen gerade rechtzeitig, um zu sehen, wie ein Highschool-Püppchen den Platz betritt und die amerikanische Nationalhymne anstimmt. Die Kappen kommen runter und die Hand aufs Herz. Ein Moment, der die Anwesenden so verbindet, wie wenn auf dem Bökelberg »Die Elf vom Niederrhein« durch das Stadion hallt.

Da kein Alkoholausschank zugelassen ist, begnügen wir uns mit *corn dogs* und Dr Pepper Cola. Die Twins sind eine Mannschaft der unteren amerikanischen Baseballligen. Die großen Teams kaufen die jungen Talente von den Highschools und Unis, um sie in solchen Mannschaften auszubilden; hier sollen sie ihr Spiel lernen. Für den Zuschauer und Baseball-Liebhaber hat das den Vorteil, Fehler, Heldentaten und Spielzüge bestaunen zu können, die es in einem Profispiel nicht mehr geben wird.

Die Twins erzielen im ersten Inning bemerkenswerte sieben Läufe, während die Gastmannschaft leer ausgeht. Das Spiel ist genauso unterhaltsam wie die Zwischenrufe der Zuschauer auf den billigen Plätzen, die beweisen, wie viel Humor so eine überschaubare Veranstaltung hervorbringen kann. Tim erklärt mir bestimmte Manöver, die ich nicht kapiere, und in den Pausen macht sich Amerika an dem zu schaffen, was es am besten kann: Unterhaltung[*].

Ein Pizzamaskottchen tanzt blöde vor den Zuschauern herum, ein behindertes Mädchen darf einige Spiele von ihrem Rollstuhl aus spielen, zwei dicke Teenagermädchen spielen Horseshoes mit überdimensionalen Plastikhufeisen, dazu raunt der Stadionsprecher Aufmunterungen und Werbesprüche. Das alles ist äußerst deprimierend.

Tim sagt: »If there's no beer, at least that's some entertainment.«

Die Bälle fliegen mit hundert Sachen aus den Händen der Pitcher, die Eschenholzschläger knallen, Flutlichter springen an; das Spiel macht seine Runden. Um einen anderen Blick auf das Feld zu bekommen, wechseln wir die Seite und sitzen nun hinter der Bank der Gastmannschaft; ich blicke in das Gesicht des Co-Trainers, und hier ist es, Ladys und Gentlemen: das amerikanische Gesicht.

Es gibt kein vergleichbares auf Gottes ungezählten Weltenmetern. Gerade bei den Männern sieht es aus, als wären diese Kerle nicht einfach nur geboren, sondern hergestellt worden. Ein Mix aus den harten europäischen Jahrhunderten, die Knochen und Gesichtszüge stark und dominant haben werden lassen, zurecht-

---

[*] Ebenso amerikanisch ist das permanente Noch-einmal-bewundern-Müssen, das nach jedem Spiel, allen Playoffs und jedem Finale den MVP, den Wertvollsten Spieler, ebenfalls ins Rampenlicht zerrt. Von hier aus geht es dann unter Umständen noch in die Hall of Fame, die im amerikanischen Baseball schon so zugekrönt wurde, dass man ernsthaft darüber streitet, sie zu dezimieren. Wenn man in der Major League zu den Allergrößten gehört, teilt man sich seine Besonderheit mit mittlerweile dreihundertfünf anderen Ausnahmespielern.

gebraten und feingeschliffen unter der amerikanischen Sonne. Das Captain-America-Gesicht, faltenfrei bis in den Tod. In einem Land, das die Starken kraftvoll und die Schwachen fett macht, strotzen diese Gesichter voll ewiger Jugend und Gesundheit, ihre Augen funkeln wie Glas. Niemals werden sie krank. Niemals werden sie nicht ihr Leben opfern, um den Schwachen zu helfen, nie werden sie moralisch angreifbar sein, nie einen Mitmenschen mit den Dämonen ihres Innenlebens belasten. Stellt man jenem Mann ein gutes Perlweiß-Mädchen mit diesen prallen, braun glänzenden Beinen an die Seite, dann hat sich der amerikanische Traum, der immer zu schön ist, um wahr sein zu können, erfüllt.

Tim beschwert sich über den Werfer der Twins. »Ein guter, schlingernder Arm«, flucht er, »von mir aus, aber keine Kontrolle, keine Kontrolle!« Die Twins schaffen im gesamten Spiel keinen einzigen Lauf mehr; die Gäste holen Inning für Inning auf und gewinnen mit dem buchstäblich letzten geworfenen Ball. Was für eine Vorstellung! Die Lichter gehen aus, die Stühle werden zusammengeklappt, die leeren Cola-Becher weggeschmissen und die letzten Nacho-Pappteller leer geleckt – wie die zerstörten Überreste der Menschheit schlurfen wir zum Parkplatz, die meisten auf Stöcke gestützt oder in Rollstühlen. In einem Land, in dem selbst vierzig Prozent der Hunde übergewichtig sind, brauchen die Beine jede nur erdenkliche Hilfe, um den Körper, der sich allein nicht mehr stemmen lässt, zum nächsten Rastplatz zu transportieren.

Auf dem Nachhauseweg bekommt Tim einen Anruf vom Campingplatz. Es gibt Ärger. Ein Pärchen, das vor ein paar Tagen schon mal negativ aufgefallen war, ist anscheinend stockbetrunken und rennt nackt über den gesamten Platz, um sich gegenseitig an die Genitalien zu gehen.

Tim ruft den Ranger an, der für die Gesetzeshütung im Nationalpark zuständig ist (der öffentliche Konsum von Alkohol ist auch und besonders in den Nationalparks verboten), und verklickert ihm die Umstände.

»Yes Sir, a couple performing oral sex to each other, drunk and in front of innocent children. Hurry up, I don't think it will last long.«

Aus dem Handy schallt das Lachen des Rangers.

Er werde ein paar Kollegen schicken.

Als wir den Campingplatz erreichen, erwarten uns bereits zwei Polizisten. Tim erzählt dieselbe Geschichte noch mal. Hier stehen wir, vier erwachsene Männer, und kichern in unsere Hände wie Elfjährige. Wir werfen die Taschenlampen an und gehen runter zu Platz sechsunddreißig. »Ich hätte sie vorgestern schon rausschmeißen sollen«, murmelt Tim, inspiziert den Picknicktisch und die Feuerstelle, hält eine leere Flasche Bourbon in die Höhe und stolpert über leere Bierdosen. Einer der Polizisten öffnet das Zelt, wir steigen hinein und da liegen sie, quer übereinander, nackt und weiß, wie Gott sie schuf, und schnarchen sich gegenseitig ins nasse Fleisch.

Kapitel

4

Nashville

Es ist Zeit, mich von Nickel und seiner Familie zu verabschieden.

Es gibt Kaffee.

»You will see all that whole America that I have never seen«, sagt er, bevor ich von meinem liebgewonnenen Campingplatz rolle und langsam durch die Berge Richtung Südwesten schleiche. Kurz vor Nashville entscheide ich mich, noch eine Nacht draußen zu pennen, und übernachte einige Meilen vor der Stadt im Cedars of Lebanon State Park. Hier gibt es zwar keinen See, aber immerhin einen Pool und Wanderwege durch die Zedernwälder, die ich bis zur Dunkelheit durchforste. Keine Nachbarn und ein tiefer Schlaf bei geöffneten Fenstern, der noch entschlossen mit den Archetypen der letzten Tage bevölkert ist.

Am nächsten Morgen dauert es nicht lange, bis ich am Cumberland River stehe und hinüberschaue auf die Skyline Nashvilles. Ich bleibe auf der anscheinend ruhigeren Ostseite, wo es einfacher sein wird, eine Straßenecke zu finden, an der ich später übernachten kann.

»Music City« ist jünger, energischer und tätowierter, als ich gedacht habe. Ich erwartete die Stadt als eine sich selbst verwaltende Legende, die sich darin sonnt, bis in alle Ewigkeit das Epizentrum der Countrymusik zu sein, die Heimat der »Grand Ole Opry«, die jedes Wochenende den gesamten Süden vor dem Radio vereinte, der »The Johnny Cash Show« und der Atmosphäre, die sich Bob Dylan, The Byrds oder Neil Young suchten, um hier ihre Alben aufzunehmen.

Aber zumindest der Teil des Ostens, in den ich hier geraten bin, steckt voller neuer Bars, einer Punk-Boheme und kreuzungsweise Cafés, in denen ein Espresso (zum Glück) die minutenlange Maßarbeit eines Inselbegabten ist. Das Viertel macht den Eindruck einer schwarz gekleideten, gemütlicheren Version Williamsburgs, das ebenfalls durch einen Gentrifizierungsprozess mächtig umgekrempelt wird und erneut von vorne beginnt.

Ich suche mir die erstbeste Bar mit einem Fernseher, der das Spiel Deutschland–USA überträgt. Bis Angie in den letzten Spielminuten in die Bar eilt und sich zu mir an den einzig freien Tisch vor dem Fernseher setzt, weist nichts darauf hin, dass sich hier mein gesamter Nashville-Aufenthalt entscheiden wird. Ihr Ex-Mann sei einmal in England Profi gewesen, erklärt sie mir, und sie habe in all den Jahren seine Leidenschaft für den Fußball übernommen.

Angie schreibt mir die Bars und Bands auf, die ich in den kommenden Tagen nicht verpassen soll; wir bleiben noch lange sitzen, nachdem das Spiel vorbei ist. Als wir uns schließlich verabschieden, lädt sie mich ein, einige Tage bei ihr zu bleiben. Sie besitze ein riesiges, in drei Apartments eingeteiltes Haus; zwei dieser Woh-

NASHVILLE

nungen vermiete sie über Airbnb, und da ab morgen eine der Wohnungen für ein paar Tage frei sei, könne ich mich dort einquartieren.

Was bleibt einem anderes übrig, als an dieser Stelle die Gläser zu erheben und dem Leben zu danken!

Wenig später habe ich das Haus besichtigt und spiele mit Finn, Angies sechzehnjährigem Sohn, auf der Wiese vor dem Haus Fußball. Ich kann duschen und kutschiere die beiden zum Abendessen in ihre Lieblingsbar, Family Wash, wo ich kurz darauf mit Tim Carroll, der gerade sein Akustikset zu Ende gespielt hat, einige verworrene Minuten an der Theke verbringe. Auch wenn es seine Lieder nicht hergeben: Tim ist ein schüchterner Mensch und streicht sich oft die zwei langen Haarbüschel aus der Stirn, die dazu dienen, sein Gesicht verstecken zu können, wann immer er diese Deckung benötigt. Bald hängt er schräg an seinem Glas und driftet ab, gepackt und fortgezogen von den strammen Akkorden der Band, die nach ihm die Bühne übernommen hat. »Come and see me play tomorrow«, sagte er, »dann bin ich wieder fit und spiele mit einer kompletten Band.«

Er wirft ein letztes Feuer in seine Augen, klopft auf die Theke und verschwindet.

Keine vierundzwanzig Stunden später betreten Angie und ich das dunkle 5 Spot, das nach etlichen großartigen Nächten riecht. Tims Bassist kommt mir bekannt vor, und tatsächlich: Es ist Bones Hillman, der ehemalige Bassist der australischen Band Midnight Oil. Die Summe aller nutzlosen Beiläufigkeiten, die sich irgendwo in den Weiten des Gehirns angesammelt haben, muss unendlich sein! Bald schleicht ein dandyhafter Sänger auf die Bühne, der auf den Namen Greg Garing hört, röhrt drei Minuten durch den Saal und wickelt sich um den Mikrofonständer, als wäre er eine Schlange, die vor sich selbst zu fliehen versucht. Sein rauer Rock 'n' Roll ist ein kurzlebiges Geschäft mit einer zu lange zurückgehaltenen Energie; nach einer kurzen Verbeugung schnappt er sich sein hübsches Girl und verschwindet. Tim spielt weiter, und die Band nimmt den Schwung auf, den Snake Dandy, wie ich ihn für mich getauft habe, auf der Bühne hinterlassen hat. Tim kündigt den Rausschmeißer an, und das wortwörtliche Ende vom Lied ist eine Zeile, die die meisten mit erhobenen Armen mitsingen. »We don't make nothin' in the USA«, grölt Tim, »but we still make Rock 'n' Roll.«

Das ist es also, das gute alte Nashville mit seinen aufgepeitschten Menschen, Saloons und goldenen Kehlen. Alles ist so vertraut, dass ich kaum glauben kann, erst seit einem Tag hier zu sein. Ich erinnere mich, eine halbtote Stadt erwartet zu haben! Aber die Legende schickt sich an, mir das Gegenteil zu beweisen.

***

Lightnin' Hopkins nannte die Countrymusik den Blues des weißen Mannes. Nichts könnte näher an der Wahrheit sein, und daher können die lokalen Countrysender nur verwundern. Was hier seit Charlottesville durch Mister Jefferson dudelt, ist durchproduzierter Country-Pop, der mit den einfachsten Zutaten den Pustekuchen der USA zusammenbackt. In einem typischen Lied setzt sich der freiheitsliebende Reiter abends an eine Bar, trinkt ein ziemlich eiskaltes Bier und guckt sich sogar die Girls an, während er mit juveniler Einbildungskraft vom guten wie einfachen Leben schwärmt. Der Musikjournalist Nicholas Dawidoff vergleicht diese für eine erzkonservative, weiße Mittelschicht abgeschmeckten Songs mit dem ebenfalls völlig durchkonzipierten Disneyland: »(...) glatt und berechenbar, ein oberflächliches Abenteuer in einer rauchfreien Umgebung«, und vor allem sehr gut darin, niemanden zu verstören oder zu überraschen.

Diese Spreu lässt sich sehr leicht vom Weizen trennen. Echte Countrymusik, George Jones nennt sie *hard country*, ist nichts weniger als eine knarrende Tür, die ewig zwischen Licht und Leid hin- und herschwingt, zwischen Erlösung und Verderb. Sie ähnelt einem sturen Akt der Provokation, in dem sich das sich selbst kasteiende Individuum immer wieder selbst gefangen nehmen muss, und ist gleichzeitig der Versuch – wie immer! – Herr zu werden über die Bedingungen des Lebens, von dem erzählt wird, es sei zu gut, um auf der breiten Brust des Teufels ausgetragen zu werden. Die Erzählungen der Countrymusik, ob soft oder hart, sind eine bedeutende Geschichte des neuen Kontinents, denn kaum eine andere Musik spiegelt das Leben der meisten Amerikaner in der ersten Hälfte des 20. Jahrhunderts so lebensnah wider und begleitet die Migration der europäischen Siedler in den Süden und den Mittleren Westen Amerikas, nachdem die Appalachen als erste *frontier* nicht mehr ausreichten.

Obwohl die Musikerin Iris DeMent im folgendem Zitat explizit über Countrymusik spricht, lassen sich ihre Worte auch als Zeitzeugnis für jenes Amerika lesen, das ihre Eltern in Arkansas bewohnten:

»Sie ist eine Art Ort. (...) Es ist eine Musik, in der Menschen einfach sind und über das Leben schreiben, über die Dinge, mit denen sie kämpfen, und über schwere Zeiten. Sie versuchen, sich durchs Leben zu schlagen, und hoffen auf die Zukunft. Ob man an den Himmel glaubt oder nicht, der Himmel ist eine Idee der Hoffnung, und Hoffnung kann dich durchs Leben bringen. Mich zieht diese Musik an, weil sie ehrlich ist. Sie wurde geschrieben, um Menschen zu helfen. Und was meine Familie betrifft, wir haben immer nur versucht, uns so gut es geht durchzuschlagen, und diese Lieder haben uns geholfen.«

Hank Williams sagte über den Südstaatler: »Weil der Hillbilly härter aufwuchs als die meisten Entertainer, singt er aufrichtiger als die meisten Entertainer.« Die alten Geschichten um Gottes Sohn, Alkohol, Begehr, Verzweiflung und Gewalt wiederholten sich aufs Neue. In der rigiden puritanischen Gesellschaftsstruktur fiel es leicht, nicht ins Bild zu passen. Doch je mehr die Countrystars mit sich und den Göttern haderten, desto größer wurde das Bedürfnis, am Ende des Tages innerhalb der bestehenden Strukturen akzeptiert zu werden – wenn auch nur als deren schwerwiegende Randexistenzen, die im Namen aller die wirklich ernsten Kämpfe auf sich nehmen.

> *A young cowboy named Billy Joe*
> *Grew restless on the farm*
> *A boy filled with wonderlust*
> *Who really meant no harm*
> *He changed his clothes and shined his boots*
> *And combed his dark hair down*
> *And his mother cried as he walked out*
> *Don't take your guns to town, son*
> *Leave your guns at home, Bill*
> *Don't take your guns to town.*

JOHNNY CASH / »DON'T TAKE YOUR GUNS TO TOWN«

Man will es tatsächlich über den Gehalt der eigenen Dunkelheit auf die Sonnenseite schaffen – so bleibt natürlich nichts übrig, was sich zwischen den Zeilen lesen ließe. Hierin liegt der große Unterschied zum Blues, der nirgendwo hinwill und Leid und Siege aufzählt, um allein vor den ominösen Lebenskräften Rechenschaft abzulegen. Und der darüber hinaus, ganz im Sinne der Dichtkunst, die entscheidenden Geheimnisse für sich behält.

Nie wird jemand mit Sicherheit sagen können, ob es gut oder schlecht ausgeht, und Musiker wie Hank Williams, Jimmie Rodgers, Merle Haggard, Johnny Cash oder Ira Louvin waren respektive sind das Gegenteil von dem sittsamen weißen Leben in der Tiefe Amerikas, das die Country-Pop-Kataloge verkaufen – und doch ihr entscheidender Teil.

Ira, der mit seinem Bruder Charlie das Brüderduo Louvin Brothers bildete, war eine zerrissene Seele vor dem Herrn. Die

Brüder sangen die höchste Form des Hillbilly-Gospels, indessen Ira immer wieder von seinen Dämonen heimgesucht wurde. Besonders schlimm erwischte es ihn, wenn er in die Nähe des Alkohols kam. Der Haussegen geriet immer wieder außer Kontrolle. Nicht nur, dass er seine Frau mit einem Telefonkabel zu strangulieren versuchte, auch sie hatte irgendwann genug von seinen Eskapaden und jagte ihm sechs Kugeln in den Leib. (»If the son of a bitch don't die, I'll shoot him again.«) Ira überlebte tatsächlich und schwor dem grimmigen Leben und dem Alkohol ab, um endlich Prediger zu werden. Kurz darauf starb er bei einem Autounfall. Er selbst hatte keinen Schluck intus, während der Mann, der in ihn hineinraste, der Ironie halber stockbetrunken war.

Merle Haggard – der seine Musik Country Jazz nennt – landete siebzehnmal im Knast, bevor er überhaupt volljährig wurde. Immer wieder eingebuchtet, weil er das Leben eines kriminellen Vagabunden idealisierte, hörte er als Insasse des berüchtigten San-Quentin-Gefängnisses Johnny Cash spielen – ein Ereignis, das sein Leben verändern sollte. Er wollte so sein wie der gute Bösemann auf der Bühne, der die Gitarre schulterte wie ein Gewehr und jedes Mal den Kopf in den Nacken warf, wenn er eine neue Strophe anstimmte, als müsse sein Kopf Schwung holen für den folgenschweren Bariton seiner Worte.

Merle machte keinen Hehl aus seiner kriminellen Vergangenheit: »I wasn't trying to shit nobody«, sagte er schulterzuckend und scherte sich wenig um das, was die Leute von ihm denken mochten. Er hatte das erlebt, was er erleben wollte: Er fuhr auf den Güterzügen durchs Land, stahl und hausierte und sah zu, dass er irgendwie über die Runden kam, bevor dies seine Karriere als Musiker für ihn erledigte.

Ende der Zwanzigerjahre beginnt die glorreiche Zeit der Countrymusik, und sie beginnt als neue amerikanische Folklore irgendwo zwischen Western- oder Cowboymusik, den semantischen

Einflüssen des Blues, den alten Volksliedern und im Falle von Jimmie Rodgers mit der persönlichen Beigabe des Jodelns.

Jimmie Rodgers arbeitete so lange bei der Eisenbahn, bis er an Tuberkulose erkrankte, die ihn bereits mit fünfunddreißig Jahren dahinraffen sollte. Sein Nachlass ist beeindruckend: Er verkaufte zu Lebzeiten unglaubliche zwanzig Platten und schuf Hits wie den »T.B. Blues« oder »In the Jailhouse Now«.

Der Urvater des Country starb, als einer der größten Musiker und besten Songwriter, die Amerika jemals hervorgebracht hat, gerade in die Pubertät kam. Hank Williams wird hier schon geahnt haben, dass ein normales bürgerliches Leben nicht in seinen Sternen stand. *Spina bifida occulta* heißt die Wirbelsäulenkrankheit, mit der er auf die Welt kam und die dafür sorgen würde, dass er niemals einen Beruf ausüben konnte, der körperliche Arbeit voraussetzte – und damals setzte nahezu jede Arbeit robuste Körperlichkeit voraus. Um seine Schmerzen verkraften zu können, mussten Herz und Kehle gegen die Hinfälligkeit des Leibes arbeiten.

> Es gibt eine Ungunst der Sterne
> Die edler ist als die Glückszahl
> Eine heilige Unvernunft
> Die fliegt uns vorüber kometisch
> Genügt nicht
> Ist mehr als genug.

MARIE LUISE KASCHNITZ / »MEINE SCHWESTER LONJA«

Hank lernte das Gitarrespielen unter anderem von dem schwarzen Straßenmusikanten Rufus Tee Tot Payne. Gegen Mahlzeiten brachte Payne dem aufgeweckten Jungspund bei, wie man die Augen schließt und den Blues herbeitrommelt. Hank integrierte dieses Wissen in seinen eigenen Sound; es kam ihm nur gelegen, dass er über eine unvergleichliche Stimme verfügte, die in Songs wie

NASHVILLE

»Ramblin' Man« oder »Kaw-Liga« alles öffentlich machte – ein halbes Dutzend Qualitäten presste er hier aus seiner Stimme, die den Zuhörer verzücken und aufstacheln. In »Kaw-Liga« erzählt er eine Liebesgeschichte: Sein Held ist Kaw-Liga, ein aus Holz geschnitzter Indianer, der sich in eine ebenfalls leblose Indianerin verliebt, die er jeden Tag im Antiquitätenladen stehen sieht. Obwohl sie darauf wartet, spricht er sie nie an; er bewegt sich nicht. Und kann infolgedessen nichts unternehmen, als sie von einem reichen Kunden gekauft wird und für immer verschwindet. Hank schafft es, seine Stimme derart hoch werden zu lassen, dass sie die Form eines Klagegesangs annimmt, um sofort wieder ernst und augenzwinkernd zu werden:

> *Kaw-Liga just stands there as lonely as can be*
> *And wishes he was still an ol' pine tree.*

Dann setzt sich der Güterzug seiner Band in Bewegung, die Instrumente scheppern durch die Prärie, Hank provoziert einen Rodger'schen Halbjodel herauf und beendet den Song mit einem brutalen Grinsen:

> *Poor ol' Kaw-Liga, he never got a kiss*
> *Poor ol' Kaw-Liga, he don't know what he missed*
> *Is it any wonder that his face is red?*
> *Kaw-Liga, that poor ol' wooden head.*

HANK WILLIAMS / »KAW-LIGA«

Die Geschichte könnte von vielem handeln. Vom allgemeinen Inkompatibilitätsverhältnis von Mann und Frau, da das Entscheidende zwischen den Geschlechtern immer ungesagt bleibt, vom Schicksal der indigenen Bevölkerung Nordamerikas, als unterhaltsame Anekdote oder endlose Tragödie. Die vielen Gesichter des Songs sind die vielen Gesichter von Hank Williams.

Sobald er eine Bühne betrat, gewann sein Charme den gesamten Saal. In seinem weißen Cowboy-Outfit, vollendet mit einem schelmischen Grinsen und großen Segelohren, sah er zunächst aus, als wäre er die Manifestation von Schwiegermutters Acid-Traum. Dann sang er sich alles Material von der Seele, zu dem sich seine Beine ungeschickt bewegten und aneinanderklackten – bis unter die Schädeldecke vollgepumpt mit Schnaps, Amphetaminen und Medikamenten versuchte er, einem auf dem Rücken liegenden Käfer gleich, von der Stelle zu kommen. Doch der erste Popstar Amerikas siegte zeitlebens nicht über den Drang, irgendwo unterzugehen, um nie wieder auftauchen zu müssen. Stellvertretend für alle Musiker und Künstler Amerikas hat der Mann des »Lost Highway« das ewige Lied aller Reisenden noch einmal mit Leib und Seele auf den Plattenteller gebracht: Im Grunde lieben wir doch immer nur die Sehnsucht und den Aufbruch, nie das Ankommen, nie die Gewissheit.

> *Some folks might say that I'm no good*
> *That I wouldn't settle down if I could*
> *But when that open road starts to callin' me*
> *There's somethin' over the hill that I gotta see*
> *Sometimes it's hard but you gotta understand*
> *When the Lord made me, he made a Ramblin' Man.*

HANK WILLIAMS / »RAMBLIN' MAN«

Hank avancierte zu einem Star und rutschte so sehr in die Drogensucht, dass sein Produzent ihn verließ und er in den heiligen Aufnahmehallen der Countrymusik, der »Grand Ole Opry«-Radioshow, nicht mehr willkommen war. Auch seine Frau kehrte ihm den Rücken. Kurz zuvor hatte er ihr noch »Cold, Cold Heart«, einen seiner größten Hits geschrieben.

NASHVILLE

*The more I learn to care for you the more we drift apart
why can't I free your doubtful mind and melt your cold, cold heart.*

HANK WILLIAMS / »COLD, COLD HEART«

Der romantische Kerl mit dem gebrochenen Herzen war derselbe, der nun einem anderen Countrysänger die Freundin ausspannte, die seine zweite Frau werden sollte. Mit gezogenem Messer und der Aussage, das Mädchen gehöre jetzt ihm, war die Sache erledigt. Ihr Glück sollte nicht lange halten. Hanks Schmerzen wurden trotz einer Operation immer schlimmer, und in der Folge auch das Bedürfnis, sie fortzutrinken und mit Morphium zu betäuben. Sein Körper war in einem miserablen Zustand. Wenn er trank und seine Pillen nahm, hatte er keinen Hunger – er aß manchmal tagelang nicht. Es existiert ein Foto aus einem Gefängnis, das Hank Williams mit freiem Oberkörper zeigt. Dieser abgemagerte Mann ist keine dreißig Jahre alt und sieht aus, als trage er ein Dutzend mehr auf dem schiefen Buckel. Der größte Star des weißen Amerika: *I just don't fucking' care* strömt aus seiner gesamten Erscheinung. Die Szene sieht aus, als spielte sie in einem Glasgower Punkschuppen Ende der Siebzigerjahre.

Wie stirbt ein Mann, der über einhundert Lieder komponiert hat, die noch heute ihresgleichen suchen? In der letzten Nacht des Jahres 1952 rollte ein Auto nach Ohio und chauffierte Hank Williams zu einer Show. Niemand wunderte sich, als er bald bewusstlos auf der Rückbank lag – es war schon viel zu oft passiert. Hunderte Meilen fuhr der Cadillac mit der toten Ikone über die endlosen Highways Amerikas. Dass Hank diesmal an seinem Rausch gestorben war, merkte man erst, als man am nächsten Tag in eine Polizeikontrolle geriet. Die Radios spielten gerade seinen neuen Nummer-eins-Hit »I'll Never Get Out of This World Alive«:

> *Now you're lookin' at a man that's gettin' kind of mad*
> *I had lots of luck but it's all been bad*
> *No matter how I struggle and strive*
> *I'll never get out of this world alive.*

HANK WILLIAMS / »I'LL NEVER GET OUT OF THIS
WORLD ALIVE«

***

Das Haus, vor dem ich in der Nacht geparkt hatte, entpuppt sich als Baustelle. Die Unterhaltungen der mexikanischen Arbeiter bevölkern eine Draußenwelt, noch weltenweit von meiner Matratze entfernt. Ich habe nicht die geringste Lust, den Tag zu beginnen. Die Arbeiter schnüren ihre Schuhe und werfen das Radio an. Die Songs sind fast so gut wie die Vögel im Wald. Ich liege eine halbe Stunde wach und höre der Cumbia zu, den lebensstarken Rhythmen und der Werbung, die sich wie Skits zwischen die Lieder legt. Als sich die Männer dann doch an die Arbeit machen, nehmen sie das Radio mit; ich esse meine Ration Erdnüsse und fahre ins Café, um meine Morgentoilette zu verrichten, mich über dem Waschbecken zu waschen und ausgiebig zu frühstücken.

Als ich in Angies Veranda einbiege, steht sie schon im Garten und wartet auf mich. Die Gäste sind gerade verschwunden, wir beziehen die Betten neu und ich schaffe ein paar meiner Sachen in das Apartment, das mir nach der Genügsamkeit Mister Jeffersons viel zu luxuriös erscheint. Es hat deutlich mehr, als ich brauche, zudem gibt es Alben von Led Zeppelin über die Country All-Stars bis zu Pink Floyd. Ich lege eine Platte der großartigen Kitty Wells auf und teste das Bett, als Angie mit hochrotem Gesicht zur Tür hereinkommt. Es tue ihr so unglaublich leid, aber sie habe eine Buchung übersehen, und die nächsten Gäste könnten jederzeit auf der Matte stehen.

Sie hat fast Tränen in den Augen, so leid tut es ihr.

Ich ziehe also zurück in Mister Jefferson, was keineswegs schlimm ist. Ich kann in der Einfahrt parken und dort logieren, solange ich will. Angie gibt mir einen Schlüssel fürs Haus, sodass ich immer Bad und Küche benutzen kann, und wir brechen auf, um irgendwo ein zweites Frühstück zu finden.

Über Nacht haben die Crape-Myrtle-Büsche (Kräuselmyrten) zu blühen begonnen, ihre Farben ziehen sich durch ganz Nashville; Angie erzählt mir alles über die verschiedenen Blüten und Sträucher, da sie einige Zeit als Landschaftsgärtnerin gearbeitet und viele der Vorgärten East Nashvilles gestaltet hat. So klappern wir die schönsten ihrer Schöpfungen ab, während diese tapfere Frau, die noch vor Kurzem durch eine seltene Herzerkrankung zwei Jahre ans Bett gefesselt war und davon ausging, nur noch das eigene Ende zu erwarten, vor Freude lacht und quietscht.

Das Brasilienspiel beginnt – und als hätten sie nur auf uns gewartet, sitzen Aliana und Vinicius alias Ally und Vinnie in der ansonsten leeren Bar in einer Traube brasilianischer Fußballfans. Es ist nicht zu erklären, und vielleicht möchte man sich deswegen mit allen Mitteln bedanken, auch wenn man nicht genau weiß, wo: Noch bevor wir die ersten Worte tauschen, weiß ich, dass die beiden im Verlauf meiner Reise noch eine große Rolle spielen werden.

Ally und Vinnie sind Zwillinge und in einem der Viertel São Paulos geboren, in dem die Lebenslust den Terror der Straße noch so eben aufwiegt. Seit zehn Jahren leben sie nun in Nashville: Ally als breit grinsende Liebhaberin der ganzen Welt, deren klarer Verstand sich alle Mühe gibt, ihre Herzensangelegenheiten im Zaum zu halten, und Vinnie als ihr Pendant, das seiner Größe schon vollkommen zu trauen gelernt hat und seinen Angelegenheiten freien Lauf lässt. Da sein Jim-Knopf-Gesicht schon unter grauen Haaren hervorblinzelt, wirkt Vinnie gleichzeitig kindlich und erwachsen. Ich sehe ihn bereits, wie er seine erste Million mit einer Handy-App macht, nur um diese innerhalb von wenigen Wochen voluminös zu verballern, wie sich das für einen Lebemann gehört, der in Amerika reich wird.

Am nächsten Morgen fahren wir drei raus nach Burgus Falls, einem State Park, der von einer grandiosen Schlucht und einem vierzig Meter in die Tiefe rauschenden Wasserfall beherrscht wird. Schon die Anreise ist es wert. Seit wir vom Highway runter sind, schlängelt sich das Land um die pittoresken Szenen des ländlichen Amerika mit seinen Vorzeigefarmen und jenen glücklichen Tieren und Menschen, für die ein Propagandaministerium verantwortlich zu sein scheint. In gleicher, bereits vorübergegangener Schönheit: eine verlassene Rennstrecke, überwachsene Busfriedhöfe und die Holzschuppen, vor denen die alten Herren ihr Tagein und Tagaus in jenem heiligen Raum verbringen, der sich weder krümmt, begehrt noch eine einzige Sache vermisst. Keine Wahrnehmung und kein Gedanke verlassen den halben Kilometer, der einen umgibt. Die Genügsamkeit einer Zeit, die nichts mehr leisten muss, aber immer noch gegenwärtig ist, sitzt in den nassen Augen wie ein geglättetes Meer.

Nach nur drei Tagen in der Stadt spürt man augenblicklich die Veränderung, die der Aufenthalt in der Natur mit sich bringt. Sobald man unter Menschen ist, ist man fast ausschließlich mit ihnen oder sich selbst beschäftigt. Hier aber richten sich die Fragen wieder an das Blau des Wassers und die Schöpfungsgewalt der Erde, die Grundvoraussetzungen für alles Menschenerdenkbare. Bis zur Brust hocken wir im Pool des Wasserfalls und rauchen den Joint, den Vinnie mitgebracht hat – die Debatten werden endlos. Nachdem wir zweifelsfrei festgestellt haben, dass die Inhalte des Geistes noch ebenso instinktiv und körperbasiert ablaufen wie der Körper selbst, der Geist also erst mal nur ein weiteres Organ der Leibesangelegenheiten ist, kommt Vinnie auf sein Lieblingsthema zu sprechen, die nächste große Revolution in der Geschichte der Menschheit, an der er ordentlich mitarbeitet.

NASHVILLE

»Alles wird sich verändern, alles. Während der Industrialisierung begannen die Menschen, Maschinen herzustellen, die ihre körperliche beziehungsweise mechanische Arbeit genauso gut tun konnten wie sie selbst, und schließlich um ein Vielfaches besser. Nun, das war diese Sache. Jetzt befinden wir uns gerade in der Revolution der Information, die ähnlich abläuft, nur dass wir keine körperliche Arbeit an Maschinen auslagern, sondern kognitive und informationelle Funktionen wie Gedächtnis, Erinnerung und Wahrnehmung. Maschinen mit künstlicher Intelligenz sind heute schon in der Lage, unsere Umwelt zu analysieren und Entscheidungen für uns zu treffen. Und das ist noch nicht mal der Anfang der Zukunft! Wir befinden uns inmitten einer gigantischen Umwälzung!«

Einmal in Fahrt gekommen, ist es schwierig, Vinnie zu stoppen. Nach einer Stunde aber, die wir regungslos im Wasser herumgesessen haben, wird es uns kalt. Zeit, uns ein nasses Plätzchen in der Sonne zu suchen.

Zurück in Nashville, holen wir Angie ab und trudeln bei Linda ein, ebenfalls eine neue Bekannte vom Brasilienspiel. Sie und ihre Lebensgefährtin haben einen Pool im Garten stehen und verteilen so viel Sekt unter den Frauen, dass die Stimmung kontinuierlich ihre Höhepunkte erreicht. Vinnie und ich kauern bald Seite an Seite am Rand des Pools, umzingelt von drei jungen Lesben und einer Frau, die schon eine Ehe und pubertierende Kinder hinter sich hat. Wer weiß, was heute in der Luft liegt und die Tore ihrer Seelen dermaßen weit aufreißt. Sie bombardieren uns mit Geschichten und den unglaublichsten Intimitäten ihres Frauendaseins, sodass Vinnie schon die Geburtsstunde einer neuen Weltordnung ahnt und mich unter Wasser anstupst, um mir zu verdeutlichen: Mein lieber Freund, wie herrlich, stoße Ohren und Geist auf und lerne von diesem Moment, für solche Augenblicke wird man geboren.

Als Linda und ich kurz alleine sind, setzt sie mir einen Kuss auf den Hals, fährt an meine Badehose und flüstert: »Ich weiß, dass ein Blowjob jetzt perfekt wäre, und ich würde es auch machen, aber es ist irgendwie nicht der richtige Zeitpunkt, weißt du?«

Ich nicke und versuche, ein fatales Grinsen zu verhindern. Ich hatte nicht die Absicht, einen Blowjob zu bekommen, und keine dahingehenden Andeutungen unternommen, zumal sich zwischen uns nicht der Hauch eines Flirts oder einer sexuellen Annäherung entwickelt hat – sie hätte sich ebenso gut in den Hulk, Black Jesus oder einen nicht eunuchigen Gnom verwandeln können und ich wäre nicht minder verwundert gewesen.

Linda nimmt die Hand von meiner Hose und geht ins Haus, um uns allen etwas zu essen zu bringen.

Amerikanische Erfindung: Drama, Drama, Drama.

Es wird dunkel; zart steigt das letzte Licht in die Wolken, während Linda und Veronica von den Widrigkeiten ihrer Beziehung sprechen. Linda wiederholt immer wieder die zwei Worte, die wie ein böses Omen über ihrem Leben schweben: *bible belt*. Im Volksmund ist der Bibel-Gürtel der Süden/Südosten der Vereinigten Staaten. Ein Gebiet, das in der Kolonialzeit und nach dem Bürgerkrieg von den anglikanischen Kirchen sehr stark geprägt wurde. Die Menschen hier gelten als religiöser als in den übrigen Staaten der USA; wer sich hier gegen die allgemeine Denkrichtung äußert, hat im Allgemeinen wenig Hoffnung, auf Nächstenliebe zu stoßen.

In erdrückenden Bildern erzählt Linda von ihrer Jugend und ihrer zunächst geheim gehaltenen Homosexualität; wie sie von ihrer Familie, die sie nur aufgrund ihrer sexuellen Orientierung für eine Brut des Teufels hält, für immer verstoßen wurde. Nachdem sie über ihren Erzählungen in Wallung gekommen ist, entfaltet sich bald eine schwer angetrunkene Diskussion über Gott und Religion. Linda will von mir wissen, ob ich religiös sei, und ich gebe ihr die nackte Wahrheit:

»Mein besserer Zwiespalt sagt mir, dass ich ein agnostischer Hindu-Phänomenologe bin, dem ein schellenschlagender Zirkusaffe im Nacken sitzt.«

»Was soll das sein, ein Hindu? Bist du etwa kein Christ?«

Ich erkläre den Hinduismus mit dem vortrefflichen Satz: »Alles existiert, nachdem es gestaltet wurde.«

»Und Gott ist der Schöpfer?«, hakt sie nach und beginnt bereits, an einer erzürnten Miene zu arbeiten. Schlimmes befürchtend sage ich:

»Nun, Gott ist eben Gott: Ein Fünfeck, aufgespannt zwischen klaustrophobischen Worten und russischen Nutten, deren Namen auf den Silbenreichtum Shivas enden.«

Vinnie und Ally kichern, Angie wirft mir eine leere Bierdose an den Kopf – Linda aber ist stinksauer, und es folgt eine Lobesrede auf Jesus, die man ungefähr so zusammenfassen kann: Wenn man die Liebe und das Opfer Jesu nicht annimmt, landet man in der Hölle, diese ganzen Muslime und Hindus werden in der Hölle landen, und es gibt nur ein einziges, wahres Licht, und das findet man im Herzen, sobald Christus dort seine Lampen entzündet. Tränen kullern ihr die Wangen herunter und sie ist so geladen, dass sie kurz davorsteht, uns alle rauszuschmeißen.

Es ist unglaublich, aber auch plausibel: Die Vertriebene ist genauso fanatisch wie die Menschen, die sie aus ihrem Leben gestoßen haben. Nur die Feindbilder sind andere geworden. *You can take the people out of the bible belt,* denke ich, *but you can't take the bible belt out of the people,* was mir im selben Moment leidtut, denn Linda hat sich eine neue Sektflasche aufgemacht und sich alleine dadurch wieder etwas beruhigt. Nach ein paar Gläsern ist sie wieder die ungehemmte Freude, die sie noch vor ein paar Minuten gewesen war.

Es gibt Pizza; Ally schlüpft kurz in ihre Klamotten, um noch Getränke von der Tankstelle zu holen. Der Himmel hat sich wieder mal zugezogen und die Luft zu einem dicken Paket zusammengeschnürt. Das nächste Gewitter fährt auf uns herab und wir flüchten ins Haus, wo Linda mich in die Arme nimmt.

Sie packt meinen Kopf zwischen ihre Hände, schaut mich mit liebevollen Augen an und versucht, die Dinge klarzustellen:

»Wir Amerikaner haben unsere Probleme, klar, du siehst es ja, es ist nicht alles gut, aber wir probieren, es besser zu machen. Es gibt so viele gute Menschen hier. I hope you'll find that we are happy.«

Das ungestüme, verzweifelte Glück Amerikas: Hier liegt es in meinen Armen, riecht nach Chlor und bringt das Blut in Wallung, um hinter dem ganzen Irrsinn an ein gutes Ende glauben zu können.

Ehe ich mich versehe, habe ich mich in Angies Einfahrt eingelebt. Eine Woche ist vergangen und ich habe noch keinen Gedanken daran verschwendet, bald meine Zelte abzubrechen. Die Tage verbringe ich mit Angie, Vinnie und Ally oder bei den Heimspielen der Nashville Sounds, des hiesigen Baseballteams, das in Camouflagetrikots spielt und von echter Honky-Tonk-Musik begleitet wird, wenn es auf dem Spielfeld einläuft; abends streunen wir durch die Bars. Immer wieder lande ich in der Mercy Lounge, im 5 Spot oder Family Wash, wo ich so hervorragende Bands wie die Carolina Singers oder Jack Silverman sehe, einen Jazzgitarristen, der Kenny-Burrell-Songs interpretiert, als seien es eigentlich seine Kinder.

Dave Coleman, Chuck Mead und ein Dutzend weitere – Musiker sind hier so etwas wie die Bittsteller in New Yorker U-Bahnen: zu viele mit den gleichen Geschichten. Der Konkurrenzkampf ist groß und nur wenige schaffen es, ihrem Talent auch zum Durchbruch zu verhelfen. Die Qualität ist enorm. Nashville ist *der* Ort in Amerika für junge Musik, und es geht wahrlich nicht nur um Country. Ich höre hier vor allem Rock 'n' Roll, Jazz und Blues, meist umsonst – oft sitze ich auf einer Terrasse, und ein Kerl, der gerade aus Georgia, Alabama oder von sonst woher in die Stadt gekommen ist und irgendwo in seinem Auto haust, spielt sich die Seele aus dem Leib – obwohl es außer mir keinen anderen Gast gibt.

Es muss eine ganze Woche vergehen, bis mir schlagartig klar wird, noch nicht über die Grenzen East Nashvilles hinausgekommen zu sein. Da ich also noch keinen Fuß in die eigentliche Stadt gesetzt habe, überrede ich Angie und Vinnie, den Nachmittag auf der anderen Seite des Flusses zu verbringen, wo wir uns, ausgebrannt von den hinter uns liegenden Tagen, über den ehrwürdigen Boulevard schleppen. Wir halten den Rummel nicht lange aus. Es ist noch früh, als wir zurück in den Osten fahren; Vinnie verabschiedet sich, Angie geht noch eine Freundin besuchen, und ich bin froh, auf der Verandacouch die Beine durchzustrecken und nur die Rhapsodien der Grillen und Insekten um mich zu wissen. Im Verlauf des Tages ist das Wetter umgeschlagen und die Feuchtigkeit aus der Luft gewichen. Wer weiß, wohin sie abgezogen ist. Stundenlang liege ich in dieser großartigen Nacht, und als Angie nach Hause kommt, hole ich den Whiskey, um mit ihr noch einen Gute-Nacht-Drink zu nehmen. Dass die kleine Frau mit dem starken Herzen diesen fremden Durchreisenden aufgenommen hat, werde ich ihr nie vergessen – es hat mir den ganzen Reichtum dieser Stadt beschert, die ich sonst vielleicht nach ein oder zwei Tagen unverrichteter Dinge wieder verlassen hätte. Angie will sich gerade ins Bett verabschieden, als die neuen Airbnb-Gäste von einem Konzert nach Hause kommen. Drei Frauen und zwei Männer aus Chicago, die noch keine Lust haben, schlafen zu gehen. Sie holen ihre Gitarren, Mandolinen, Fiedeln, Banjos und Getränke aus dem Haus. Schon der erste Song ist ein Stück der Bluegrass-Legende Bill Monroe – ein Song namens »The One I Love Is Gone«, den er zwar geschrieben, aber selbst nie aufgenommen hat.

Die Stimmen der beiden Frauen steigen in die Nacht. Ich bin mir sicher, dass jedes Lebewesen im Umkreis von dreihundert Metern die Ohren spitzt:

Well I found the bluebird
high on a mountainside
and the bluebird would sing it's little song.

> *So I'll sigh, I'll cry, I'll even want to die*
> *for the one I love is gone.*

BILL MONROE / »THE ONE I LOVE IS GONE«

Es wird eine lange Nacht. Nach und nach verschwinden alle in ihren Betten, nur Caitlin und ich bleiben übrig und schwatzen über die Existenzialisten und das epistemologische Problem, das ihr von allen möglichen Problemen, die man in einer solchen Nacht herbeizitieren könnte, am meisten Sorge bereitet. Man könnte mit dem zartgelben Verandalicht argumentieren, dem weißen Duft, der um sie liegt wie eine zweite, durchlässige Haut, oder mit der Art, wie sie vorhin den Kopf in den Nacken legte, um ihre Fiedel zu spielen: Man kann sich in dieses schöne irische Mädchen mit dem wachen Geist nur verlieben, gerade wenn diese raue Stimme nun leidenschaftlich über Husserl referiert.

Wir brauchen Zigaretten. Caitlin fährt wie eine Wahnsinnige durch das ausgestorbene Viertel und findet um drei Uhr morgens tatsächlich noch eine Tankstelle, die geöffnet hat. Während sie sich ihre Zigaretten holt, streife ich durch den Laden und lande in der Bierhöhle. Soll mir mal einer erklären, warum es so was in Deutschland nicht gibt! *Beer cave* ist ein begehbarer Halbgefrierschrank und steht voller Bier. Soll mir mal einer erklären, warum ich hier drin stehen bleibe, den Kopf auf die Brust fallen lasse und mich, ansonsten regungslos, an mein Unterhemd klammere. Irgendwann spüre ich, wie mich Caitlin packt und aus dem Kühlraum zieht. »Ich muss noch Erdnüsse und irgendwas anderes kaufen«, fasele ich, und Caitlin antwortet, das habe sie schon getan. Und wahrlich, sie drückt mir eine Packung Erdnüsse und eine Flasche Vitaminwasser in die Hand.

»Bunt«, sage ich und trinke diesen komischen Saft und kaue die Erdnüsse. Sie ist fantastisch und ich habe es gewusst!

»Ist das so ein perverser Traum von euch Deutschen, in einer Bierhöhle zu Tode zu frieren?«, fragt sie und bringt uns zurück nach Hause, wo wir es uns in Mister Jefferson gemütlich machen. Caitlin riecht wie die Sommernacht, aus der wir kommen, schmeckt nach der Farbe glasklaren Wassers und fällt am Ende der Nacht so behutsam in ihren Schlaf, dass ihr Murmeln die durch die Fenster hereinsteigende Dämmerung weckt. Ich lege den Kopf auf ihre Brust. Es gibt wohl kaum etwas Intimeres als in vollem Bewusstsein anwesend zu sein, während sich ein Mensch durch seine Träume atmet.

Nachdem ihre Freunde das Auto gepackt und schon ohne sie gefrühstückt haben, klopft es an unser Fenster; Caitlin muss zurück nach Chicago. Unfähig, noch mal einzuschlafen, setze ich mich in den Garten und höre Radio. Es ist der 4. Juli, der amerikanische Unabhängigkeitstag, und die feierlichen Huldigungen an »The greatest nation on the face of the earth« (George W. Bush) werden unterbrochen durch die Meldung eines kuriosen Autounfalls. Zwei Autos rasten ineinander, beide Fahrer verloren ihr Leben. Wie sich nun herausstellt, handelt es sich bei den beiden Opfern um ein Ehepaar – zumindest einer der beiden wird wohl in der letzten Sekunde gemerkt haben, dass er oder sie da gerade in den Menschen kracht, dem man ewige Treue schwor. Wie lang dieser Bruchteil einer Sekunde wohl gewesen sein muss? Wie vollständig die Zeit wohl angehalten hat, ungläubig und voller Erinnerung, bevor sie die beiden aus ihrem gemeinsamen Leben riss?

Angie tritt im Morgenmantel auf die Veranda und zieht die frische Luft tief in ihre Lungen. »Das ist der schönste 4. Juli, den wir je hatten«, seufzt sie und verschwindet wieder im Haus, um Kaffee zu machen.

Wir warten, bis Finn wach ist, sammeln Vinnie und Ally ein und pilgern zu den Ständen des Hot Chicken Festival. »Back to Back World War Champion«, liest sich ein T-Shirt, während sich andere mit »USA Number One« zufriedengeben. In den Fernsehern läuft der obligatorische Hot Dog Eating Contest. Der Gewinner, der über vierzig Hot Dogs oder so ungekaut in sich hineingestopft hat, lächelt stolz in die Kameras und schwenkt siegestrunken die amerikanische Flagge. Er ist der personifizierte amerikanische Traum, den der Komiker John Oliver einmal als das Glück beschrieb, etwas aus einer T-Shirt-Kanone fangen zu dürfen.

Dass die Menschheit einen neuen Platz gefunden hat, um ihre Geschichte neu zu schreiben, hat man aber auch schon anders gefeiert. Louis Armstrong oder Louis B. Mayer logen sich ihr Geburtsdatum auf den 4. Juli 1900 zurecht, und nicht umsonst begann H. D. Thoreau seine Einsiedlerzeit am Walden Pond am 4 Juli 1845. Genau fünf Jahre später zog sich der damalige Präsident Taylor den Tod zu, als er sich in der prallen Sonne Washingtons zu einer ebenfalls erhitzten Rede an die Nation hinreißen ließ. Um die Hitze zu lindern, übergoss er sich regelmäßig mit frischem Wasser, trank kalte Milch und aß gekühlte Kirschen. Kurz darauf starb er an der daraus resultierenden Gastroenteritis.

Nashville feuert jedes Jahr das zweitgrößte Feuerwerk der Staaten in den Abendhimmel. Wir haben unsere Decken und Picknickkörbe eingepackt und sitzen mit hundert anderen auf einem alten Football-Feld, nagen an Maiskolben und erwarten die große Show.

»Die Sonne schien niemals auf eine Sache von größerem Wert«, schrieb Thomas Paine über das Ziel der Unabhängigkeit. Knapp zweihundertfünfzig Jahre später hallen die betrunkenen 'Merica-Rufe durch Nashville; staunend sitzen wir vor dem Pyro-Spektakel, das über dem Fluss diese großartige Stadt zum Glühen bringt, und hoffen wie selbstverständlich, dass Amerikas Zukunft groß sein möge.

***

NASHVILLE

Im Jahr 1753 liegt das dünn besiedelte und weitgehend unerschlossene Nordamerika noch in seinem Dornröschenschlaf, als ein siebenjähriger Krieg die Kräfteverhältnisse entscheidend verändert. Auslöser waren natürlich die Machtinteressen an Land, Geld und Handel. Spekulanten aus den britischen Kolonien wagten sich immer weiter in den Westen, um mit den hinter den Appalachen lebenden indigenen Völkern Handel zu treiben oder Land zu erwerben: Land und Handel, die Neufrankreich für sich beanspruchte. Im folgenden Konflikt zwischen Frankreich und Großbritannien kämpften indigene Völker – über kurz oder lang die traurigen Verlierer der europäischen Besiedelungspolitik – auf beiden Seiten, obgleich sich die Mehrheit auf die Seite der Franzosen schlug – erfolglos. Am 10. Februar 1763 unterzeichnete Paris den Friedensvertrag und verlor seine amerikanischen Territorien an die siegreichen Briten.

Diese sahen sich einem finanziellen Desaster gegenüber. Der Krieg hatte die Staatskasse um einhundertzwanzig Millionen Pfund erleichtert, eine im 18. Jahrhundert gewaltige Summe. Das englische Mutterland hatte ordentlich für die Rechte und Sicherheit seiner amerikanischen Bürger geblutet und erhob nun zum ersten Mal Steuern in seiner neuen Welt: Gab es bislang nur Handelsmonopole auf bestimmte Waren, verabschiedete England 1765 den berüchtigten Stamp Act, eine Stempelsteuer auf alle offiziellen Dokumente sowie Zeitschriften oder Spielkarten (der Stamp Act sollte eigentlich dazu dienen, die Unterbringung der eigenen Streitkräfte in Nordamerika zu finanzieren). Der Aufschrei unter den Kolonialisten war derart gewaltig, dass sich die Regierung in London gezwungen sah, den Stamp Act nach nur einem Jahr zurückzunehmen, nur um im Gegenzug unter den Townshend Acts aus England importierte Güter wie Tee, Glas, Papier oder Damenhüte zu besteuern.

»No taxation without representation« war die Forderung, mit der die Kolonisten auf die vermeintlichen Zumutungen reagierten. Wenn wir als Teil Großbritanniens Steuern zahlen müssen, so die Argumentation, müssen die Kolonien auch angemessen im Londoner Parlament vertreten und repräsentiert werden. Soweit sollte es allerdings nicht kommen: War die Stimmung bereits angespannt und mitunter offen feindselig, kam es 1770 in Boston zu einem Zwischenfall, der die Entfremdung zwischen Mutter- und Vaterland noch einmal dramatisch offenbarte. Bei einer Konfrontation zwischen einer aufgebrachten Menschenmenge und britischen Soldaten fielen Schüsse, die fünf Menschen das Leben kosteten. Das Wort Massaker stammt von *maçacre,* einem alten französischen Wort für ein Schlachthaus, und obwohl der Vorfall leichen- und brutalitätsweit von schlachtartigen Szenen entfernt war, machte er sehr schnell als Massaker von Boston die Runde. Um die Lage zu beruhigen und guten Willen zu zeigen, legte die Regierung auch die Townshend Acts ad acta und entband seine Amerikaner von allen steuerlichen Verpflichtungen – bis auf eine.

Um sich doch noch als rechtlicher Vertreter der Kolonien zu behaupten, beharrte die Regierung auf der symbolischen Besteuerung des Tees, was den Radikalen unter den Revoluzzern noch immer zu viel war. Eine Gruppe namens Sons of Liberty verkleidete sich als Indianer, enterte einige Schiffe im Bostoner Hafen und warf allen auffindbaren Tee über Bord – ein Warenwert von rund zehntausend Pfund. King George möge seinen Tee hoffentlich gesalzen, schallte es aus etlichen Kehlen durch den Hafen, und der Krieg um Amerikas Unabhängigkeit hatte begonnen.

Anzunehmen, der Wille zur Unabhängigkeit sei aus den Protesten gegen vermeintliche Ungerechtigkeiten und Steuerpflichten entstanden, ist genauso falsch wie zu glauben, im späteren Bürgerkrieg sei es vor allem um die Abschaffung der Sklaverei gegangen. Hier wie dort waren es lediglich zwei konkurrierende Systeme, die sich in ideologischen, politischen und vor allem wirtschaftlichen Interessen unterschieden und dementsprechend bekämpften.

Nach einhundertfünfzig Jahren – die alte Heimat war längst vergessen und weit hinter einem Weltmeer zurückgelassen worden – hatte sich das Bewusstsein der Siedler verändert. Sie hatten sich gegen alle Widrigkeiten ein neues Zuhause geschaffen und jene einschlägigen Erfahrungen mit dem neuen Land gemacht, derer es für das Gefühl bedarf, dem wir den Namen Heimat geben. Sie hatten sich neu erfunden und sahen sich im vollen Maße verantwortlich für das, was sie erreicht hatten. Kurz: Sie waren zu Amerikanern geworden. Amerikaner, die die unterschiedlichsten Kolonien bewohnten und noch unter der Herrschaft eines anderen Landes standen.

Während naturrechtliches, humanistisches und demokratisches Gedankengut in der Neuen Welt immer mehr Kraft gewannen, wurden die Menschen weiterhin von einer aristokratischen Monarchie regiert, die viertausend Meilen weit entfernt auf einem Kontinent regierte, dessen soziale und legislative Ordnungen bereits mit der Abfahrt aus England abgeworfen worden waren und die eine Weltsicht repräsentierten, die in der Neuen Welt keinen Platz mehr hatte.

»Nicht der Gebrauch der Macht oder die Gewohnheit zu gehorchen erniedrigt den Menschen, sondern nur der Gebrauch einer Macht, die er für illegitim, und der Gehorsam gegenüber einer Macht, die er für angemaßt und tyrannisch hält.«

Diese Worte Alexis de Tocquevilles sind lange nach der Unabhängigkeit verfasst worden, als Amerika bereits eine junge Demokratie war. Sie hätten aber auch von Thomas Paine sein können, der das ereignisreiche Jahr 1776 mit seinem Essay »Common Sense« einleitete. Kein anderer Text erzielte eine ähnliche Wirkung. Das Pamphlet erreichte schon in den ersten Wochen unglaubliche Auflagen. Insgesamt wurde es fünfhunderttausend Mal verkauft und zirkulierte unter Ungebildeten wie Gebildeten, unter Volk und Aristokraten gleichermaßen.

Was Paine schrieb, war einfach zu verstehen:

Da eine Regierung im besten Falle ein notwendiges Übel sei, müsse sie sich in einem Land, das von neuen Ideen bewegt werde, auch auf diese Ideen beziehen. Die englische Verfassung sei zu komplex, in ihrer Größe allzu fehlerhaft und habe mit Amerika, das in der britischen Politik nur eine sekundäre Rolle spiele, nichts zu tun. Wie könne es sein, dass man für eine Petition viertausend Meilen weit unterwegs sein müsse und Monate zu warten habe, bis London aus der Ferne eine Entscheidung treffe, die das Leben auf der anderen Seite der bekannten Welt angehe? Paine sah das Chaos um sich herum und wusste, dass nur eine vollständige Unabhängigkeit die Unruheherde tilgen und einen Bürgerkrieg verhindern konnte.

»Liberty and Property« hieß das neue Credo unter dem Banner der Gleichheit aller Bürger: Freiheit und Eigentum. Mit Freiheit ist hier keineswegs die Freiheit von einem Staat oder zur Selbstverwirklichung gemeint, sondern ganz nüchtern die Freiheit *auf* Eigentum. Was man besitzt, soll auch selbst verwaltet werden. Man hat nicht sein Land verlassen und ist mittellos und unter gehörigen Gefahren auf einem neuen Kontinent gestrandet, um das dort hart und aus dem Nichts Erarbeitete und Angeschaffte nicht kontrollieren zu können. Der König ist tot, Gott segne Amerika.

Eigentum ist die neue Freiheit.

Und Besitz das neue Glück.

»Oh ihr, die ihr die Menschheit liebt! Ihr, die ihr es wagt, euch nicht nur der Tyrannei, sondern auch dem Tyrannen zu widersetzen, steht auf! Jeder Fleck der Alten Welt ist von Unterdrückung heimgesucht. Die Freiheit ist um den ganzen Erdball gejagt worden. Asien und Afrika haben sie schon lange verbannt – Europa betrachtet sie wie eine Fremde und England hat ihr befohlen auszuwandern. Oh!, empfangt den Flüchtling und bereitet der Menschheit rechtzeitig ein Asyl.« (Thomas Paine)

Jener Tyrann mit dem Namen England, der die schwer verdiente Freiheit ausmerzen wollte, hatte nun genug von den aufrührerischen und undankbaren Umtrieben seiner Amerikaner und erwiderte das aggressive Verhalten, das ihm aus den eigenen Kolonien entgegenschlug. England zeigte seine Muskeln und nahm erneut einen phänomenalen Aufwand in Kauf, um seine Interessen in Amerika zu schützen – diesmal gegen die eigenen Leute.

Am 29. Juni 1776 erreichte die beste und modernste Kriegsmaschinerie der Welt die Küste New Yorks. Fünfundvierzig Kriegsschiffe und vierunddreißigtausend Soldaten hatten keine Mühe mit der schlecht aufgestellten Armee der Rebellen, die vom späteren Präsidenten George Washington angeführt wurden und keine andere Wahl hatten, als sich in den Schutz der Küstenwälder zurückzuziehen.

Noch während der Gefechte beschloss der Kontinentalkongress, aus Vertretern der dreizehn Kolonien bestehend, der von Thomas Paine umrissenen Stimmung eine konkrete Form zu geben und das Ziel der Unabhängigkeit offiziell zu Papier zu bringen: eine letzte Bestätigung, dass die Zeit reif war für einen neuen, souveränen amerikanischen Staatenbund. Die Aufgabe, das amerikanische Gefühl sowie die politischen und philosophischen Gründe für die Abnabelung von Mutter England in einer Unabhängigkeitserklärung unterzubringen, wurde einem Mann anvertraut, dem man von allen Staatsrepräsentanten das größte schriftstellerische Talent zugestand, einem Gelehrten aus dem tiefsten Virginia, in dessen Haus man Seite an Seite von einer Büste des Aufklärers Voltaire und von Sklaven begrüßt wurde.

Mister Thomas Jefferson.

Sein Freund und Widersacher John Adams sollte ihn zu Recht einen Schattenmann nennen. Denn der Mann, auf dessen Geist und Einsicht das Selbstverständnis einer ganzen Nation fußt, ist in vielerlei Hinsicht ein Rätsel.

Obgleich er den Beruf des Anwalts erlernte, vertiefte er sich ebenso in Architektur, Medizin, Astrologie, Philosophie; er nahm die ersten archäologischen Ausgrabungen auf dem ›neuen‹ Kontinent vor und baute die Universität Virginias in Charlottesville. Er erfand den Vorgänger des Kleiderbügels und ein Gerät, das alle seine Briefe mitkopierte, vergötterte John Locke und Isaac Newton, korrespondierte mit den wissenschaftlichen Koryphäen seiner Zeit und verankerte sein Lebensziel in der weitreichenden Aufgabe, seine Mitmenschen auf den Weg einer sozialen Demokratie zu bringen. Der Schöngeist Jefferson verlangte nach einer Erkenntnis, die ihn inmitten einer die ganze Welt umarmenden Immanenz stellte, während der Politiker Jefferson im Laufe seiner Karriere ein knallharter Opportunist blieb.

Er war optimistisch genug, um von einer besseren Welt zu träumen, in der sich die Menschen unter dem Licht der Brüderlichkeit und der Wissenschaft zu einem besseren Dasein emporwuchteten, und realistisch genug, zu sehen, dass die Ideale der Aufklärung noch nicht auf das Gros der Gesellschaft umzumünzen waren.

Als Thomas Jefferson dem Kongress seine Fassung der Unabhängigkeitserklärung vorlegte, wurde ein Viertel herausgekürzt – insbesondere eine Passage, in der dem König von England der höchst unmoralische Sklavenhandel vorgeworfen wurde. Waren doch die werten Herren, die die Erklärung ratifizieren sollten, allesamt Nutznießer des Menschenhandels wie Thomas Jefferson selbst, der in seinem Leben bis zu sechshundert Sklaven besaß.

Die ganze Welt kennt die berühmteste Passage der Unabhängigkeitserklärung:

»Wir halten diese Wahrheiten für ausgemacht, daß alle Menschen gleich erschaffen worden, daß sie von ihrem Schöpfer mit gewissen unveräußerlichen Rechten begabt worden, worunter sind Leben, Freyheit und das Bestreben nach Glückseligkeit.«

Hier spricht der von der Aufklärung inspirierte Jefferson über den Umstand, dass alle Menschen gleich sind und die gleichen Rechte besitzen – während dreißig Prozent der in Amerika lebenden Menschen ihr Leben in Sklaverei verbringen und Frauen sowie besitzlose Männer nicht das Recht genießen, als Wähler an der Ausrichtung ihrer Nation teilzuhaben. Viele gleichberechtigte Menschen bleiben da nicht mehr übrig. Sein Biograf Jon Meacham nennt Jefferson einen dickköpfigen Realpolitiker, einen Pragmatiker, der mit gutem politischem Geschäftsinstinkt seine Worte und Positionen wählt. So kämpfte Jefferson, der in seinem Leben nur sehr wenigen seiner Sklaven die Freiheit schenkte, so lange für die Abschaffung der Sklaverei (die er im Herzen verdammte), bis er spürte, dass diese sensible Agenda im Kongress keine Chance auf Erfolg haben würde. Seine Vorstellungen vom Ende der Sklaverei erscheinen sehr seltsam, wenn man aus dem 21. Jahrhundert auf sie zurückblickt. Jefferson nahm keineswegs an, die schwarzen Arbeiter würden in Amerika bleiben und gleichberechtigte Staatsbürger werden, sondern als freie Menschen nach Afrika zurückkehren dürfen.

Im Grunde hat der Weltgeist schon recht daran getan, gerade diesem Menschen den Stift in die Hand zu geben, um den neuen Geist Amerikas, diesen Zwitterzustand von Ideal und Realität, für die kommende Ewigkeit zu dokumentieren. Letztendlich hat Jefferson mehr erreicht, als er seinen Träumen und den Möglichkeiten des werdenden Landes zutraute. Und dieser Umweg ist eine der wahr gewordenen Märchengeschichten, die sich Amerika noch lange erzählen wird:

Obgleich er seine Frau liebte und verehrte, zeugte Jefferson mit seiner schwarzen Bediensteten Sally Hemmings, zu der er ebenfalls über Jahrzehnte ein intimes und herzliches Verhältnis unterhielt, zahlreiche Kinder. 1991 versammelten sich Dutzende Nachfahren aus dem Jefferson-Hemmings-Stammbaum auf Monticello, und wir müssen uns ein zuerst verwirrtes, dann glückliches Thomas-Jefferson-Gesicht vorstellen, wenn er dieses Foto hätte sehen können: ein bunter und lachender Haufen junger wie alter Amerikaner, Männer und Frauen und Kinder mit krausen, braunen und blonden Haaren – Brüder und Schwestern.

Was auch immer Jefferson für auf lange Sicht machbar und kurzfristig unzumutbar hielt, es gilt, was der Schriftsteller Gore Vidal sagte: »He said the right words at the right time, and they were never forgotten.«

Am 4. Juli 1776 stimmte der Kongress den Worten der Unabhängigkeitserklärung zu. Sie wurde auf den Straßen verkündet und von George Washington den Soldaten vorgelesen. Es ist von großer Symbolkraft, dass die Amerikaner nicht den Tag der britischen Kapitulation oder die eigentliche Unabhängigkeit, die erst 1783 offiziell wurde, als ihren Nationalfeiertag zelebrieren, sondern ebenden Moment, als das Neue verkündet wurde: das Streben und das Ideal.

Nicht die Resultate zählen, sondern der Aufbruch dorthin.

Kapitel

5

Mississippi

Ewige Hügelstraße durch Tennessee. Durch die geöffneten Fenster strömt noch das Nachschweigen der Nacht, und gäbe es Tau, er stände funkensprühend auf den Grashalmen und filterte das Licht ins Grün. Mister Jefferson ist das glücklichste Auto der Welt. Ihm gefallen diese gemütlichen Straßen, die ihn weder fordern noch langweilen. Mittlerweile rede ich fast permanent auf ihn ein und teile alle Gefühlslagen mit ihm, damit auch er lernt, seinen nächsten Zusammenbruch durch ein prophylaktisches Murren der Seele abzuwenden. Ich tätschle über seine Armaturen, lobe und streichle ihn wie ein gutes Pferd oder einen störrischen Bock. Bislang geht alles gut: Ohne einen Mucks macht er Meile um Meile.

Ein Typ kommt mir in seinem alten Chevy entgegen und isst mit beiden Händen Eiscreme, bevor ich mein Frühstück zu mir genommen habe. Bald knallt die Sonne auf den Asphalt, ab und an zeigt sich eine Kirche, ein Dorf, vielleicht kommt jemand aus einem Laden und steht herum, um zu schauen, wer sonst noch nicht da ist. Man wischt sich den Schweiß von der Stirn, ein, zwei herrenlose Hunde, eine Tankstelle, das war's.

Diese halben Ortschaften fühlen sich an, als wären sie selbst den spärlichen Einwohnern fremd. Sie gleichen eher einem Sonstwo als einem Zuhause und sind dem Reisenden wunderbare Gaben. Er zieht hier durch wie der Wind und nimmt mehr von ihnen mit, als wenn er wochenlang geblieben wäre.

Ich finde einen riesigen Trödelladen und decke mich mit Kassetten ein – Deep Purple, Hank Williams, Rod Stewart, Kris Kristofferson, der von den Musikologen ewig unterschätzte Bruce Springsteen und Dutzende Country-Kompilationen, dazu einige handverlesene Beatles-Mixtapes mit den Kommentaren desjenigen, der sie aufgenommen hat. »Und jetzt kommt ein weiterer meiner Lieblingssongs ...«

Ich bekomme die ganze Kiste für zehn Dollar.

Neben mir wühlt eine Frau durch die CDs und schreit quer durch den Laden, um die Inhaberin zu erreichen:

»Was kostet denn 'ne solche CD?«

Und die Verkäuferin antwortet:

»Die kosten jede zwei Dollar. Außer Guns N' Roses, die kosten drei!«

Bald lassen wir Tennessee hinter uns und rollen auf Tupelo zu. Ich campe kurz vor der Stadt und bin am nächsten Tag früh auf den Beinen, um das Geburtshaus von Elvis Presley zu finden. Es ist acht Uhr früh an einem Sonntag, die Stadt könnte ausgestorbener nicht sein. Von der Hauptstraße biege ich in eine kleine Seitenstraße, an deren Ende sich heute ein Museum, ein Museumsshop und all dieses Zeugs befinden. Mitten darin, unscheinbar und schlicht, das Geburtshaus von Elvis Aaron Presley.

Nick Cave gibt sich alle Mühe, wie ein Bergprophet zu klingen, wenn er in »Tupelo« die Geburt dieses Mannes mit alttestamentarischem Pathos beschwört:

> *And the black rain come down*
> *the black rain come down*
> *the black rain come down*
> *Water water everywhere.*
> *Where no bird can fly no fish can swim*
> *No fish can swim*
> *Until the King is born!*
> *Until the King is born!*
> *In Tupelo! Tupelo-o-o!*
> *Til the King is born in Tupelo!*

NICK CAVE / »TUPELO«

Nick Cave and the Bad Seeds hämmern diesen Song mit apokalyptischer Gewalt über die Landschaft. Das Lied wühlt die Atmosphäre auf, um die Erde für die Geburt ihres neuen Königs empfänglich zu machen – solch ein Ereignis kann es sich nicht erlauben, nicht auch auf die Mächte des Elektromagnetismus oder die Zusammensetzung der Stratosphäre überzugreifen.

Im Grunde ist es ein Unglück, dass Elvis nicht ein Jahr später geboren wurde. Im April 1936 zog einer der verheerendsten Tornados der US-Geschichte über Tupelo hinweg. Der Sturm setzte die Stadt unter Wasser, riss Dächer von den Häusern und tötete über zweihundert Menschen. Der einjährige Elvis und seine Familie überlebten die Zerstörung. Es ist kaum vorstellbar, welche biblischen und messianischen Analogien heute den ohnehin überbevölkerten Kanon der Elvis-Legenden zieren würden, hätte Elvis während dieses Sturmes das Licht jener Welt erblickt, die er für immer verändern sollte.* Greil Marcus: »Ohne Mythos ist Geschichte ein Brachland; jedoch schaffen es Mythen nur zu überzeugen, wenn sie uneins sind mit der Geschichte. (...) Die Art und Weise, wie Elvis seinen eigenen Mythos lebt, ist für sein Publikum dermaßen befriedigend, dass er ohne jedwede musikalische Identität zurückbleibt. Er hat keine Möglichkeit, sich oder sein Publikum zu definieren – es sei denn, er erweitert sich selbst und seine Zuhörer. Die Aufgabe dieses Mannes ist es, die nackte Tatsache seiner Existenz zu dramatisieren.«

Erst neunzig Jahre nach Abschaffung der Sklaverei wurde die Rassentrennung in den Schulen der Vereinigten Staaten offiziell aufgehoben; der schwarze Schriftsteller und politische Aktivist Eldridge Cleaver sah in diesem historischen Ereignis eine noch nie dagewesene Annäherung zwischen der schwarzen und der weißen Bevölkerung Amerikas. Bis dato schrieb er den Schwarzen das Hoheitsgefühl über den Körper zu, den Weißen die Vorherrschaft über das Gehirn. Nun sollte der *negro* intellektualisiert werden und Zugang zu Wissen und Geist erlangen, während die Weißen ihrerseits auf den Kosmos ihres Körpers aufmerksam wurden. Beide dürstete es nach einem Anteil dessen, was der andere in ihren Augen fast ausschließlich besaß, und Amerika schlidderte in eine Zeit, in der sich alle sozialen und ideologischen Widersprüche des Landes zu einer neuen Ära konkretisierten – der Rock 'n' Roll war geboren.

Es war der 17. Mai 1954, als der Supreme Court das Ende der Rassentrennung bekannt gab. Im selben Sommer spielte der

---

* John Lee Hooker erzählt in seinem »Tupelo Blues« ebenfalls von diesem gewaltigen Sturm, ohne die Geburt Elvis' mit ins Spiel zu bringen. Als Bob Dylan und The Band 1967 in Dylans Keller durch die amerikanische Geschichte streiften, indem sie über einhundert Songs interpretierten (»The Basement Tapes«), kam auch »Tupelo Blues« zum Vorschein. Jeder kannte den Song, ohne sich daran erinnern zu können, wie genau er gespielt wurde. Die Band übernahm daraufhin das berühmte Riff von Muddy Waters' »Mannish Boy«, und Dylan improvisierte den Text.

neunzehnjährige Elvis Presley mit dem legendären Musikproduzenten Sam Philipps seine ersten Songs für Sun Records ein. Ein weißer Junge aus dem Süden, aufgewachsen unter armen Schwarzen und armen Weißen, der so viel Kraft und Beweglichkeit in sich trug, dass die Leiber des weißen Amerika nicht wussten, was ihnen alles in die Glieder fuhr.

»If I could find a white man«, hatte Sam Phillips immer wieder gesagt, »who had the negro sound and the negro feel, I could make a billion dollars.« Als Elvis nach einer gewöhnlichen und für Phillips zu gewöhnlichen Aufnahmesession das bis auf Blind Lemon Jefferson zurückgehende »That's All Right« spielerisch in den Raum warf, wusste er, dass er diesen Mann gefunden hatte. Die Aufnahme war im Kasten. Phillips hatte nach Gold gegraben und Gold gefunden. Trotzdem er die überwältigende Wirkung des Songs erkannte, fragte er sich einige Tage lang, ob sich solch ein Material überhaupt an die Leute verkaufen ließe.

Niemand würde vorbereitet sein auf die nächste Entwicklungsstufe der amerikanischen Musik, und niemand würde es schaffen, Elvis und seine Musik anhand der gewohnten Idiome zu erklären. Er bleibt die personifizierte Schnittstelle der amerikanischen Gesellschaft, ein seltsam androgynes Wesen irgendwo zwischen dem femininen, zarten Schwung seines Gesichts und dem schweren Karat der Männlichkeit, der sich ein neues und besseres Leben schaffen will fernab jener trostlosen Südstaatenwirklichkeit, in die man geworfen wurde wie jemand, dem keine Bedeutung zukommen sollte. Elvis scheint weder mit seinem weißen noch seinem schwarzen Umfeld identifizierbar, ein Hybrid zwischen dem erzlastigen Tumult des Blues und einem gehorsamen, nur in seinen eigenen Grenzen aufwieglerischen Hillbilly-Sound. Der Träumer windet sich in abstrusen Gedankenspielen von Flucht und Selbstverwirklichung, zwei unterschiedlichen Wörtern für ein und denselben Willen, der sich aufmacht, Wirklichkeit zu werden. Es gibt keinen Musiker vor und nach ihm, der seinen Mitbürgern gleichzeitig so bekannt und geheimnisvoll war.

Elvis selbst wird sagen, dass sein Rock 'n' Roll aus Gospelmusik und Rhythm 'n' Blues geboren ist, angereichert mit Country und Western. Aber ob Rockabilly, Western Bop oder einfach Cowboy-Rock-'n'-Roll: Es wird keine Kategorisierung geben, die ihm gerecht wird. Seine Songs landeten gleichzeitig in Pop-, R'n'B- und Country-Hitparaden und stürzten das Land in eine noch nie dagewesene Ohnmacht (die Beatles sollten erst noch kommen und ihr Amerika erobern). Hier fand sich der Galvanismus, den das stumpfe Land so dringend benötigte. Ungeniert schwangen die weißen Mädchen die Hüften, während die Schwarzen die Backen aufbliesen und ihr hart verdientes Geld für die Platten eines weißen Musikers ausgaben.

Wie Greil Marcus im oben genannten Zitat richtig bemerkte, kann sich ein Mythos nur halten, wenn er dem nüchternen Gang der Geschichte nicht widerspricht. Nun ist die Legende von Elvis Presley derart real, dass ihr im Zuge dessen das Legendenhafte abhandenkommt – Elvis ging in dieser Ohnmachtsstellung unter und fand weder sich noch seine Zuhörer in dem Absturz, der auf einen derartigen Auftritt auf der Bühne der Möglichkeiten folgen musste.

Nichts ließ sich mehr hinzudichten. Die Erfüllung des amerikanischen Traumes wird aus seinem größten Erfolg einen Menschen machen, der nunmehr sein Heil in seinem eigenen Untergang finden wird.

Ich setze mich auf Elvis' alte Verandaschaukel, die an dem kleinen Vordach befestigt ist, verputze meine Nüsse und die getrockneten Pflaumen. Leicht quietschen die Ösen. Die Sonne klettert über die Bäume, unerbittlich steigt die Feuchtigkeit auf. Von hier bis in die texanische Wüste wird sie abermals mein treuer Begleiter sein. Mit der Fingerkuppe schnippe ich Schweißperlen von der Nasenspitze. Licht wuselt sich in die Büsche. Kein Wind in den Blättern, kein Geräusch von den Straßen, kein Mensch weit und breit. Ich murmele einige Lieder vor mich hin, damit dem Tag etwas geschieht. Hier und da die Fluginsekten, Vögel, eine Ameise. Leise quietschen die Ösen, eine halbe Stunde lang, eine Stunde, und noch immer kein Wind und noch immer dieser Schlaf: Ohne Eile wabern die Dinge ihrer Vergegenwärtigung zu.

Als schließlich ein australisches Pärchen auftaucht, muss ich mir Mühe geben, um eine Unterhaltung führen zu können. Zwei Wochen sind die beiden in Amerika unterwegs, immer auf den Spuren des King of Rock'n' Roll. Die Frau konzentriert sich auf jeden Grashalm und auf jeden Stein, als beinhalteten diese ein Stück der Seele ihres Königs. Der Ort nimmt sie ganz schön mit. Die Tränen, die ihr in den Augen stehen, kullern augenblicklich los, als sie zu sprechen beginnt.

»Er war einfach zu zart für diese Welt. Er wollte doch nur das machen, was er glaubte, tun zu müssen. Er wollte ernsthaft schauspielern, wissen Sie, nicht nur Rollen haben, wo er auch singen muss, er wollte nicht als Elvis Presley in den Filmen auftreten. Ach, und er war so schüchtern ...«

Sie breitet sein gesamtes Innenleben vor mir aus, erzählt von Graceland und Elvis' geheimsten Wünschen, denen er nie vollständig gegenübertreten sollte, weil ... Dann steht augenblicklich die Welt still. Ein Schmetterling setzt sich auf ihre Stirn, genau dorthin, wo das dritte Auge des Menschen seine überbewussten Offenbarungen bereithält. Ihre Augen springen fast aus der Orbita, der Atem hält an und ihre Handflächen drehen sich gen Himmel, als sei sie nun bereit, in selbigen hinaufzufahren.

»Das ist *er*«, flüstert sie so leise, dass es selbst der Schmetterling kaum hört. »Das ist ein Zeichen!«

Ihr Mann hebt zitternd die Kamera. Ich habe noch nie einen Menschen ungeschickt atmen hören, aber bei Gott, jetzt ist es geschehen.

Der Schmetterling wiegt seine Flügel. Als die Kamera ihren Dienst geleistet hat, löst er sich von der patschnassen Stirn und flattert davon.

Die Frau bewegt sich nicht, schließt aber die Augen. Keiner von uns spricht. Auf der anderen Straßenseite trudelt so langsam die Gemeinde einer Methodistenkirche ein, um ihren Gottesdienst abzuhalten. Eine ältere Frau sieht uns, winkt uns zu und ruft:

»Warum kommen sie nicht alle rüber und treffen einen lebendigen König!«

Sie kichert; der Australier und ich winken ihr zu.

Seine Frau steht wie angewurzelt und beginnt vorsichtig, ihre Handflächen zum Gebet zusammenzulegen.

Mein Plan sah vor, den ganzen Tag im alten Tupelo zu bleiben, mich in ein Café zu setzen, um zu lesen und zu schreiben, zwischen den alten Kinos und Saloons umherzustreifen und abends in den Bars nachzusehen, wer mich dort mit welcher Geschichte erwartet. Tupelo aber gleicht auch am Mittag einer Geisterstadt; alles ist geschlossen, und kein Mensch wagt sich in die Hitze des Tages.

Immerhin ist auf die Tankstellen Verlass – sie werden das Letzte sein, was noch geöffnet hat, bevor Amerika untergeht. Zwei ölverschmierte Typen, die Zähne braun oder fehlend, lungern beim Kassierer herum und spucken in kleine Blechdosen, die sie in den Händen halten. Obwohl ich weiß, dass es hier nichts zu holen gibt, frage ich trotzdem nach einem Café.

Ich übertreibe nicht, wenn ich sage, dass ich kein einziges Wort von dem Kauderwelsch, das zwischen ihren trockenen Lippen hervorstaubt, auch nur annähernd verstehe. Die Buchstaben pappen zusammen wie warmes Harz, und sowieso: Der Mund selbst hat alle Worte gefressen, bevor sie selbigen verlassen können. Ich nicke zustimmend im Takt ihres Sprechrhythmus, tanke Mister Jefferson voll, verabschiede mich und fahre nach Osten, immer – endlich! – auf den sagenumwobenen Mississippi zu.

Der Wellenschwung der Hügel-und-Tal-Bahn endet nicht weit hinter Tupelo. Bald liegt die einsame Straße in einem flachen, mit

Mais und Gemüsefeldern übersäten Land, dessen Luft so heiß und feucht ist, dass ich trotz aller geöffneten Fenster an meinem Sitz klebe. Kurz vor Clarksdale meine ich, das Königreich riechen zu können: die Heimat des Blues, den Urort der amerikanischen Musik und den legendären Highway 61, der den Mississippi auf seinem Weg nach New Orleans begleitet und jene Musiker geprägt hat, die hier mit einem Atemzug allen Schmerz und alle Seligkeiten des Lebens besangen.

Bob Dylan huldigte diesen Menschen, indem er hier seine Version des Folkrock erfand. Für etliche Folkpuristen ist an dieser Stelle ihr fein herausgeputztes Universum zusammengebrochen, das Dylan mit »Highway 61 Revisited« endgültig auf den Kopf stellte. Dass er im gleichnamigen Titelstück den Highway 61 als obskuren Ort wählte, an dem die seltsamsten Geschichten verhandelt werden – neben Abraham, der hier seinen einzigen Sohn töten soll, tritt unter anderem auch Mack the Finger auf, um allerlei Krimskrams seiner Fantasie loszuwerden –, war nicht der Grund, dass er sich fortan den Buh-Rufen und »Judas«-Beleidigungen stellen musste.* In den Augen seiner Jünger war Dylan einen Pakt mit dem Teufel eingegangen, indem er schlichtweg elektrisch spielte und sich somit dem Kommerz des Pop zuwandte anstatt der ewigen Wahrheit des Folk. Als er auf dem Newport Folk Festival die elektrischen Seiten zwischen die Finger spannte und seine Band »Like a Rolling Stone« anstimmte, sah man hinter der Bühne friedliche Leute wie Pete Seeger und Alan Lomax in nie ge-

---

* Auch Bob Guitar Welch oder Mississippi Fred McDowell besangen den Highway 61, letzterer fast dylanesk, als er den Song auf seinem ersten elektrischen Album um die folgende Strophe erweiterte:
> I'm gonna buy me a pony
> Can pace, fox-trot and run
> I'm gonna buy me a pony
> Can pace, fox-trot and run
> Lord, when you see me coming, pretty mama
> I'll be on Highway 61.

sehener Panik: Mit Äxten bewaffnet, versuchten sie die Kabel zu kappen, um dem Spuk ein Ende zu machen.

Als ich wusste, dass ich drei Monate durch die Staaten fahren würde, galt mein erster Gedanke dem nun vor mir liegenden Mississippi-Delta. Ich nahm mir vor, ab Memphis den Ufern des großen Flusses bis nach New Orleans zu folgen – nach dieser Pflicht sollte der Rest des Landes die Kür werden, die sich je nach Reiseverlauf ergeben sollte.

Das mystische, niedergerungene Herz Amerikas mit seinen dunklen Poeten! Als Teenager begann ich jene Platten aus der Sammlung meines Vaters in meine Obhut zu überführen, von denen ich ausging, dass er sie kaum noch hören werde. ›Diebstahl‹ kam mir nie in den Sinn. Die nackte Logik des Habenwollens verlangte, dass sie bei mir besser aufgehoben sein würden. Kostbarkeiten wechselten die Regale: Jethro Tull, Led Zeppelin, Eric Burdon, Big Joe Turner und der sensationelle Muddy Waters, dem ich meine erste Faszination für dieses Flussland zu verdanken habe.

Ich hörte damals vor allem Hip-Hop und Jazz, mein Freundeskreis Punk und Hardcore, mein Vater zu fünfundneunzig Prozent Rockmusik – glücklich ließ ich ihn mit den Hundertschaften an Foreigner- und Supertramp-Platten zurück, während mir dieser Außenseiter namens Blues ein Land versprach, das sich aus übernächtigter Poesie nährte und einen Menschen predigte, den weder die Folgerichtigkeit des Seins noch der Mystifizismus des Todes ganz auf der Rechnung hatten. Alles handelte von einer Kraft, die ständig und immer wahr ist, und diese Kraft war das Leben selbst.

Die »Blues Masters Series« von Chess Records beinhaltete viele von Muddys Hits wie den von Willie Dixon geschriebenen »Hoochie Coochie Man« oder das aus Hambone Willie Newberns Feder stammende »Rollin' and Tumblin'«. Es war aber das (ebenfalls) von Willie Dixon geschriebene »The Same Thing«, das als erste Offenbarung des Deltas* jenen Traum ins Rollen brachte, den ich nun tatsächlich abfahre.

> *What makes you feel so good*
> *When your baby get down her evening gown?*
> *What makes you feel so good*
> *When your baby get down her evening gown?*
> *Well, it must be the same ol' thing*
> *That makes a preacher lay his Bible down.*

MUDDY WATERS / »THE SAME THING«

Dieser Song zerrte etwas Ungeheures ans Licht und stampfte mit den Füßen auf einer schweißgebadeten Erde. Er hatte alles: Trost, Ehrerbietung und eine mit den Zähnen knirschende Libido, während er gleichzeitig jede Menge Leichtigkeit versprühte. Er legte eine unbekannte Energie und einen neuen Rhythmus offen, der sich unerbittlich mit einer Welt versöhnen wollte, die viel zu entzückend war für unerfüllte Sehnsüchte. So liegen meine persönlichen Zaubersprüche Amerikas hier unten im vermeintlichen Schlaraffenland des tiefen Südens und der geheimnisgeladenen Stimme von Muddy Waters, dessen so rundum gemütliches Gesicht eher einem karibischen Obsthändler gleicht, der sich sein ganzes Leben lang nur für den Reifegrad von Papayas interessiert hat, als einem der einflussreichsten Musiker Amerikas.

Ich weiß, dass das Haus, in dem er seine Jugend verbrachte, irgendwo am Rande Clarksdales steht und mittlerweile ein Muse-

---

* Das Mississippi-Delta ist kein herkömmliches Delta. Normalerweise entsteht ein Delta an der Stelle, wo ein Fluss ins Meer mündet und aus seinen Sedimentablagerungen neues Land gewinnt. Da der Mississippi aber regelmäßig überflutet wird und sich seine Nährstoffe somit auch entlang des gesamten Flusslaufs ablagern, werden alle seine Ufer als Delta bezeichnet.

um beherbergt. Aber so spielt das Leben. Seit Monaten warte ich darauf, zu seinem alten Anwesen zu fahren, und jetzt, wo ich fast davor stehe, habe ich eher Lust, die *billboards* der Kirchen zu fotografieren und das Haus ein Haus sein zu lassen. Ich überrede mich zu glauben, dass der heutige Besuch auf Elvis' Veranda mich von der Pflicht befreit, weitere Häuser Verstorbener zu suchen.

Mister Jefferson schiebt sich durch ein armes, schwarzes Viertel, jedes zweite Haus schräg und kaputt, die Dächer halb heruntergeweht und genauso unbrauchbar gemacht wie die Geschäfte und die verrosteten Tankstellen, von denen die meisten nicht mehr in Betrieb sind. Ist das schon das Ende?

»God is real«, prangt von dem Schild der baptistischen New-Covenant-Kirche, das all das Licht, das es ausstrahlen soll, eingebüßt hat; der Spruch klingt eher nach der Erklärung für die ringsum zur Schau gestellte Verheerung. Ein paar Blocks noch und ich erreiche das berühmte Pflaster, wo die Route 49 auf den Highway 61 trifft.

The Crossroad.

Der Legende nach ging Robert Johnson hier einen Deal mit dem Teufel ein. Er soll seine Seele für die ungeheure Macht verkauft haben, den Blues spielen zu können wie niemand zuvor. Nach dem Handel steht Johnson in seinem »Cross Road Blues« noch zitternd an der Kreuzung und hat bekommen, was er wollte:

> *Yeoo, standin' at the cross road, I tried to flag a ride*
> *Ooo, eee, I tried to flag a ride*
> *Didn't nobody seem to know me, everybody pass me by.*

ROBERT JOHNSON / »CROSS ROAD BLUES«

Keine Stunde fahre ich runter gen Süden, bis ich auf die Piste des Highway 32 biege und nach Westen tuckere. Ich werde mich durch Busch und Gestrüpp schlagen müssen, um irgendwann tatsächlich am Mississippi zu stehen, der hinter all dieser Unwirtlichkeit liegt, als wolle sich der Vater des Wassers, wie ihn die indigene Bevölkerung nannte, für immer fernhalten.

Der Fluss ist kein großspuriger Aufreißer. Sanft und breit fügt er sich hier in alles, was dick und feucht ist, und erzählt seine Geschichte mit gemessener Ruhe. Die schweren Insekten, die aufgeladene Vegetation: In dem hitzegegerbten Sumpf des Deltas sorgt der Mississippi für ein Klima der Besonnenheit.

Es geht zurück auf die einsame Landstraße, die sich durch Tabakfelder und Friedhöfe zieht. Innerhalb von zwanzig Minuten begegnet mir nur ein anderes Auto; zeigt sich hier und da eine Hütte, ist ihre Veranda bevölkert von Latzhosen tragenden Schwarzen, die ihre Zigaretten paffen und die weißen Zähne blitzen lassen. Alles erinnert daran, dass in dem ärmsten Bundesstaat der Vereinigten Staaten ein anderer Rhythmus herrscht. Das noch halbwegs gerade, wohlgeformte und in seinem kleinen Schlaftakt dahinfließende Amerika hat man hinter sich gelassen und es beginnt ein Außerhalb – etwas, das den Anschein macht, nie wirklich Teil dieses Landes gewesen zu sein. Es macht Sinn, erzähle ich Mister Jefferson, dass man sich in dieser verdichteten Stille liederhaft bemerkbar machen muss, um mit Leib und Seele Teil dieser Welt zu bleiben.

Ich halte in einem Nest namens Gunnison, um mir Wasser und schlechten Kaffee in einem schlechten Styroporbecher zu besorgen. Vor und in der Tanke lungern Dutzende Typen herum, ihre Bierdosen in Papiertüten verpackt, halbblahm aneinandergelehnt die einen, wild mit den Nebelschwaden ihres Deliriums streitend die anderen. Die Tankstelle wird von einem indischen Paar betrieben, das mich, während es irgendwie mit dem Haufen halber Seelen fertig werden muss, mit den gleichen erstaunten Augen mustert wie ich die beiden. Was zur Hölle macht das bleichgesichtige Blauauge hier, fragen sie sich, während ich mir das Schicksal vorzustellen versuche, das sie aus einer Kleinstadt in Gujarat hierher an den Rand der Welt verschlagen hat.

Kommt in Tennessee eine Kirche auf einen Einwohner, gibt es in Mississippi einen Bibelsender pro Gläubigen. Ich schalte herum und finde schließlich eine Stimme im Radio, von der ich zunächst fälschlicherweise glaube, sie gehöre dem Komiker Katt Williams. Die Freude währt trotzdem. Der Prediger plärrt und wütet seine Geschichten aus den Boxen, dass es eine wahre Wonne ist. Das System aus Lohn und Strafe, auf dem die Religion mit ihrer Jenseitswerbung fußt, ist stets wunderbar anzuhören: Jeder betet und bittet, jeder spricht andauernd zu Gott, doch den Menschen geschieht nur Unheil.

Ich zünde mir sogar eine Zigarette an, obwohl ich tagsüber nie rauche, drehe voll auf und sinke so tief in den Sitz, bis das Glück perfekt ist. Manchmal überholt ihn seine eigene Stimme, dann lacht er und gackert, als werde er von Mänaden durchgekitzelt, um schließlich mit neu aufgeladener Energie dergestalt in ein nächstes »Oh Jesus, Jesus Halleluja« zu preschen, dass sich im ganzen Land die Donnerbalken biegen. Wunderheilungen, Gottesfahrten, Engelsbeweise. Ein Mann läuft über eine Kreuzung, wird dort von Jesus erweckt und heilt an Ort und Stelle alle Autofahrer, die den Störenfried zuerst abmurksen wollen, mit nur einer Berührung. Eine Frau betet für ihren Mann, dass er von seiner Krankheit geheilt werde. Der Mann stirbt, aber die Frau versteht, dass ihr Wille erhört worden ist: Jesus hat ihn zu sich gerufen, weil es ihm dort besser geht. Wo die Rettung aussichtslos ist, so weiß man spätestens seit Baal oder dem einstigen Wettergott Jahwe, wird sich die Logik tunlichst mit den Metasphären der Fantasie anfreunden.

Ich zappe ein wenig durch die anderen Prediger, komme aber immer zu dem Kerl zurück, den ich mittlerweile Jessy Geronimo Godspeed nenne. (Ich habe immer noch die Hoffnung, dass dieser rasende Prediger seinen Sermon mit den Worten beendet: »Danke, Leute, ich bin Katt Williams, möge Gott Sie alle segnen.«) Es ist erschreckend: Wenn man diesen Jesus nicht kennen würde, müsste man denken, er sei eine teuflische Brut, die eine ganze Armee von Fanatikern und komplett wahnsinnigen Schreihälsen hervorgebracht hat, um gegen die gesamte Schöpfung zu wettern. Noch nie steckte so viel Grobschlächtigkeit und Zorn in der Botschaft der Liebe. Zudem haben die Mississippi-Prediger eine verstörende Obsession mit Alkohol und den Kathedralen des Teufels, den *liquor shops*. Glaubt man ihnen, dann sind alle Christen Amerikas ehemalige Alkoholiker und pilgern nur noch in die Schnapsläden, um die Käufer davon zu überzeugen, sich lieber Jesus einzuverleiben anstelle des billigen Whiskeys. Mit dem Leserbriefgedanken, man müsse die Missionierung eventuell auch auf die Tankstellen ausweiten, angefangen mit jener in Gunnison, erreiche ich schließlich Rosedale, »The Delta City of Brotherly Love«.

Die Einwohnerzahl des winzigen Ortes sinkt seit Jahren; vorbei die Zeit, als man hier noch vorbeikam, um etwas zu holen. Robert Johnson erwähnt Rosedale in seinem »Travelling Riverside Blues«, und Robert Pete Williams wäre fast hier gestorben, hätte er sich nicht dafür entschieden, seine letzte Ruhe eben doch in Rosedale/Louisiana zu suchen.

An der nächsten Tankstelle komme ich mit Carl ins Gespräch, der gerade mit einem riesigen Besen über die Zapfsäulen staubt.

»Carl«, sagt er, »das ist ein deutscher Name, stimmt's? Deutsch so wie du, weißt du. Ich bin ein deutscher Nigger, haha, ain't that something beautiful?« Carl ist um die fünfzig und hat sich im Laufe seines Lebens in ein überwältigendes Gefäß der Fröhlichkeit verwandelt. Seine kleinen Augen blinzeln voll Reinheit und Güte. Ich stelle mir vor, dass der Mississippi ihm diesen Augenglanz schenkte. Jeden Tag wirft sich die Sonne in den Fluss und vervielfacht ihre Strahlen; am Ufer steht Carl, badet in diesem grandiosen Licht und kneift die Augen zusammen.

Die späte Nachmittagssonne schwebt auf die wenigen Häuser zu. Ich sitze mit Carl herum, nachdem er, glücklich wie Bodhidharma, die Zapfsäulen feucht nachgewischt hat. Er redet und redet, schlägt sich lachend auf die Knie und grüßt jeden Menschen mit einer Würdigung, die sich kaum nachvollziehen lässt. Was ist das für ein magischer Kosmos, was sind das für sagenhafte Weltwerdungsparameter, in der es die Verlebendigung der Dinge geschafft hat, Menschen wie Carl über einen Planeten spazieren zu lassen?

Teenager stromern in die Tankstelle mit kleinen Kindern auf den Armen, die wahrscheinlich ihre eigenen sind, und lassen sich mit großen Augen die halben Hähnchen einpacken, die in einem warmen Ofen vor sich hin schmoren. Sie verschwinden in ihren Hütten und kommen kurze Zeit später mit zwei Tellern zurück, die sie uns in die Hände drücken. *Butterrice and chicken.* Die Kinder, die alt genug sind, um schüchtern zu kichern, hüpfen auf uns herum und werden von Carl als die Heiligen liebkost, die sie sind.

Er will von mir wissen, wie Tennessee, wie New York, wie die Berge im Osten sind: Er ist noch nie an diesen Orten gewesen. Ich erzähle ihm meine Geschichten und meine frühe Erfahrung mit Muddy Waters, einem Mann aus dieser Gegend, dessen Stimme es bis in ein kleines Dorf am anderen Ende seiner vorstellbaren Welt geschafft hat, einem Land mit lauter Klaus', Wolfgangs und Hildegards.

»Musik verbindet die Menschen mehr als alles andere, weißt du«, sagt er, »und hier unten ist sie überlebenswichtig.« Langsam wischt er sich das letzte Hähnchenfett von seinen Lippen in den Mund. »Wusstest du, dass Robert Johnson hier in Rosedale seine Seele an den Teufel verkauft hat, ja?«

»Ich dachte, das sei oben in Clarksdale passiert.«

»Ach, da hat man nur das Schild aufgestellt, weißt du. Nein, es war hier, an einer Kreuzung dort drüben.«

»Was meinst du? Hat er es wirklich geschafft, des Teufels habhaft zu werden?«

»Well«, antwortet er und wühlt einem der Kinder den Staub aus den Haaren, »it's all a legend, ya know. The blues, the pain, all your joy, this whole life. Look at this kid, ya know, just really look at him! No one understands! No one even knows this world, ya know. That's why everyone is a legend. Ya know?«

***

Bilanzierend hockt der Superkargo Mynheer van Koek in der Kajüte seines Schiffes, das die berüchtigte Mittlere Passage nach der Neuen Welt nimmt, als er von seinem Schiffsarzt gestört wird. Es hat wie immer Tote gegeben. Mehr Tote als sonst.

Der Kapitän gibt Befehl, die Progression der Sterblichkeit einzudämmern. Was denn für die sich häufenden Todesfälle verantwortlich sein könnte? Der schlechte Odem der Sklaven, bekommt er als Antwort, und:

Auch starben viele durch Melancholie,
Dieweil sie sich tödlich langweilen;
Durch etwas Luft, Musik und Tanz
Lässt sich die Krankheit heilen.

Gesagt, getan: Man holt die Peitschen heraus und zwingt die Gefangenen, zum Wohle aller fröhlich zu sein.

Wohl hundert Neger, Männer und Fraun,
Sie jauchzen und hopsen und kreisen
Wie toll herum; bei jedem Sprung
Taktmäßig klirren die Eisen.

HEINRICH HEINE / »DAS SKLAVENSCHIFF«

Heinrich Heines »Das Sklavenschiff« beinhaltet leider zu viel Wahrheit, ohne die es ihm nicht möglich gewesen wäre, die Vorkommnisse spitz zu parodieren. Ob nun gezwungenermaßen oder freiwillig, im kranken, überfüllten und faulenden Bauch der Sklavenschiffe wurde nicht selten gesungen und getanzt. Ihr Besitz, das waren die Rhythmen der westafrikanischen Dörfer, der uralte Brauch von Stimmung und Feuer: So ging es nach Amerika. Es sollte das Einzige sein, was die Afrikaner aus ihrer Heimat mitbrachten – und das Wertvollste.

Auf den Baumwollplantagen des Deltas entwickelten die *field hollers* ihre ›Call and Response‹-Gesänge, einfallsreiche Chants und Lieder, zu denen später auch die Arbeitsabläufe der *gandy dancers* an den Eisenbahntrassen und der Häftlinge in den Gefängnissen rhythmisiert wurden.

Wenn sich nichts anderes auftreiben ließ, nagelte man eine Saite an den morschen Verandapfosten, schnitzte eine Bambusrohrflöte oder spielte den selbst gebauten *diddley bow*, ebenfalls eine stramm auf ein Holzbrett genagelte Saite, die mit einer Glasflasche unterlegt wurde. Unweigerlich kam man in brüderlichen Kontakt mit den unbekannten Instrumenten und Folksongs der Weißen, die man mit dem alten afrikanischen Erbe verschmolz. Es lässt sich kaum überbewerten: Die Musik Amerikas wird immer auf der Annäherung afrikanischer und europäischer Folksongs basieren.

Die Afrikaner und ihre amerikanischen Nachkommen pflegten ihre traditionelle und neue Historie in diesen Songs, zu denen sie sich aber auch bewegen mussten. Kein Am-Leben-Sein, was nicht auch durch die Hüfte geht. Zudem bedurfte es der rohen, schicksalsgegerbten Poesie dieser Arbeiter, um menschlich im Takt zu bleiben und sich das Salz der Erde in die Tränen zu legen, jenen süßlichen Schmerz, der stets älter ist als der Mensch, der ihn besingt. Der Blues hat die Frage nach dem Glück Amerikas wohl am besten beantwortet, indem man trotz aller Widrigkeiten ein Lied auf den Lippen behält.

John Lee Hooker wird ihn aus diesem Grund einen Heilsbringer nennen. Der Blues evaluiert die nüchternen Landschaften zu mystischen Orten, in denen sich etwas Märchenhaftes in die allgemeine Trübsal zu schleichen vermag, und stemmt die großen Ereignisse der Seele gegen das Missgeschick der physischen Geburt. Wäre er in seiner Schicksalsergebenheit weniger stur, er könnte fast in der romantischen Tradition bestehen, die, ganz nach Novalis, dem Gewöhnlichen ein geheimnisvolles Ansehen gibt und dem Endlichen einen unendlichen Schein. Dass dieser unendliche Schein auch immer das Dunkle ist, auf das der Lichtgehalt trifft, wissen diese in Armut und Ausbeuterei groß gewordenen Musiker nur allzu gut. Im Philippus-Evangelium sagt Jesus:

»Das Licht und die Finsternis, das Leben und der Tod,
rechts und links, sind Brüder füreinander.
Es ist nicht möglich, dass sie sich voneinander trennen.
Daher sind weder die Guten gut noch die Bösen böse,
noch ist das Leben ein Leben, noch ist der Tod ein Tod.«

Liebe und Verdammnis, Licht und Schatten, Gewinn und Verlust. Und vor allem: Begehr und Verzicht. Die Begierde brachte man mit über den Ozean, die Schuld hingegen war neu. Neben einem eisernen Schicksal, Gott, Suff und Gefängnis bilden überwiegend Trieb und Sex die Sujets des Blues: Der so drüsenstarken, nervenaufreibenden und wacker eingefleischten Lust machte die Lehre der puritanischen Südstaatenkolonien herzlich zu schaffen, »eine Explosion von Furcht und Frömmigkeit, welche die Weißen der Südstaaten an ihre Sklaven weitergaben, und welche die Schwarzen schließlich in ihre eigene Religion einarbeiteten. Die Bluessänger akzeptierten die Furcht, lehnten aber die Frömmigkeit ab; sie sangen, als wäre ihre Einsicht in das Werk des Teufels stark genug, den lieben Gott aus ihrem Leben zu vertreiben. Sie lebten des Menschen Lebensangst und wurden zu Künstlern ebenjener Angst.« (Greil Marcus)

So macht es Sinn, dass sich Muddy Waters im oben genannten »The Same Thing« befreit, indem er seine Sehnsucht herausbrüllt, anstatt sich von ihr auffressen zu lassen.

Auch die Zeile »I got mean things on my mind« von Robert

Johnson oder das von Fred McDowells am glamourösesten vorgetragene »Good Morning Little Schoolgirl« sind ernst gemeint. »Der Blues«, wird Charles Mingus sagen, »war mal eine Musik, in die sich die Menschen flüchteten. Das war alles, was sie wollten. Du stimmst den Blues an, und sie kreischen.«

Dass sich das Publikum, und insbesondere die Frauen, nicht mehr zurückhalten können, sobald die hartgesottenen Melodien der Bluesgitarristen ertönten, wird zu dem frühen Tod der kontroversesten Figur des Blues führen.

Robert Johnson.

> *Now, I'm the drunken hearted man*
> *and sin was the cause of it all*
> *I'm a drunken hearted man*
> *and sin was the cause of it all*
> *And the day that you get weak for a no-good women*
> *that's the day that you bound to fall.*

ROBERT JOHNSON / »DRUNKEN HEARTED MAN«

W. C. Handy gilt als der Erste, der das Wort Blues in seinem »Memphis Blues« verwendete, und der Rest der großen Männer und Frauen sollten folgen. Der unwirsche, aber spektakuläre Charley Patton, Memphis Minnie, Ma Rainey, Blind Lemon Jefferson, Leadbelly, Blind Willie Johnson, Bukka White, Howlin' Wolf, Scrapper Blackwell, Mississippi Fred McDowell und – neben Lightnin' Hopkins[*] – die beiden Koryphäen des Countryblues, die entscheidend zum Ereignis Robert Johnson beigetragen haben: Skip James und Son House.

---

[*] Der ergänzende Essay »Burning Bad Gasoline« über Sam Lightnin' Hopkins und den Texas Blues erschienen im Herbst 2015 bei TBOOKS COLOGNE in einer Edition.

B-L-U-E-S buchstabiert Son House in Großbuchstaben, wenn er selbstkasteiend darauf hinweist, fünfmal verheiratet gewesen zu sein. Es ist nicht übertrieben zu behaupten, dass sich kein kompletterer Bluesmann wird finden lassen. Dank alter Filmaufnahmen ist es nicht nur auditiv, sondern auch visuell nachvollziehbar. Aus tausend gewaltigen Quellen durchzuckt es den ehemaligen Priester, der anscheinend nichts anderes will, als die immense Energie seines Körpers stromableitend einzusetzen – seine Gitarre schwebt permanent in Gefahr, von ihm selbst in die Luft gesprengt zu werden. Wie haushalten mit solcher Energie? Jede Gliedmaße wird in Bewegung versetzt, der ganze Körper trommelt seine Kraft zusammen und erzählt, was das Leben alles sein kann. Son House verschwindet, und einzig Musik bleibt zurück. Kein Wunder, dass der junge Robert beeindruckt ist, wenn er im Publikum einer Spelunke sitzt, den sogenannten *juke joints,* und sich gänsehautüberzogen anhört, was dieser Mann direkt vor seiner Nase in die Welt drischt. »I am the man that rolls«, fährt es Johnson ins Gemüt,

> *(...) when icicles hangin' on the tree*
> *I'm the man that rolls*
> *when icicles hangin' on the tree*
> *And now you hear me howlin', baby*
> *hmmm, down on my bended knee.*

ROBERT JOHNSON / »I'M A STEADY ROLLIN' MAN«

In den Pausen ließ man den jungen Robert spielen, ohne ihn – vollkommen zu Recht – zu beachten. Er besaß noch keinen Funken, der für ein Lichterloh sorgen konnte, noch keine Taschenspielerkunst in den starren Griffen. Er war einzig mit dem Willen ausgestattet, auf den wortwörtlichen Teufel komm raus den Blues zu meistern. Robert Johnson packte seine Sachen, verschwand und tauchte nach etwa einem Jahr wieder auf, hörte erneut Son House seine Show spielen und griff in der Pause zur Gitarre, nachdem man ihn eigentlich nicht hatte spielen lassen wollen. Das Ergebnis war so unerwartet, dass Son House seinem Kollegen Pete Welding die folgenschweren Worte zuraunen sollte: »He sold his soul to the devil to get to play like that.«

Zu dieser Zeit kursierte eine schöne Geschichte um einen anderen Bluesmusiker, Tommy Johnson, von dem es hieß, er habe seine Seele dem Teufel vermacht. Durch Son House' Kommentar ging die Legende von dem einen Johnson auf den anderen über. Die Wahrheit hört sich eben immer ein bisschen weniger fantastisch an.

Denn anstatt seine Seele zu verkaufen, hatte Robert Johnson geübt wie der Besessene, der er war, und schaute als Wanderlehrling flussauf-landab seinen Zeitgenossen sehr genau auf die Finger, die Ohren endlos nach ihren Worten gespitzt. Von Son House bis zu Scrapper Blackwell, Henry Thomas oder dem einzigartigen Skip James: Johnson ist die Folgerichtigkeit dieser Musiker, da er aus dem Besten, das er sich zwischen New Orleans und Chicago aneignete, die Höhe- und Wendepunkte des Blues zu einem gewaltigen Gesamtbild essentialisierte. Das Ergebnis war eine nie dagewesene lyrische Dichte, schlicht und doch unergründlich, vorgetragen von einer Stimme, die sich nicht wirklich greifen, nicht festnageln lässt: Sie ist den Geistern ähnlich, die nachts durch die Tabakfelder sensen und das Bewusstsein der Schlafenden mit alten Forderungen wachhalten, die man so gerne tilgen würde, wäre man eben nicht Mensch unter Menschen. Es ergibt sich kein klares Bild des Mannes, der dort singt, als ob es dem Flüchtling Johnson partout nicht gelingen wollte, sich auch nur streckenweise zu besitzen. Seine Stücke jedoch sind exakt arrangiert und der schmachtenden Ankerpunkte schwer, die das Delta ins Herz seiner Bewohner krallt. Was auch immer man von ihm halten mag, es wird unmöglich sein, sich seinem Magnetismus zu entziehen oder so zu tun, als sei sein Repertoire von keiner Bedeutung, weil vor ihm Ähnliches gemeistert wurde. Seinen Kritikern zum Trotz besaß er offensichtlich das Genie, seine Zuhörer wie niemand zuvor von den Holzpritschen zu katapultieren. Die Vorliebe für Whiskey und die Frauen würde ihn allerdings – perfekt für den beginnenden Sog der Legendenbildung, die bis in alle Ewigkeit um ihn kreisen wird – das noch junge Leben kosten. Er war erst siebenundzwanzig Jahre alt, als er von einem zu Recht eifersüchtigen Ehemann tödlich vergiftet wurde. Nur eine Handvoll Lieder waren eingespielt, nur drei Fotos geschossen, nur der Betteltuchruhm der Straße und der *juke joints* gekostet. Es sollte reichen, um die amerikanische Musik für immer zu verändern. In Songs wie »Hellhound On My Trail« oder »Preachin' Blues« hört man schon all den Rhythm 'n' Blues und Rock 'n' Roll, der auf die Initialzündung namens Robert Johnson folgen sollte. Eine dieser Fabeln, die Amerika lieben muss: Es lässt sich tatsächlich aus eigener Kraft bis ganz nach oben kommen, ohne seine Seele dafür verpfänden zu müssen. Es ist lediglich das eigene Leben, mit dem man die Rechnung begleichen muss.

When the train, it left the station, with two lights on behind
When the train, it left the station, with two lights on behind
Well, the blue light was my blues, and the red light was my mind
All my love's in vain.

ROBERT JOHNSON / »LOVE IN VAIN«

Ein anderer Bluesmann zahlte ebenfalls mit seinem Leben, bevor ihn seine Musik rettete. Wenig – und gleichzeitig alles – wies darauf hin, dass aus Robert Pete Williams einer der einzigartigsten Musiker des Deltas werden sollte und der Mann, der wie kein anderer die Essenz des Südens, die harsche Wirklichkeit und das unentwegte Hineingestelltsein in selbige symbolisiert.

Nach dem für die Südstaaten verheerenden Bürgerkrieg verpachteten etliche Farmer große Teile ihrer Plantagen an die ehemaligen Sklaven, die nun als *sharecropper* das Land bestellten: Arbeiter ohne eigenes Land, die einen Teil der bitter erkämpften Ernte als Pacht abdrücken. Das waren die Verhältnisse, in die Williams geboren wurde: Schon als Junge plagte er sich auf den Baumwollfeldern, besuchte nie eine Schule und blieb sein ganzes Leben lang arm – seine erste Gitarre baute er sich aus dem zusammen, was da war: einer alten Zigarrenbox und spröden Kupfersaiten.

Jeden Tag draußen, jeden Tag den Nacken schwarz geprügelt von einer erbarmungslosen Sonne, jeden Tag bei dem Einzigen, was bleibt: dem Zitterschlag der Luft, die über dem Delta kauert wie ein übles Versprechen. Eine andauernde Melodie, die sich nicht zu schade ist, selbst die karge Abendsuppe zu verhöhnen. Eine Wahl gibt es nicht. Man muss sich mit ihr anfreunden und sie weiter und weiter in die Stunden tragen, um auch am nächsten Tag in ihr bestehen zu können.

Schon war Robert Pete auf dem Weg in eine Bar, um ein kaltes Bier zu trinken, und wurde wenig später in Handschellen abgeführt. Ein paar Sekunden nur, und ein ganzes Leben war dahin.

»In dieser Welt weiß kein Mann, weiß keine Frau, was Ärger wirklich ist. In dieser Welt. Nun stell dir mal Folgendes vor. Du sitzt hier in diesem Haus, aber du weißt nicht, in was für Schwierigkeiten du gerätst, bevor du wieder daheim bist. Hab ich recht? Ist das nicht die Wahrheit? Und ich sage dir was, diese Welt hier, die ist die schlimmste von allen. Aber es ist nicht die Welt, es sind die Leute, die in ihr leben. Es sind die Leute der heutigen Welt.« (Robert Pete Williams)

Wir müssen Williams, der sich vorher und nachher nie etwas zuschulden hat kommen lassen, glauben, wenn er dem Richter gesteht, aus Notwehr gehandelt zu haben. Er musste den betrunkenen Angreifer, der ihm die Kehle durchschneiden wollte, niederschießen, um sein eigenes Leben zu retten.

Der Richter wiegelte ab – er hatte zu viele solcher Geschichten gehört, um noch zu glauben, dass ein unglücklicher Zufall die Menschen zu Mördern macht. Robert Pete Williams bekam lebenslänglich in einem der berüchtigtsten Gefängnisse Amerikas, dem ›Alcatraz des Südens‹: Angola. Fast wäre es das gewesen. Was ihn aber retten sollte, war eine salbungsvolle Stimme – so mild wie eine Meile Stacheldraht, den man in Honig hat rosten lassen – und ein Saitenschlag, instinktiv wie die Funktionen der Leber.

Seine Mitgefangenen weinten, wenn sie ihn spielen hörten, und schlugen sich gegen die Schläfen, als fände man so aus dem Kopf heraus. Williams' Gospelblues übertrug alles: ihre schlimmsten Befürchtungen und eisernsten Hoffnungen. Vor allem aber erinnerte er an eine verlorene, wenn auch nie gekannte Heimat: Afrika.

Wenn man die ersten Verse von »Got Me Way Down Here« oder »Goodbye Slim Harpo« hört, lässt sich noch kaum sagen, welche Sprache der Sänger hier anstimmt: Das Kauderwelsch seines »Hot Springs Blues« könnte genauso gut von einer unglücklichen Antilopenjagd handeln. Mal hört es sich an, als besäße er keine Zähne mehr oder fuhrwerke an einer zu großen Portion Kautabak; ein anderes Mal fließen zu viele Tränen und verwässern den Kreidestein seiner Sprache. Es ist nie die Stimme eines Fremden, die dort singt – man wird in ein Lied hineingesogen, als handle es sich um eine Aussprache mit der eigenen Seele. Kein anderer Bluesmusiker bringt sich so sehr in die Anwesenheit und verharrt dort, wo man sich trotz aller Missgeschicke bestens bekannt ist. Stammt die Stimmung auch vollständig aus den Brunnen des Mississippi-Deltas, so ist das Wasser so alt wie der Kontinent, auf dem der Reißaus der Menschheit begann. Zwischen Boubacar Traorés »Benidiagnamogo«, Ali Farka Tourés »Soko« und Williams »You Used to Be a Sweet Cover Shaker But You Ain't No More« scheint nur ein halber Hahnenruf zu liegen. Erdung, Alkohol, Schweiß und Staub – und die alteingesessene Sehnsucht, jene guten Augenblicke, die wie Hagel in das Stundenbuch des Tages stürzen, für immer schmelzen zu lassen.

Williams' Musik seiltänzelt wie alle große Kunst; keines seiner Lieder scheint eine feste Struktur zu besitzen, alles an ihnen ist oder wirkt improvisiert. Der überhitzte, angetrunkene Mann kennt keine metrischen Muster und keine festgeschriebene Größe, an der sich sein Rhythmus desorientiert. Oft stoppt oder holpert der Gang eines Stückes, als wisse Williams nicht mehr, wohin mit allem und der Welt. Bald aber kennt man diese Taktik des Verzögerns und Immerwiederhinlauschens, die eben exakt zuhört, wenn das zu Spielende osmotisch aus der Welt geangelt wird. Dann sucht Williams einen neuen Impuls, ein neues Erkennen der Umgebung und der Atmosphäre, das ihm die Strophen vorgibt und ihn dazu zwingt, versöhnlerisch tätig zu werden.

Lightnin' Hopkins: »An den Blues gewöhnt man sich nur schwer, genau wie an den Tod. Er begleitet dich überall und jeden Tag.« Bereit, seine Lebenszeit im Gefängnis abzusitzen, sang Williams von seinem Leben (»Farm Blues«), seinem Glauben (»Sinner Won't You Know«), seinem Gefängnisalltag (»Pardon Denied Again«) und ein »Motherless Children Have a Hard Time«, nach dessen Hören niemand mehr behaupten kann, Amerika besitze keine Spiritualität.

Als der Musikethnologe Dr. Harry Oster und der Jazzhistoriker Richard Allen unter den Insassen die begabtesten Musiker herauslasen, um am Ort der größten Verzweiflung die Alben »Angola Prison Spirituals« und »Angola Prisoner's Blues« aufzunehmen, ragte Williams aus dem Meer seiner Mitgefangenen hervor wie der Eisberg, der die Titanic zur Strecke brachte. Harry Oster schenkte ihm eine neue Gitarre und setzte sich für seine Begnadigung ein, die letztendlich gewährt wurde (auch der dreimal eingebuchtete Leadbelly sollte auf die gleiche Art Angola verlassen). Nach dreieinhalb Jahren war Williams wieder ein freier Mann. Er arbeitete wieder auf den Farmen und als Eisenschrottsammler. Über seine Veranda schlich wie eh und je der dicke, nass gesogene Wind. Der Blues, so wird es Williams sagen, verfolge ihn. Er hörte sein Echo in der Atmosphäre als eine Art Gebrumme und Jammern. Und danach gefragt, was ihn einmal dazu veranlasste, einen neuen Ausdruck zu suchen und seinen Stil zu ändern, gab er eine Antwort, die für sich selbst steht:

»Der Klang der Atmosphäre, das Wetter beeinflussten meinen Stil. Aber ich konnte zuhören, denn ich bin ein *air-music man*. Die Luft zog anders umher, hatte einen anderen Klang. Also, die Atmosphäre bewegt die Musik, wenn der Wind bläst. Ich weiß nicht, ob einen das beeinflusst oder nicht, aber es flirrt ein Klingen in der Luft, verstehst du? Ich weiß nicht, woher es kommt – es könnte von Flugzeugen kommen oder vom Ächzen der Autos, aber so oder so lässt es einen Luftstrom in der Luft zurück. Das geht in den Wind und wird zu einem Geräusch. Aus diesem Sound entsteht dann der Blues.«

Pete pflückte die Stimmungen des Deltas wie seine Baumwolle. Zu Robert Johnson, der jederzeit genau wusste, was er tat, verhält sich Williams wie das kindgleiche Genie, das wie zufällig in das stolpert, was nie verstanden werden wird oder wiederholbar wäre. Wenn er nichts hört, wird er auch nicht singen können. Welch ein Glück also, ein Land unter den müden Knochen zu haben, das niemals verstummt.

***

Blauer Dunst kniet sich in die Tabakfelder und huldigt dem Tag. Eine einsame Straße ist alles, was von ihm übrig geblieben ist. Vom Highway 61 fahre ich gen Osten, um den Delta National Forest aufzuspüren: Groß und einladend sitzt dieser als grüne Oase in meiner Straßenkarte und scheint uns ungeduldig zu erwarten.

Es ist stockdunkel, als ich auf einer Kiesschotterpiste den

Wald erreiche. Mit der Taschenlampe stehe ich vor der Gebührenstation, an der man seine paar Dollar Übernachtungsgeld bezahlen muss beziehungsweise sollte. Die Umschläge stecken in einem vermoosten Kasten, allesamt alt und angefressen und zerknittert – es sieht aus, als ob hier seit Wochen kein Mensch mehr gewesen wäre.

Ich leuchte die Piste entlang in den Dschungel.

Hinter mir ruckelt Mister Jefferson und wartet auf eine Antwort.

Ich klemme mich hinter das Steuer, hebel den Gang ein und fahre los.

Einen Kilometer, zwei Kilometer; nichts passiert. Kein Licht, keine Camper, keine Menschen; ich bin an einigen Verwilderungen vorbeigeschlichen, seltsame Haltebuchten, die wohl in ihrem vorherigen Leben Campingplätze waren oder zumindest Orte, an denen sich der Mensch einmal zu schaffen gemacht hat.

»Es gibt nur noch uns beide«, flüstere ich Mister Jefferson ins Ohr, »uns beide und das riesige Loch, das den Rest der Welt geschluckt hat, ein schwarzes Loch. Es hat alles in sich hineingesaugt und an anderer Stelle wieder hinausgeprustet, so wie unser Universum vor vierzehn Milliarden Jahren hinausgeprustet wurde aus einem anderen Universum, Ewigkeiten um Ewigkeiten, die wir nicht in unser Hirn zwingen können, und wir beide werden wohl nicht erleben, wie es ...« Ich verstumme so abrupt, als gäbe es plötzlich keine Sprache mehr. Mein Herz steht still. Ich halte das Lenkrad in der Hand und mache sonst eine Minute lang nichts. Mister Jefferson ist mit dem linken Vorderrad in ein so tiefes Schlagloch gekracht, mit Schwung rein und geradeso wieder raus, dass ich mir sicher bin, etwas brechen gehört zu haben. Ich schaue nach links, nach rechts, geradeaus, so als würde der Blick in die Einsamkeit des Deltas irgendetwas ändern. Wenn er noch fahren kann, so schwöre ich mir, verlasse ich umgehend diesen gottverlassenen Ort.

Mit der Taschenlampe krieche ich unter MJ und sehe nach, ob sich etwas Unheilvolles erkennen lässt. Mit einem Gebet auf den Lippen starte ich den Motor und gebe langsam Gas – Mister Jefferson läuft. Läuft zehn Meter und hundert, ich lenke nach links, nach rechts. Ein Schauer der Erleichterung fährt durch meinen Körper und ich nehme die nächste Campingbucht, um mich für die Nacht niederzulassen.

Stockdunkel. Das Gras kniehoch und der Picknicktisch zugewachsen. Hier hat schon lange keiner mehr sein Steak auf den Grill geworfen. Die Luft bebt von Viechern und der Hitze, die ich tatsächlich als traumatisiert empfinde. Was hat dieser subtropische Wald mit der Luft angestellt, dass sie derart verzweifelt ist! Keine halbe Minute bin ich draußen, dann flüchte ich vor den Moskitos und anderen Insekten zurück in Mister Jefferson.

Von den Fliegen berichtete Augustinus einst, Gott habe sie erschaffen, um den Menschen für seine Überheblichkeit zu strafen. Folgt man dieser Logik, so sind die hiesigen Insekten die Summe der vermaledeiten Todsündhaftigkeit aller Erdenbewohner, der Insekten selbst eingeschlossen. Unmöglich, die Fenster zu öffnen, und unmöglich, bei geschlossenen Fenstern Mensch zu bleiben. Ich liege vollkommen nackt auf der Matratze, strecke alle Glieder von mir, damit sie sich nicht gegenseitig wärmen, und puste an mir herunter. Aus jeder Pore meines Körpers perlt Schweiß und rinnsalt in die Matratze. Es wird vorbeigehen, denke ich, aber es geht nicht vorbei. Eine halbe Stunde liege ich regungslos da und bin noch immer klatschnass. Draußen raschelt und knackt es im Wald. Ich mache kurz die Fenster auf, und sofort wölken die Insekten hinein. Das war es also. Ich gebe auf, ziehe mir eine Unterhose an, klettere nach vorne und will nichts wie raus hier. Ich verkrampfe mich so sehr darauf, nicht wieder in dem großen Schlagloch zu landen, dass selbst das »The Best of Rod Stewart«-Tape keine Linderung bringt. Bloß nicht abkacken hier draußen, Mister Jefferson, bloß nicht abkacken.

Dann offenes Gelände, eine geteerte Straße, und *Boden* unter den Rädern. Schon bin ich auf dem Weg zurück zum Highway 61, und was der Rest nun bringt, ist mir vollkommen egal.

Boondocking nennt man das Übernachten auf Parkplätzen. Vor allem die großen Supermärkte und Einkaufszentren bieten sich an, da sie oftmals sogar bewacht werden – wenn man verspricht, vor Ladenöffnung weg zu sein und vielleicht eine Zigarette oder zwei spendiert, darf man meistens bleiben. Aber hier unten im Delta gibt es nichts, noch nicht mal Parkplätze; ich biege auf das Gelände einer Kirche ein und stelle mich in ihren Nachtschatten. Vielleicht ist es ein Zeichen, denn ich habe eigentlich wenig Lust, heute Nacht auf der klatschnassen Matratze zu pennen: Der Vorhang eines Fensters wird zur Seite gezogen, ein Licht angeknipst, und hinter dem Fenster zeigt sich tatsächlich ein Typ und wedelt abmahnend mit dem Finger. Warum schläft der Kerl in der Kirche?

»Jesus fucking Christ! Hast du kein Zuhause?«, brülle ich, zuerst auf Englisch und dann, weil es so schön ist, auf Deutsch.

Ein Motel.

Was ich brauche, ist ein Motel.

Es ist nach Mitternacht, als ich in Vicksburg ankomme und im Zentrum der Stadt den Relax Inn aufblinken sehe wie die Pforte zum Paradies. Ich staune nicht über den schweren südindischen Dialekt des Nachtportiers: In den schönsten und schlimmsten Stunden meines Lebens war stets ein Inder zugegen.

Klimaanlage, ein Doppelbett, ein frisches Handtuch und eine Mikrowelle. Ich dusche und schalte zum Einschlafen den Fernseher ein. Eine Schwarz-Weiß-Aufnahme zeigt die letzte Rede von Martin Luther King, der in der folgenden Nacht erschossen wurde.

»All we say to America«, beginnt er, »is be true to what you said on paper.« Es ist das Jahr 1968, und er beschwört die Rechte des ersten Zusatzartikels zur amerikanischen Verfassung, die noch immer nicht für die schwarze Bevölkerung des Landes gelten. Die Aufnahme ist einfach überwältigend. King glaubte schon lange, dass er keine vierzig Jahre alt werde, aber in dieser Rede sieht und hört man deutlich, dass er um sein baldiges Ende weiß. Seine Augen werden strahlend-feucht und die Stimme stärker, als er verkündet, dass er keine Angst mehr habe und nicht mehr um sein Leben besorgt sei. »I have *seen* the promised land«, schreit er in die Menge, sein »*SEEEEN*« bebt und gewittert, als psalmodierte er vom Berge Sinai auf die Menschen hinab. Gänsehaut verwandelt jeden Körper, der damals im Saal saß oder jetzt gerade vor dem Fernseher hockt: »So, I'm happy, tonight, I'm not worried about anything, I'm not fearing any man. My eyes have seen the glory of the coming of the Lord.«

Wie in Trance torkelt er die paar Schritte vom Rednerpult zurück und wird von einem Begleiter mit beiden Armen umarmt oder festgehalten. Seine Augen, die Positionslichter seines Gewahrseins: Sie sind schon ganz woanders.

Ich schalte aus. Hundemüde schiebe ich mich tief in das frische, gebleichte Laken und bin viel zu aufgewühlt, um schlafen zu können.

Eine stumpfe Nacht. Ich bin bereits um sechs Uhr wach und spaziere runter zum Mississippi, der in aller Gemächlichkeit das Innere Amerikas heranschleppt. Vicksburg ist in seinem gepflegten Zentrum eine typische Kulissenstadt aus billigen Motels, ehrwürdigen Gemeindegebäuden und Geschäften, deren antiquierter Stil auch heute noch bewahrt wird und von einer Zeit erzählt, als selbige den Menschen noch nicht enteilt war. Keine Chance, ein geöffnetes Café zu finden; die billige Kaffeemaschine, die stumm und elend an der Rezeption meines Motels vor sich hingammelt, muss erst mal genügen. Der Inder sagt: »Der Kaffee ist umsonst, du kannst so viel trinken, wie du willst.« Großzügigkeit, von wegen! Die fiese Plörre hat dem Magen schon Krebsgeschwüre signalisiert, noch bevor sie überhaupt den Hals runtergeht. Ich schlafe noch mal ein in diesem wunderbar frischen Bett, packe anschließend mein Zeugs zusammen und rausche an den kleinen und großen Kasinos vorbei, die es geradewegs auf das Unglück abgesehen haben, das dem Fluss schon seit Hunderten Meilen folgt.

Dicke Bäume begleiten uns in den Süden, endloses Grün und Rost, auf dem die Krähen hocken wie Wächter. Rostige Maschinen, rostiger Hausrat, rostige Industrieanlagen. Wie überall fallen hier die meisten verlassenen Geschäfte in sich zusammen, stehen viele alte Hütten leer. Der Highway bringt aber auch immer wieder sonderbare Kataloghäuser hervor, die aussehen, als hätte sich ein kitschversessener Architekt an der Würde europäischer Herrenhäuser vergriffen. Sind die alle von der Mafia beziehungsweise von Immobilienfonds gebaut worden? Neu und scheinbar unbenutzt, ist es noch vor der Fertigstellung ihr Schicksal, einsam zu bleiben und, noch bevor sie sich mit Leben füllen durften, auf das eigene Ende zu warten.

Um Mister Jefferson zu schonen, haben wir seit dem Watauga-See die Abmachung getroffen, ihn in der gröbsten Mittagshitze zwischen zwölf und drei nicht auf die Straße zu zwingen. Kurz vor zwölf taucht ein Schild auf, Fayette heißt der kleine Ort, in dem es sogar einen vielversprechenden Coffee and Breakfast Shop gibt, der jedoch geschlossen ist. Charmant ödet der kleine Ort vor sich hin. Ich möchte bleiben und auf der saftigen Wiese vor dem Rathaus meinen Verdauungsschlaf halten, finde aber nichts zu essen. Sogar die unzähligen Blumenläden und der Imbiss Dude Burger haben geschlossen. Ich hole mir Wasser und Erdnüsse in einem der traurigsten Supermärkte Amerikas, durch den sich eine Totenstimmung zieht, als sei er auf Dutzenden Indianerfriedhöfen gebaut, und fahre trotz der Hitze die fünfundzwanzig Meilen bis Natchez, eine der ältesten Städte Mississippis. Hier finde ich einen guten Mexikaner und viel Platz unten am Mississippi, der auf dem Höhepunkt des Tages flimmert wie alt gewordenes Glas. Ich lege meine Matratze zum Trocknen aus, lasse mich vom Wasser flussabwärts tragen, schwimme gegen die Strömung zurück und warte anschließend im

Schatten eines Baumes, dass die Zeit ihre Runde macht. Ein Ohr ist immer dem großen Mahlstrom zugewandt, damit man ja nichts überhört. Immerhin ist der Mississippi wie ein Tonband seine dreitausend Meilen durch das wilde Herz Amerikas gewandert und trägt nun alles mit sich, was der Norden ihm an Weite, Zuspruch und Versprechen mit auf den Weg gegeben hat. All das kommt bald in New Orleans an. Und tritt dort über die Ufer wie ewige Musik.

Kapitel

6

New Orleans

Sound is to people what the sun is to light.

ORNETTE COLEMAN

Noch vor der Dunkelheit passiere ich die Staatsgrenze zu Louisiana. Wenn man hier die großen Straßen verlässt, dann findet man sie: die alten Südstaatenhäuser der Plantagenbesitzer und das Louisianamoos, das von den Amerikanern nur *Spanish moss*, Spanisches Moos, genannt wird. Ein Nebel, der von den Bäumen hängt, als hätten es Spinnennetze darauf abgesehen, den Blütenstaub aus der Luft zu klauben. Wenn man es nicht besser wüsste, könnte man denken, dass *Tillandsia usneoides* nur für diese Gegend gezüchtet worden wäre. Es scheint all das zu repräsentieren, was hier im Verborgenen durch die Lüfte rauscht, eine halbe Anwesenheit: Obwohl sich nichts Genaues darüber sagen lässt, weiß man zweifelsfrei, dass es zugegen ist. Kaum verwunderlich, dass sich Legenden um das Moos ranken, das kein Moos ist. Die Indianer hielten das Moos für das Haar einer ermordeten

NEW ORLEANS

Prinzessin. Ihr verzweifelter Mann soll es abgeschnitten und in die Bäume gehängt haben, auf dass es der Wind über die ganze Welt trage. Robert Pete Williams hätte es vielleicht den verstofflichten Sound der Atmosphäre genannt.

Ansonsten hat hier unten das Auge nichts, an das es sich klammern könnte. Ewig gleiche, trauernde und reizlose Landschaft, deren Grün keine Lebendigkeit versprüht, sondern stumm und unbegierig in der Hitze flimmert. Alle Käffer, die Mister Jefferson und mich empfangen, wirken wie eine verflossene Erinnerung, die man sich immer wieder mit Gewalt ins Gedächtnis rufen muss. Ein nebulöser Traum, der es dennoch mit dem Menschen aufnimmt: Laut einer Studie der University of British Columbia, die die zufriedensten Einwohner von amerikanischen Städten aufgelistet hat, liegen die fünf glücklichsten Städte allesamt in Louisiana. Die Unglücksliste hingegen wird, ganz, wie man sich das hier wünschen würde, von den Yankees in New York angeführt.

Kurz vor New Orleans überfällt mich die Müdigkeit und streitet mit dem sturen Geist, der unbedingt weiter will. Vielleicht der schlechte Schlaf, die Schlafmohnsprache des Mooses oder das schwüle Erstarren der Luft. Die Dunkelheit lindert meine Beweggründe nicht. Tranceartig halte ich immer weiter auf den Süden zu, bis wir auf jenen Teil des Highways gelangen, der auf Stelzen in den Lake Pontchartrain gebaut ist und die große Stadt ankündigt, die hinter diesem breiten Steg immer wieder zu überleben versucht. Die Nacht lässt die kargen Baumstümpfe nur erahnen. Wie eine Warnung liegen sie in den Sümpfen zu unserer Rechten und begleiten uns, bis hell und breit die Stadt zu leuchten beginnt.

Ein Heuballen, der von einem vor mir fahrenden Truck fällt und glücklicherweise von Mister Jefferson an die Autobahnbegrenzung geboxt wird, untermauert meine seltsame Stimmung. Hat man es auf uns abgesehen? Ich schlinge beide Hände um das Lenkrad, reiße die Augen auf und nehme all meine Konzentration zusammen, um Mister Jefferson in der Spur zu halten und die richtige Ausfahrt zu erwischen.

Mein Kumpel Ray hat mir den Namen der Kneipe durchgegeben, in der er mich nach Feierabend abholen will. Ray fährt Touristen auf einer für New Orleans typischen Fahrradrikscha durch die Stadt und ist gerade dabei, auf eine Pferdekutsche umzuschulen. Ein lang gehegter Traum, wie er mir versicherte. Ich bin eingeladen, bei ihm zu übernachten und zu bleiben, solange ich will, nur muss ich jetzt diese Kneipe finden, damit er mich auflesen kann.

Ich parke im French Quarter und bin mir ziemlich sicher, Amerika verlassen zu haben. Nach den doch sehr schäbigen Außenbezirken bin ich in einer europäisch-karibischen Kulisse gelandet, in der, so sollte ich schnell genug herausfinden, jede Nacht ein Spektakel veranstaltet wird. Ray und andere hatten mich bereits auf eine grandiose, feierwütige Stadt eingestimmt, aber ich fühle mich nun bereit zu glauben, mich in Zeit und Raum geirrt zu haben. Ich bin danebengetreten, sage ich mir, als ich mich auf der Bourbon Street in den Karneval zwänge und sofort von der Masse verschluckt werde: danebengetreten ohne die Hoffnung, auf Wiedererkanntes zu stoßen.

Die Straße ist überfüllt mit Menschen, aus jeder Kneipe tönt die Musik einer Liveband, die Lichter überschlagen sich und die Worte ballen sich zu einem Orkan, der durch die Gassen jagt. »Why don't you come into Déjà Vu's and get some titties in your face?« Die Zuhälter locken in die Bordelle und die Animateure in die Kneipen, jeder ist besoffen oder auf eindeutigem Wege dorthin, Polizisten, riesige Bären auf Pferden, ziehen durch das Getümmel und posen für die Blitzlichter der Touristen, brackes Abwasser siecht in den Ecken und von den Balkonen fallen glühende, anfeuernde Blicke in die Parade. »All these things«, klärt mich einer der Jesusjünger auf, die mit Megafonen hier gegen die luziferische Brut anbrüllen, »all these things, these lights, the drinks, the whores: they are just temporary.«

Spektakulum! Mit Mississippi-Schlamm an den Beinen und dem einzigen halbwegs sauberen Hemd, das mir noch geblieben ist, stolpere ich wie ein Gespenst durch die bunte Blase, die dieser Taumel heraufbeschwört. Der öffentliche Konsum von Alkohol und Marihuana ist überall in den Staaten strengstens verboten, man darf noch nicht mal als Beifahrer in einem Auto Bier trinken – und hier schleppt jeder seine Schnapsflaschen und Joints durch die Straßen, als seien es nicht die geheimen, sondern die offensichtlichen Tugenden Amerikas. Alles, was dieses Land bisher hergegeben hat, darf getrost vergessen werden. Die Stadt schmeckt nach einem Ort, der sein Antlitz hinter einer klaren Grenze zur Schau stellt, und diese Grenze ist wohl dieser obskure Autobahnsteg und das Sumpfland, das die Stadt in ihrer eigenen Wirklichkeit wiegt: New Orleans riecht wie Kalkutta, begehrt die Liebe wie ein Betrunkener, predigt wie ein Sturm, träumt wie James Brown und beruhigt die Seele wie das Jaulen von Wölfen – die Stadt sieht aus, als legte ein Slum seinen Arm um ein mediterranes Dorf.

Es gibt zwei irische Kneipen in der Gegend, die Molly's heißen, und ich lande in der falschen. Schließlich treffe ich Ray vor einem Schnapsladen. Wir schnappen uns einige Biere und tauschen uns über die letzten Jahre und seine neue Pferdekutschenarbeit aus, die ihm ein Funkeln in den Augen beschert. Als ich fast umkomme vor Müdigkeit, fahren wir raus zu seinem Apartment, zehn Minuten die Canal Street nach Süden. Wir steigen die breiten Stufen zu seinem Apartment hinauf, das er sich mit einem Freund teilt, und als wir die Tür hinter uns schließen, überkommt mich eine Ernüchterung, wie ich sie lange nicht mehr erlebt habe. Eigentlich ein geräumiges und charmantes Apartment, haben Ray und sein Kumpel das Ding in eine abgeranzte Bruchbude verwandelt. Alles ist runtergekommen, unabgewaschen und vernachlässigt, der Boden voller Dreck und Hundehaare. Im Bad gibt es keinen einzigen Zentimeter, auf dem ich mein Handtuch ablegen würde – und ich rede hier nicht von einem sauber gehaltenen

Handtuch! Ich spare mir das Duschen. Der gute Ray hat keine Ahnung, klatscht in die Hände und klappt mir eine zerschlissene Couch auf, die nach Hundepisse stinkt. Zu diesem Zeitpunkt habe ich tatsächlich meinen Körper verlassen und schwebe einige Zentimeter über meinem Kopf. Von weit weg erkenne ich die Wahrheit meines Lebens, sehe mich so, wie ich jetzt dort stehe, unendliche Male in all diese Wohnungen treten, in Paläste, Bambushütten und Junkie-Schuppen, sehe all die unbekannten Städte und fremden Matratzen wieder und wieder, als käme ich eigentlich nie vom Fleck zwischen all dem Ankommen und Abreisen, das sich in den ewigen Lauf der Welt fügt – und wahrlich, es ist ein heiliges Unterfangen, das sich nicht ändern lässt und von mir aus oben in der Dominanz der Sterne ankert, aber bei Gott, gerade habe ich genug davon, einfach genug.

Was bleibt, ist das Bedürfnis, vollkommen zu verschwinden und dort sehr lange zu bleiben. Ich schmeiße den Rucksack in die Ecke und erinnere mich, wahrscheinlich ein gutes Zeichen, an die Worte des Pumuckl: »Das ist ein sehr dummes Gefühl, sichtbar zu sein, ein sehr dummes Gefühl. Dass Sichtbarsein so müde macht ...«

Eine große dunkle Wolke fährt über die Seele und donnert ins lahmgelegte Herz. Ich will nur eines, und zwar nach Hause, weiß aber, dass damit nicht die Wohnung gemeint ist, die ich seit einem Jahr in Köln gemietet und in der ich mich bislang keine drei Monate aufgehalten habe. Ich bin nicht ein halbes Leben lang unterwegs gewesen, um mir einzubilden, dass es nun endlich mit den vier Wänden getan ist, in denen eine Couch steht und sich die Klamotten jederzeit in die Waschmaschine stecken lassen. Nein, nie geht es um solch einen Ort, sondern um die uneingeschränkte Heimatnahme der Welt. Ein Ankommen, das dem Bedürfnis der Seele und nicht des Individuums entspricht. Das ist die Suche, die der Wanderer mit sich umherschleift wie die Sonne den Tag. Das ist der Impuls, der uns rastlos macht inmitten eines zu lebenden Lebens und eines zu erwartenden Todes. Denn was geschieht, sobald man sich irgendwo eingerichtet hat: Man ist immer noch Mensch, und nichts hat sich verändert. Bald sind die Klamotten gewaschen, die Bücher gelesen, hat es sich ausgeschlafen. Dann ist die Ruhe vorbei, bevor man Desoxyribonukleinsäure sagen kann, denn was man nun sein Eigen nennt, wollte man ja loswerden im Staub der unbekannten Straßen. Aber da produziert dieselbe alte Leber, der Geist orchestriert dieselbe oberflächliche Zeichenwelt anhand jener so festgefahrenen Strukturen, die ergebnislos bleiben werden, und man ahnt nur das Potenzial, mit dem das Übergangswesen Mensch jenes Rätsel bestreitet, das wir so hofnärrisch Leben nennen oder Natur oder Seyn. Man reibt sich verwundert den Kopf, als sei er Aladins Wunderlampe, aus der endlich das rechte Bewusstsein aufdampfen soll, und weiß, dass man nicht *deutlich* genug ist: Die Heimat, auf die wir uns zubewegen, ist dieser großartige Ort, den der Mensch noch nicht kennt, obgleich er ihn schon immer besitzt.

Ich hole den Schnaps und mein dreckiges Bettlaken aus Mister Jefferson und wehre mich zuerst noch gegen den Hund, der zu mir ins Bett springt und alles dermaßen vollsabbert, als bestände er aus einer einzigen, megalinen Schleimdrüse; schließlich lasse ich ihn gewähren. Soll der Köter doch machen, was er will. Ich setze mir die Kopfhörer auf und höre Rodriguez zu, der von diesem champagnertrinkenden Regen erzählt und seinem zugedröhnten Erzengel, der nur gekommen ist, um ihn zu vernichten: »While the rain drank champagne / my Estonian Archangel came and got me wasted / Cause the sweetest kiss I've ever got / is the one I've never tasted.«

Mit der warmen Erkenntnis, dass es mir egal ist, an einem nächsten Tag aufzuwachen, schlafe ich endlich ein.

Dreckig hängt Rays Mitbewohner mit seiner Freundin auf der dreckigen Couch, im Fernsehen läuft eine Immobilientrashshow, drei Hunde nagen an Plastikspielzeugen und fallen irr in der Wohnung herum – das alles ist unglaublich traurig.

Dabei ist Ray ein feiner Kerl. Ich mag seine in einen weichen Optimismus gesenkte Ruhe, und bin ihm dankbar, dass er mich in seiner Wohnung aufnimmt. Aber warum zwei erwachsene Menschen nicht abziehen können, nachdem sie pissen waren, ist mir ein Rätsel.

Ich packe meine Sachen und verschwinde. Die dicke Luft kippt einen aus den Flip-Flops, als sollte man an solchen Tagen jegliche Bewegung und alles Leben vermeiden. Ich suche mir ein Café, buche die erstbeste Unterkunft und sitze bald in der eisgekühlten ›Lounge‹ eines beschissenen Motels, ein alter Fernseher flimmert vor sich hin, das Aquarium ist schon lange ausgestorben und ansonsten riecht es nach kalten Kacheln und billiger Seife. Es macht mir nichts aus, eine halbe Stunde an diesem Unort zu verbringen und einzuschlafen, während die wortkarge Dame an der Rezeption wartet, dass die Bestätigung meiner Buchung über den Äther hereintrudelt.

»Sie haben nicht für heute, sondern für morgen reserviert«, sagt sie, als es so weit ist. Ich kann die Welt hören, wie sie diesen Trottel auslacht und ihn weiterschubst in die Stunden, um mehr von dieser Komödie zu erfahren. Dann bleibe ich eben zwei Tage hier, was soll's. Ich schmeiße ihr das Geld für die Nacht hin und sage irgendeinen mitleiderregenden Blödsinn, der sie aufhorchen lässt. Plötzlich wird die unwirsche Angestellte zu einem dieser selbsternannten Gurus, die zu viel »Sex and the City« gesehen haben:

»Hey, mach dir keine Sorgen. Was vor fünf Sekunden passiert ist, ist vorbei. Vergiss es einfach. Du musst zur Ruhe kommen und dich entspannen, nimm 'ne Dusche, atme mal durch. Entspann dich. Und dann mach dir einen schönen Abend in der Bourbon Street. Das ist der Ort, an dem die Leute ihre Sorgen vergessen.«

Sie hat ja keine Ahnung. Das Letzte, was ich jetzt tun will, ist diese elendige Bourbon Street rauf und runter zu torkeln. Nein: Da oben im großen Loch des zweiten Stocks wartet der einzige Aufenthalt, den ich mir von der Stadt erhoffe.

NEW ORLEANS

Ich schütte mir meine letzte Dose Bohnen in die Hand und füttere mich; dann ist auch das erledigt. Das Bettzeug gestärkt und gebleicht. Ein Fernsehprogramm mit Hunderten Kanälen. Eine dumme Idee, gerade in so einem Moment mit Köln zu skypen. Soll mir das mal einer erklären, aber es ist wahrscheinlich nur folgerichtig, dass mir mein Mädchen gerade jetzt erzählt, sie habe jemand anderen kennengelernt, und dabei so verwirrt guckt, als kenne sie ihre eigenen Worte nicht mehr; als sei die Ordnung der Welt plötzlich eine andere.

Es ist jeden Tag aufs Neue zu lernen, wenn man in sich hineinhorcht und den Blick auf den Spieltrieb seiner Mitmenschen richtet. Eine Wallung von Drüse und Organ, egozentriertes Habenwollen, Weltentrost und Einsamkeitsbewältigung, gepaart mit einer soziorhetorischen Sehnsucht für Dramatik: Das sind jene unangenehmen Wahrheiten, die vom Geschwätz der menschlichen Liebe übrig bleiben. Allerorts dieselben Szenarien. Die Liebe klettert immer in eine andere Liebe und das All durchwandert immer ein anderes All. Ich bin dieser Frau zu nahe gekommen, um immer wieder fortzugehen. Auf Dauer konnte das nicht gut gehen, und das wusste ich. Das Bedürfnis nach Trost, Zerstreuung und Zweisamkeit ersehnt sich ein neues Objekt, und ich kann es ihr nicht verübeln. Ich bin einfach nicht da und mache wenig Anstalten, es jemals zu sein.

Dieser ganze Scheiß ist allein meine Schuld.

Ich gehe hinunter zum Pool, der den Innenhof aufzuwerten versucht. Immerhin ist da wirklich Wasser drin. Auf einem der Liegestühle liegt ein Kerl und raucht eine nach der anderen, ich hebe die Hand, er hebt die Hand. Damit ist alles gesagt. Ich lege mich in den Pool und stimme mich auf die kommende Woche ein, die mir bereits bekannt ist. Wer es nicht aushalten kann, seine angetrauten Gewissheiten an die Welt zu verlieren und ohne sie weiterzumachen, muss zu Hause bleiben. Die Dämonen des Reisenden lauern ständig, begleiten jeden Weltenmeter und zeigen ab und an ihr finsteres Gesicht. Für die guten Zeiten nicht bezahlen müssen? Das ist unmöglich in dieser Welt, und kindisch obendrein. Depressionen und eine gerade noch auszuhaltende Einsamkeit sind nicht die verkehrte Seite unserer Existenz, sondern inhärenter Bestandteil jedes Lebewesens, das mutig genug ist, den Kopf aus dem Sand zu ziehen, um dem Wasauchimmer der Welt zu begegnen. Lässt sich nicht gerade in unseren Tiefpunkten – die genauso hüllenlos sind wie unsere Seligkeit – eine große Wahrheit erkennen, die es wert ist, ertragen zu werden? Das ist des Wanderers Glück: all die guten Stunden zu küssen, die uns stärken für die schwachen, und mit allem Einverständnis mit den schlechten zu leben, die uns vorbereiten auf die guten. Es gilt, die nächsten Tage ein barbarisches Zittern zu ertragen, das durch keinen inneren wie äußeren Einfluss einzudämmen ist, und *fuck it,* dann geht es weiter wie gehabt.

»Hey Dude«, sagt der Kerl auf dem Liegestuhl, der jetzt am Rand des Pools steht und auf mich herabsieht, »kannst den Scheiß hier nehmen. Ist zwar kaputt, aber tut's noch.« Er schmeißt mir eine halbaufgepumpte Luftmatratze ins Wasser und fragt noch, ob ich rauchen möchte.

Ich lege mich auf das Ding. Es ist perfekt. Es hat gerade so wenig Luft, dass ich etwas untergehe, und gerade so viel, dass mein Kopf und meine Füße noch aus dem Wasser ragen. Er steckt mir eine Zigarette an und sagt: »Nimm dich vor der Rezeptionistin in Acht, sie ist 'n richtiges Biest.«

Rosa Licht streift über den Himmel, dann legt sich die nun grünliche Dämmerung über die *billboards,* die sich von hier aus erkennen lassen, über die Autobahn und das Säbelrasseln der Stadt. Ich könnte mich täuschen, aber das Licht scheint ein Lächeln zu sein, das von der Karibik in die weichen Wolken hinaufgezogen ist, um mit einem gut gemeinten Bild auch sein Ende zu nehmen.

Es ist unfassbar heiß.

Brütend und voller Gesang rauscht die Stadt in den Hof.
Weiter, einfach weiter: Ich treibe über das Wasser und warte ab.

Wir sind vier Leute, die auf unseren *po'boy sandwiches* herumkauen und beobachten, wie er versucht, sein Essen zu schneiden. Das meiste geht daneben. Die Gabel knallt auf den Boden, und sofort stürzt jeder los, um ihm sein Besteck wieder in die Hand zu legen – aber die Inhaberin des kleinen Imbisses hat uns klargemacht, dass der körperlich behinderte Mann hier jeden Tag isst, in seinem physischen Gefängnis bei klarem Verstand ist und nicht will, dass man ihm hilft. »Zeit«, sagt sie, »hat er sowieso genug.«

Trotzdem stehen die Helfer bereit. Gäbe es keine armen Menschen mehr auf der Welt, da können wir uns sicher sein, ginge auch alle Solidarität flöten.

Im kleinen *grocery store* nebenan findet man ihn, einen entzückenden Querschnitt durch die Gestalten, die Nola, wie die Stadt von ihren Einwohnern genannt wird, hervorbringt wie Wasser den lauernden Nebel. Eine rastalockenbehangene Frau hat sich eine Kette um den Hals geworfen, die aus kleinen wie großen Tierknochen besteht, am Gürtelbund eines Halbstarken ist eine Pistole zu erkennen, einige Kerle betrinken sich fröhlich und lachen dem Tag ins Gesicht, von dem sie wie selbstverständlich annehmen, dass er eh nur gegen ihre Existenz aufbegehren wird, Kinder toben durch die Gänge und bewerfen sich mit ihrem Spielzeug, während eines von ihnen konzentriert versucht, die Harmonie des Ganzen mit seiner Flöte einzufangen. Eine extrem fette Frau – wir beiden Hübschen sind die einzigen Weißen weit und breit – stellt dem Verkäufer ihre Zwei-Liter-Flaschen Cola und Schokoriegel auf die Theke. Es mag übertrieben klingen, aber dass ihre Knöchel, diese doch recht zerbrechliche Einheit des menschlichen Bewegungsapparates, diese ungeheure

Masse auch nur einen Schritt durch eine den Gesetzen der Gravitation gehorchende Welt tragen, ist nichts Geringeres als ein verdammtes Wunder der Natur.

Ich mache mich los und streune weiter durch die brütende Stadt, von allem satt und doch ruhelos, zielungerichtet wie in den letzten Tagen auch. Es ist keine morbide Anwandlung, täglich über die verschiedensten Friedhöfe zu schleichen, zumal die Hinfälligkeit der Stadt nie zufällig zu sein scheint: Sie liegen schlichtweg überall in der Stadt aus und es gibt keinen Grund, diese Schönheiten zu umgehen.

Um zu vermeiden, dass während der regelmäßigen Überschwemmungen die Toten aus dem Bauch der Erde fließen, bestehen alle Friedhöfe in New Orleans aus überirdischen Grüften – verschimmelte, vom Zahn der Zeit angenagte Totenhäuser, die die Namen von kaum auszumalenden Geschichten tragen: John Colombo, Marie Nicolosi Comoglio, Faust.

Diese zaubersteinreichen Friedhöfe, auf denen eine extravagante Vergangenheit lagert, und die ganze Stadt sind ein wunderbarer Ort, um ein großes Unwohlsein an der Welt auszuhalten. Jedes Gefühl liegt offen und verstärkt, jeder Blick lässt erschaudern oder himmelhoch jauchzen. Nirgends sind Ruinen so ruinös und das Schöne so elysisch. Aufgeladen durch die Luft und die Geisterbeschwörungen der vergangenen dreihundert Jahre, ist New Orleans eine Stadt, die nichts zu verbergen weiß und alles an den Tag legen muss, um sich nicht zermürben zu lassen. Ein noch immer lebendiger Voodoo-Kult fingert an den Gemütern und Schicksalen, die Shops offerieren ihr *psychic reading* und die Tänze sind von einer Gewalt, die kein Morgen kennen will. Nicht selten fällt der Blick auf einen Menschen, dessen Seele auf halbem Weg in den Körper verhungert ist – zusammengesackt lehnt er an einer Hauswand, und wenn es gewittert, fallen die Junkies halbnackt auf die Straße und bleiben in den Pfützen liegen, da ihnen nichts Besseres mehr einfällt. Die in vielen Bezirken sichtbare Zerstörung durch den Hurrikan Katrina* trägt noch immer zur Armut bei, mit der die meisten Menschen hier geboren werden und sich schon längst abgefunden haben. Was bleibt, ist die Gewalt. In einem Land, in dem fast hundert Menschen pro Tag auf offener Straße erschossen werden, ist Nola die traurige Hauptstadt. Nirgends sonst werden so viele Morde verübt wie in The Big Easy, wie ihr Spitzname lautet.

Etwas begehrt hier gegen das Leben auf, ist unzufrieden, dass der Mensch sich unbedingt zwischen dem zittrigen Buschwerk und all den Wassern, die ihm regelmäßig bis zum Hals steigen, auf Gedeih und Verderb niederlassen musste. Und doch kommt der Spitzname nicht von ungefähr. Dass Nola eben auch eine unverwüstliche Leichtigkeit besitzt, ist der Grund, warum es so viele Menschen in die Stadt treibt, um die Zeit ihres Lebens zu haben – Nola platzt vor Rhythmus und ekstatischer Lebensbejahung. Die Umarmungen sind groß und das Vergessen eine Religion. Der Geburtsort des Jazz steckt wie eh und je voller Musik, und gegen das Angebot an zahlungspflichtiger und kostenloser Livemusik mutet

---

* Es gibt eine interessante Studie, die aufzeigt, dass Hurrikans mit weiblichen Namen wesentlich verheerender sind und dreimal so viele Menschen töten wie die mit männlichen Namen. Natürlich sind die Damen nicht bösartiger, im Gegenteil: Die Menschen gehen nicht davon aus, dass Namen wie Katrina oder Sandy ihnen etwas anhaben können, und treffen wesentlich weniger Sicherheitsmaßnahmen. Katrina, die größte Naturkatastrophe in der Geschichte der USA, wäre so oder so verhängnisvoll gewesen, wobei verhängnisvoll noch milde ausgedrückt ist: Achtzig Prozent der Stadt standen unter Wasser, hunderttausend Menschen verloren ihr Obdach. Es dauerte zwei Jahre, allen Müll wegzuschaffen, und noch immer sind große Teile der Stadt zerstört und verwaist. Es wird nicht das letzte Desaster dieser Art gewesen sein, da der natürliche Schutz der Küstenregion verloren gegangen ist. In der Vergangenheit reparierte der Mississippi die Verwüstungen selbst, indem er neues Land anschwemmte. Nun ist er vielerorts kanalisiert und mit Dämmen versehen, die Sedimente erreichen das Delta nicht und bilden keine schützenden Inseln mehr: Die Küste Louisianas verschwindet im Meer.

Nashville fast wie eine Dorfkneipe an. Der Lebenswille ist uneingeschränkt, ungezähmt der Hedonismus. Pauken und Trompeten ziehen jede Nacht durch die Straßen des alten französischen Viertels, das an Pracht nicht zu überbieten ist. Es ist ein kaum begreifbarer Anblick, wenn ich, wie gewöhnlich von Osten kommend, die architektonisch ereignislose St. Claude hinaufspaziere und plötzlich die Esplanade Avenue erreiche, die von hier aus zu den großen Dampfern führt, die auf dem Mississippi umherschwimmen.

Jedes Haus ist hier ein verwunschenes Schloss hinter Palmen und Bananenstauden, und auch hier blühen die Myrten. Die breite Allee mit ihren majestätischen Häusern, die im Stil der spanischen und französischen Kolonialarchitektur erbaut worden sind, zeigen bereits all den Mittelmeercharme, der das gesamte Viertel mit seiner Schönheit berauscht. Eine verzauberte Welt: Kein Haus gleicht dem anderen, alle strahlen sie in lebensfrohen CMYK-Farbtönen oder elegantem Weiß und zeigen ihre makellosen Säulenvorbauten, die verzierten Baldachine und schweren, gusseisernen Balkone, auf denen die Herren und Damen des Hauses sitzen und, so bilde ich mir zumindest ein, nichts anzufangen wissen mit all ihrer Seligkeit. Musiziert, getanzt und getrunken wird hier die ganze Nacht, und seltsamerweise ist unter der Woche fast mehr los als am Wochenende. Um drei Uhr nachts, nachdem der Rest Amerikas seine Bars und Clubs schon längst geschlossen hat, ist auf der Frenchman Street kein Durchkommen, obwohl der frühe Morgen noch immer schwül ist und uns, die wir nicht nach Hause wollen, träge macht und mit unheilvollen Geistern reizt.

Dylan hat recht, wenn er schreibt, dass eine chronische Melancholie von den Bäumen hängt, derer man jedoch nicht müde wird. Seine Anmerkungen über die Stadt könnten zutreffender nicht sein:

»Hinter jeder Tür findet entweder irgendwas obszön Vergnügliches statt, oder jemand stützt den Kopf in die Hände und weint. Ein träger Rhythmus liegt in der traumgeschwängerten Luft, und die Atmosphäre pulsiert von vergangenen Duellen, entschwundenen Liebschaften, Kameraden, die andere Kameraden um Beistand bitten. Man sieht es nicht, aber man spürt es. Irgendwer geht immer gerade unter.«

Ich habe Amanda in einer Bar kennengelernt, in der sie völlig gelangweilt hinter der Theke arbeitet. Seitdem schaffen wir es jede Nacht, uns zufällig zu treffen und inmitten der Feierwütigen Küsse und ein Verlangen auszutauschen, die niemand auf dieser Welt wirklich gebrauchen kann. Keiner begehrt den anderen, wie man einen Menschen begehren sollte; unsere Liaison ist alles andere als notwendig. Beide sind wir schlicht zu müde, um diese gelähmten Augenblicke der Nähe einfach sein zu lassen.

Am Hinterausgang einer Bar, in der sie früher einmal gearbeitet hat, bekommen wir von ihren alten Kollegen Drinks durch das Eisengitter gereicht. Bald erscheint einer ihrer Kumpel, der sich, so erzählt er, eigentlich geschworen hat, eine Zeitlang nicht mehr vor die Tür zu gehen, da ihm alles zu viel wird.

Im Sommer nimmt die Kriminalität spürbar zu. Amanda erzählt mir, dass selbst im Zentrum und ihrer direkten Nachbarschaft Menschen überfallen und Läden ausgeraubt werden, die sonst als sicher gelten. Auf der Touristenmeile Bourbon Street hat man kürzlich vier Menschen erschossen.

»Die Hitze macht die Menschen verrückt, es treibt sie in den Wahnsinn. Steve hier ist nicht der Einzige, der sich halb im Scherz vornimmt, vor September nicht mehr auf die Straße zu gehen.«

Dann redet sie über Katrina, vielleicht, weil ich sie gefragt habe, ich weiß es nicht mehr. Aus ihren Ausführungen merke ich mir den Satz: »America is the freedom to look ahead« – das sollte genügen für diese Nacht. Als ich bald darauf nach Hause in die Airbnb-Wohnung laufe, die ich mir gemietet habe, klingt der frühe Morgen wie ein Nebelhorn aus dem Dickicht der Nacht; alles verspricht, keinen Schlaf zuzulassen.

Keine eine Stunde noch –
Du
als Ahnung
zweibeingeahnt
und Mittenherz: klem-
mender Raum auf Höhe
des eigenen Lassens.
Und dann noch Stirn
und Brust
usw.

Bestandung.
Siehst nur Gräber
in Augen und Tagen
und schaffst es.

Das Telefon klingelt. Ich höre einen aufgedrehten Vinnie am anderen Ende der Leitung. Ally und er hätten beschlossen, runter nach New Orleans zu kommen und einen drauf zu machen. Sie würden ihre Schwester Gabriella mitbringen und die Pillen gegen sein Aufmerksamkeitsdefizit, die mir so gut gefallen hätten.

Mit dem Versprechen, dass dies die beste Zeit unseres Lebens werde, verabschiedet er sich. Eine golddurchwirkte Wolke flockt in meinen Kopf und stirnt sich gegen das Grau. Die Geschwister Freitas kommen in die Stadt! Ich weiß nichts anderes zu denken, als dass der Himmel sie geschickt hat.

Am nächsten Abend spielt eine Punkband aus Texas im Mudlark Public Theatre, einer experimentellen Bühne, die von einer Okkultistin und Puppenkünstlerin ins Leben gerufen wurde und direkt neben meinem Haus liegt (zwei Monate nach meinem Besuch wird im zweiten Stock ein Feuer ausbrechen und alle Habseligkeiten der Besitzerin vernichten).

In der Sekunde, in der die Musiker die Bühne räumen, stürmt Vinnie in den Laden.

Was für ein Segen, ihn wiederzusehen! Ally parkt den Wagen neben Mister Jefferson, und ich nehme Gabriella zum ersten Mal in die Arme. Wir haben uns in Nashville nur einmal kurz gesehen, zwei oder drei Worte gewechselt, aber das genügte. Schon ihr Geruch ist bekannt, ihr Lächeln, und wie sie sich diese extra Sekunde nimmt für ihre Nachricht; große, runde, braune Augen, die andere Seite der Einsamkeit.

Nachdem sich die drei frisch gemacht haben, ziehen wir durch die Bars, die Vinnie und Ally von ihrem letzten Besuch in Nola in Erinnerung geblieben sind.

»Ich liebe diese Stadt so sehr«, sagt er, »ehrlich, was hier los ist! Ich werde hier hinziehen, mal sehen, was mit meiner Aufenthaltsgenehmigung ist, aber ich will nach New Orleans, Mann, oder ich gehe zurück nach São Paulo. Schau dir das an!« Wir haben den Einzugsbereich der Frenchman Street erreicht und Vinnie zeigt auf den Wahnsinn, der in den Blicken der feiernden Menschen liegt; Ally hat ein Grinsen auf dem Gesicht, das sie den ganzen Abend nicht mehr los wird, und Gabriella und ich seilen uns ab, wann immer es geht, um etwas Zeit für uns zu haben.

Alles beginnt. Die Lichter flackern über unseren Köpfen, in der Ferne wird ein Feuerwerk abgebrannt und die Kapellen und Jazzbands legen sich ins Zeug, als wollten sie die nächsten Unwetter heraufbeschwören. Es ist der Beginn eines neuen Lebens, das hier tagtäglich zelebriert wird, denn jeder spürt, dass es Katastrophen gab und dass weitere folgen werden. Wohlan! All das ändert nichts an dieser Stunde. Sie wird es schaffen, dem vermaledeiten Rest den Garaus zu machen.

Vinnie hat seine Pick-up-Line importiert, die ich schon in Nashville bewundern durfte: »I can't let beauty pass by unnoticed«, ein wirklich übler Spruch, der aber zieht, da Vinnie sein unschuldiges Bübchengrinsen aufsetzt und die Frauen darüber hinaus merken lässt, dass er es tatsächlich ernst meint. Er schleppt uns in Irvin Mayfields Jazz Playhouse, wo Ashlin, ein Freund von ihm und seines Zeichens Trompeter, mit einem Jazzquartett auftritt. Das Licht ist gedämpft, die Sitzecken gemütlich und das Ensemble, das sich dem älteren und entspannten Publikum anpasst, hervorragend. Die Bedienung bringt Whiskey. Gabriella schmiegt ihren Kopf an meine Schulter und streichelt mir den Nacken. Um noch das letzte bisschen Lebstoff zurechtzurücken, spielt die Band Coltranes »Naima«, eine wunderschöne Ballade, die er für seine erste Frau schrieb.

Ich habe mich lange nicht mehr so wohlgefühlt und lasse mich auf den Boden dieser Gegenwart sinken wie jene Lote, die von den Bootsführern in den Mississippi geworfen werden. Die Zeit, gerade noch an Ort und Stelle, langsamt und kommt mit dem Menschen, der nicht weiterwill, da er alles hat, zum Stehen; jede Bewegung um mich herum verkommt zu einem einzigen Moment, in dem die Töne und der Duft, der von Gabriellas Haar aufsteigt, ein und dieselbe fundamentale Wahrhaftigkeit sind. Die Physiker behaupten, dass das Gefühl der Gegenwart drei Sekunden lang anhält – wenn sie wüssten, dass es in Wirklichkeit den Stunden entkommt! Jetzt kann alles passieren. Die Erde könnte aufbrechen und uns alle zu sich holen, oder es fallen alle Masken und wir sehen endlich, dass wir andere Wesen sind auf einem anderen Planeten oder dass es eigentlich nichts von alledem gibt hinter einfachsten Gedanken, von denen wir immer noch nicht wissen, aus welcher Richtung sie in unser Erleben kommen. Aus Blau? Einer Cyanobakterie? Aus dem ersten Grinsen eines Homo habilis, dem Lispeln Ornette Colemans oder aus den Augen von Mönchen, die vor dreitausend Jahren eine leere Wand anstarrten?

Gewiss ist nur eines: Wenn eine Frau ihrem Mann eine Träne vom Gesicht küsst, hat sich die Reise dorthin gelohnt; die Band beendet ihr Set und Ashlin lädt uns zu sich in seinen Hof ein. Der kleine Mann mit dem langen, krausen Lockenschopf entpuppt sich als brillanter Unterhalter. Eine wahre Kunst, hier das richtige

Maß zu finden. Ashlin führt unsere Gespräche, ohne aufdringlich zu sein, ist witzig, ohne auf Klamauk zurückgreifen zu müssen, und dirigiert den ganzen Abend in einer Leichtigkeit, mit der man geboren sein muss.

Zurück auf der Straße, landen wir im Spotted Cat. Ashlin spendiert Whiskey Shots, die man hier tatsächlich runterhaut wie Schnaps. »Tequila«, erklärt er, »trinkt man in Mexiko ja auch langsam, während die ganze Welt ihn in einem einzigen Zug leert. Richtig?«

Tequila hin oder her, ich werde mich nicht daran gewöhnen können.

Die Musiker auf der Bühne wechseln sich ab, auch Ashlin spielt noch einige Stücke, ohne dass die Nacht ein Ende nehmen will. Gabriella blüht. Irgendwann sind wir dann doch zu Hause und teilen uns die abfallende Wärme der Welt. Ein Rausch, der immer aufs Neue vergessen macht, dass die Zeit, der man entkommen ist, uns wieder einholen wird. Sartre schrieb, dass wir in unserem Leben baden, in unserem Blut und unserem Sperma. Der Körper sei ein sehr dichtes Wasser, das denjenigen zu tragen wisse, der sich darin fallen lasse.

Wieder diese Gewissheit: Die Welt würde keinen Krieg kennen, keinen Hass und kein wirkliches Elend, wenn jeder Mensch von einem anderen *berührt* werden würde. An Schlaf ist nicht zu denken. Als der Tag schon längst angebrochen ist, öffnet Gabriella die Tür zum Garten und steht dort in all ihrer Schönheit, fängt den weichen Wind ein und sagt: »Ahh, you should feel this.«

Und man schließt kurz die Augen, um das Einzelne dem Ganzen zurückzugeben. Immerhin waren Milliarden Jahre nötig, um diesen Moment aus der Ewigkeit zu bergen.

***

Schaut man von der Gegenwart auf die Ursprünge Nolas zurück, so macht es Sinn, dass sie zwischen Grüften, einem brütenden Lebenswillen und all den eingeschleppten Mächten in eine Landschaft gebaut wurde, die nicht dazu taugt, besiedelt zu werden.

Der große Fluss hatte seit Ewigkeiten seine Sedimente an der Meeresmündung abgelagert. Endlose Sümpfe entstanden, aber die Wasserstelle war zu perfekt für einen Hafen. Die Franzosen pumpten das Land trocken und bauten und bauten, damit sich die Erde unter den Häusern verdichtet: La Nouvelle-Orléans, 1718 gegründet und nach Philipp II., Herzog von Orléans, benannt, wurde eine umsatzstarke Hafenstadt und bald eine der kosmopolitischsten Städte der Welt.

Die Einwohner kamen aus der ganzen Welt, die Regenten wechselten sich ab: Den Franzosen folgten die spanischen Kolonisten, die den Amerikanern zu Beginn des 19. Jahrhunderts das Recht auf Niederlassung und Handel zugestanden. Dann sorgte Napoleon dafür, dass Frankreich die Kolonien des Mississippi-Gebiets zurückgewann, um sie den Amerikanern für fünfzehn Millionen Dollar zu verkaufen.

Mittlerweile hatte sich herumgesprochen, dass diese Stadt einzigartig ist. Als der weltenbummelnde Architekt Benjamin H. Latrobe fast genau einhundert Jahre nach ihrer Gründung in New Orleans von Bord geht, hört er »einen Klang, eigentümlicher als alles andere, was auf der Welt zu hören ist. Unablässig, laut, rapide. Ein schrilleres Durcheinander von Zungen und Tönen, als es je in Babel zu vernehmen war.«

Schwarz und weiß, braun, gelb, arm und reich und alles darüber hinaus und dazwischen. Neben den französischen und spanischen Kolonisten brachten Iren, Sizilianer und Deutsche ihre Sprachen und ihr Kulturgut über die See. Es waren nicht nur die späteren deutschen Immigranten, die den Hafen anpeilten: Schon im 17. Jahrhundert flohen achtzigtausend Deutsche vor dem Grauen des Dreißigjährigen Krieges. Sage und schreibe zweitausend von ihnen erreichten tatsächlich New Orleans, wo der Rest schon wartete beziehungsweise noch eintreffen sollte: Choctaw und Natchez, Mulatten, etliche Völker des Balkans, Chinesen, Malaien und Filipinos, Flüchtlinge aus Haiti oder Kuba und der Napoleonischen Kriege, freie Schwarze und Yankees; Katholiken also, Juden, Protestanten, Voodoo-Anhänger, Spiritisten, Gottlose sowie natürlich die Kreolen, die Nachkommen jener Menschen, die als Sklaven aus Afrika in die europäischen Kolonien verschleppt wurden: jener versklavte Teil der Bevölkerung, der sich dann sonntags an jenem Ort treffen sollte, der später als Congo Square in die Geschichte einging.

Vor dem Bürgerkrieg war es den Sklaven des Südens weder erlaubt, ihre Sprache zu sprechen, noch ihre afrikanischen Traditionen wie Tanz oder Musik zu praktizieren. Man traf sich in geheimen *hush harbours,* um den letzten Rest der eigenen Identität zu bewahren und die eigenen spirituellen Vorstellungen langsam mit der Idiosynkrasie des Christentums zu kombinieren. Durch New Orleans jedoch wehte ein anderer Geist. Zum einen schafften es die Sklaven, in einschlägigen Tavernen ganze Nächte durchzutrinken und zu tanzen, ohne behelligt zu werden; zum anderen wurde ihnen vom Stadtrat erlaubt, sich öffentlich zu versammeln. Ein wundersamer Anblick für viele Reisende, an einem Sonntag an einer Gruppe von Hunderten Afrikanern vorbeizukommen, die ihren eigenen Markt unterhielten und, nachdem Tratsch, Tausch und Plausch vollzogen waren, Instrumente auspackten, die im Rest des Südens streng verboten waren.

Hier tanzten noch Menschen, die man in ihrem Heimatland in Ketten gelegt hatte, die sich noch erinnerten an den Duft ihrer Heimat, an jahrhundertealte Traditionen, Anbetungen und Lieder. Louis Armstrongs Großeltern erlebten noch die Sklaverei, und gewiss huldigte er auch seinen Vorfahren und den Darbietungen rund um den Congo Square in den Strophen von »I Gotta Right to Sing the Blues«, in denen es heißt: »I gotta right to sing the blues / I gotta right to moan and sigh / I gotta right to sit and cry / Down around the river.« Mit dem Congo Square schuf sich Amerika seine musikalische Zukunft. Der größere Teil zeitgenössischer Musik wird etwas von diesem Ort in sich tragen, insbesondere der Jazz, der sich hier zu Beginn des 20. Jahrhunderts entwickelte. Afrika hatte Amerika erreicht, und nun war es an Amerika, einen uralten Sound gemäß eigenen Prämissen zu verändern.

Die Kirchen öffneten ihre Pforten, damit der Gospelgesang auch auf die Straße fand; die gebeutelten Sänger des Blues, die Mississippi-aufwärts ihre Klimpergroschen damit verdienten, an Straßenecken zu singen und ihre Gitarren zu zupfen, streunten durch die Stadt; Europäer und Asiaten sangen sich die Kehlen wund, wenn der Sommer ihre Seelen zum Schmelzen brachte und die Sehnsucht enorm wurde; orchesterbegleitete Leichenbestatter, Militär-, Blas- und Blechkapellen marschierten durch die Straßen; Minstrels und Varietés zauberten alle Gebärden der Welt hervor, und in den Vergnügungsschuppen spielten Klaviere, Bläser und Trommel den Ragtime unter Aufsicht des ersten Opernhauses, das in Nordamerika errichtet wurde: Der fast bettelarme Louis Armstrong hörte an jeder Ecke neue Musik, als er zu Beginn des 20. Jahrhunderts in diesem göttlichen Hexenkessel aufwuchs und durch eine neue Spielart seiner Eindrücke zum ersten Mal eine neue Melodie fand, die weltweit Karriere machen sollte.

> Der Neger
> mit der Trompete am Mund
> hat dunkle müde Monde
> unter den Augen,
> wo die Erinnerung schwelt
> an Sklavenschiffe
> und aufflammt, wenn die Peitsche
> ihm um die Lenden knallt.
>
> Der Neger
> mit der Trompete am Mund

hat den Kopf voll knisternder Haare
gebändigt,
hat sie gelackt,
bis sie glänzen wie Jett –
wenn Jett eine Krone wär.

Die Melodie
aus der Trompete am Mund
ist Honig
gemischt mit flüssigem Feuer,
der Rhythmus
aus der Trompete am Mund
ist Verzückung,
gekeltert aus altem Begehr.

Begehr
ist Sehnsucht nach dem Mond,
wo der Mond nur ein Scheinwerfer ist
in seinen Augen,
Begehr
ist der Drang nach dem Meer,
wo das Meer nur ein Schnapsglas ist
wie ein Humpen schwer.

Der Neger
mit der Trompete
im feinen Jackett
mit dem blanken Revers
weiß nicht,
auf welchem Riff die Musik
ihre Kanüle sticht
in seine Seele –

Doch leis
wie das Lied seiner Kehle
löst sich sein Stöhnen
in goldenen Tönen.

LANGSTON HUGHES / »TROMPETENBLÄSER 52. STRASSE«

Armstrong erweitert den vorherrschenden Sound mit Soloeinlagen und intensiveren Eigenkompositionen, ohne jedoch den mal schmunzelnden, mal schenkelklopfenden Dixieland-Jazz, der noch immer der Unterhaltung dient, vollkommen zu alterieren – auf den Schiffen, den Straßen und in den Spelunken soll sich nach wie vor amüsiert und getanzt werden. Der Jazz blieb physisch; er sollte den Körper erregen, nicht den Geist. Die großen Veränderungen sollten schließlich andere übernehmen. Jazz wanderte in den Norden und wurde von Chicago, der Windy City, an die West- und Ostküste der Vereinigten Staaten getragen. Vor allen Dingen machte er sich in einer Stadt heimisch, die nur auf sein Auftauchen gewartet zu haben schien. New York sollte im großen Stil dafür sorgen, dass sich wieder einmal alles veränderte und sich die ewigen Melodien, die sich der zeitgenössischen Formen bedienten, weiter in die Welt und das Spannungsfeld des Menschlichen netzen.

Man nahm Abstand von der Welt der Werke und nahm den einzelnen Musiker stärker in die Verantwortung, der sich durch das Beherrschen der Improvisation ausdrückte. Selbst die sogenannten Standards sind nichts als vage Vorgaben. Die klaren Strukturen, in denen sich jeder bewegen konnte, der Noten zu lesen vermochte, lösten sich auf und es blieben Männer und Frauen zurück, die sich stets neu gegenüberstanden und einen Dialog zustande bringen mussten, der sich nur einmal aufsagen ließ und dann vielleicht für immer verschwand.

»Im Jazz wird die offene und dynamische Logik der Verkettung unterschiedlicher Performances explizit, während sie in der Tradition europäischer Kunstmusik seit der Erfindung des Werkparadigmas implizit ist. Kurz gesagt: *Was im Jazz explizit ist, ist in der Tradition europäischer Kunstmusik implizit.*« (Daniel Martin Feige)

Es ist wahrlich amerikanisch, dem Individuum die volle Verantwortung zu übertragen und zu schauen, ob dieses es schaffen wird oder nicht.

***

Daydrinking. Es ist noch nicht mal Nachmittag, Deutschland ist gerade Fußballweltmeister geworden und ich trage die halbe Stadt in meinen Armen; die Küsse sind endlos. Vinnie jedoch verlassen fürs Erste die Kräfte. Er macht sich auf nach Hause, um sich, wie er sagt, nur mal kurz hinzulegen.

Gabriella und ich wandern den Hafen entlang und lassen uns von den letzten To-do-Dingen Allys durch die Stadt navigieren, einen letzten läppschen Kaffee im El Monde und Muschelessen in einem berühmten Restaurant in der Nähe der Bourbon Street. Ein schmatzendes, kreischendes, aus tiefster Seele hervorjauchzendes und von schmelzender Butter ummanteltes Gelage! Die frischen Muscheln und Shrimps sind so hervorragend, dass wir nachbestellen, als läge morgen der Grund des Mississippi auf dem Trockenen. Unsere Bedienung freut sich so sehr über den Appetit und die Erzählungen des deutsch-brasilianischen Gästetrios, dass sie wirklich kurz davor ist, in Tränen auszubrechen. Die Überintonierung des Service findet man überall in Amerika; allerorts überfallen einen die Kellner und Kellnerinnen, als wäre mit der eigenen Ankunft im Restaurant die Welt endlich in Ordnung gebracht worden. Aber diese Frau ist ein Exemplar, wie ich es noch nicht erlebt habe. Unsere Geschichte rührt sie zu Dutzenden »Awesome«- und »How wonderful«-Gesängen, die schrill auf unseren leeren Tellern klappern. Zum Abschied legt sie zuerst beide Hände auf ihr Herz, um sich dergestalt vor uns zu verbeugen. Dann bekommt jeder seine Umarmung und darf sich ein wenig Rührsalsschimmer abholen aus ihren nassen Augen. Amerika, in seiner Albernheit immer auch von aufrichtiger Güte, entlässt uns in das Sodom-und-Gomorrha-Großaufgebot der Bourbon Street, in der tatsächlich jeden Abend die Jesusjünger mit ihren selbst gebastelten Schildern stehen und tapfer gegen die Wirklichkeit der Welt anbeten. Wie erstaunlich müssen sie sich fühlen, eine bessergeglaubte Illusion jener vorzuziehen, die ihnen hier vor die Füße kotzt!

Seine Schwestern kennen Vinnie besser als ich. »We have lost him«, wiederholen sie immer wieder, aber ich will es nicht wahrhaben und versuche weiter, den schlafenden Toten zu wecken. Ich lese ihm brüllend vor. Ich rüttel ihn und erzähle von all den wunderschönen schwarzen Frauen, die gerade alleine auf der Frenchman Street umherschwirren und nur darauf warten, dass ein brasilianischer Sambakönig ihre Schönheit preist. Ich spritze Wasser in sein Gesicht. Erkläre ihm den Weltenverlauf, der durchaus dazu führen könnte, dass dies hier die letzte gemeinsame Nacht unseres Lebens sei, dass wir uns vielleicht nie wieder sähen, wenn er morgen früh von Ally aus der Stadt kutschiert werde. Alles zwecklos. Vinnie murmelt unverständliche Erklärungen und beteuert immer wieder, dass er gleich aufstehen würde, obwohl er weder weiß, wo genau er sich befindet, noch was er mit sich zu tun haben soll. Gabriella zieht mich aus dem Zimmer, und sie hat recht: Wir haben ihn verloren.

Als wir das Spotted Cat erreichen, mischt ein grandioses Gewitter die Straßen auf. Der Strom fällt kurz aus und die Wände beginnen zu wackeln. Wasser, nichts als Wasser in breiten klaren Säulen, und man meint die Pumpen des riesigen Drainagesystems anspringen zu hören, die die unter dem Meeresspiegel liegende Stadt einigermaßen trockenzupumpen versuchen.

If it keeps on rainin' levees goin' to break
If it keeps on rainin' levees going to break

And the water gonna come and we'll have no place to stay
(...)
Oh mean old levee taught me to weep and moan
Oh the mean old levee taught me to weep and moan
Told me to leave my baby and my happy home.

KANSAS JOE MCCOY & MEMPHIS MINNIE /
»WHEN THE LEVEE BREAKS«

Dominick Grillo and the Frenchman Street All-Stars nutzen das Unwetter, um sich mächtig ins Zeug zu legen. Das klassische Quintett mit Ashlin an der Trompete würde sich am liebsten der Elektrizität auf der Straße stellen, um im Bacchusrausch das große Ereignis der Welt musikalisch zu vervollkommnen.

Als die Band eine Pause einlegt, ziehen wir uns in einen Raum im ersten Stock zurück, wo einige klapprige Stühle um einen riesigen Tisch herumstehen und die obligatorische Whiskey-Shot-Runde fällig ist. Großes Husten, als Ashlins Joint von Mund zu Mund reist. Ich bin der Einzige, der nicht raucht, wahrscheinlich, weil ich meinen Lebensunterhalt nicht mit dem Spiel eines Blasinstruments bestreite. Dominick, der Saxofonist und Bandleader, ist ein großer Weißer, der etwas von der Gemütlichkeit Winnie Puhs besitzt. Sein Kopf ist knallrot. Er sei um fünf Uhr früh aufgestanden, erzählt er, um den ganzen Tag fischen zu gehen, und ist sonnenverbrannt und ohne einen einzigen Fang zurückgekehrt. »That's all a poor boy can do«, schließt er lachend seine Erzählung ab, und es kommt zu Heiterkeitstumulten, als schließlich ein Jazzmusiker-Witz gesucht wird, der nicht absolut traurig ist. Die Stimme des jungen Pianisten überrascht mich, denn während des Spiels sitzt er fast schüchtern und in sich versunken auf seinem Hocker und inspiziert aufmerksam seine Kollegen, um sie im rechten Maß begleiten zu können. Seine scheuen Augen und seine Rastamähne erinnern eher an einen bekifften Typen, dem es zu anstrengend ist, ein Hallo über die Lippen zu pressen, doch hier oben sitzt er auf einmal breitbeinig in seinem Stuhl und röhrt mit einer Stimme, die Barry White eifersüchtig gemacht hätte, einen Nola-Slang von Pussies und Hoes durch den Raum, dass ich meinen Ohren nicht traue.

So erzählt jeder seine Geschichten, bis sich Ashlin erinnert, dass ein weiteres Set zu spielen ist. Gabriella steht an der Bar, von wo sie durch den ganzen Raum leuchtet. Die Sache ist einfach: Gabriella ist eine Göttin, eine Pharaonin, die von den einhundertelf schönsten Jungfrauen der Welt in Milch und Honig gebadet gehört. Wenn man mit ihr durch die Stadt geht, weiß man plötzlich um die Annehmlichkeiten eines Königs. Ich werde ihr ewig dankbar sein, dass sie mich aus meinem Loch gezogen hat und nach New Orleans gekommen ist, als hätte sie geahnt, dass ich sie brauchte.

One of these days, I am gonna show you how nice a man can be
One of these days, I am gonna show you just how nice a man can be
I am gonna buy you a brand new cadillac
if you only speak some good words about me.

MUDDY WATERS / »LONG DISTANCE CALL«

Die Bühne bebt unter dem neuen Donner der Instrumente, Stimmen und Unterhaltungen. Es bedarf nur einer kleinen ungezwungenen Geste, eines in den Verlauf des Stückes geworfenen Initialtons, um die Dynamik des gesamtes Abends zu ändern und die Musiker zu Komplizen zu machen. Sie nehmen sich gegenseitig mit auf eine Reise, die sie selbst noch nicht kennen. In seiner ungenauen Form befindet sich alles am rechten Platz, und so weiß man nie, was einen erwartet, wenn man aus dem Haus geht, einen Fuß vor den anderen setzt und die erhitzte Luft der Bars atmet. Heraklits Diktum, dass man nicht zweimal in denselben Fluss steigt, scheint der Sache gerecht zu werden.

Eine Jamsession kommt in Gang; Musiker, die von Bar zu Bar tingeln, begleiten das Quintett oder ersetzen den ein oder anderen Spieler. Ein bulliger Saxofonist bringt sein Horn zum Kochen und würde sich mit der Härte des Betons anlegen, könnte er, wie es seine Absicht ist, zur Decke levitieren. Ein blutjunger Autist, keine achtzehn Jahre alt, nimmt Seans Platz am Klavier ein und begleitet die Combo mit einem Luftklavierspiel; er spielt einige Zentimeter über den Tasten, und nur, wenn alles harmonisiert und auch noch das letzte verloren geglaubte Murmeln des Regens zustimmt, schlägt er die Töne an, hängt sich quer über den Flügel und spielt wie der Engel, den diese Stadt verdient. Der Applaus gleicht dem Gewitter, das vorhin über unsere Köpfe hinwegzog; er beendet sein Stück, setzt sich neben uns und kuschelt den Kopf an den Hals seiner Freundin. Dort lächelt er den Rest der Nacht, trunken vom Elixier der Töne und dieser gravierenden Stadt, die ich vermissen werde wie keine andere.

Gabriella ist nah; ein letztes Mal werden wir durch Nacht und Morgenfrühe gehen und hoffentlich dort in Erinnerung bleiben, wo der Mensch auf eine Vergegenwärtigung trifft, die sich seiner nicht mehr entledigen kann. Man kann nur beten, es von nun an für immer im Herzen zu tragen:

Dieses Nichtaufhören voller Liebe und Tod, die vollmundgebende Welt mit ihren gewaltigen Summen des Tausendverschönfachten und der großen epischen Null, ihr Ganzgewagtes, dessen einziger Sinn darin besteht, ohne unsere Urteile und Meinungen auszukommen, ist also in Ordnung, so vollkommen in Ordnung.

Kapitel 7

Texas

*There are known knowns; there are the things we know
we know. We also know there are known unknowns;
that is to say we know there are some things we do not know.
But there are also unknown unknowns – the ones
we don't know we don't know.*

DONALD RUMSFELD

Eines dieser kostenlosen Stadtmagazine fällt mir in die Hände. Vielleicht sollte man es ernst nehmen, wenn man einmal in siebzehn Leben sein Horoskop liest:

»Ihr lockerer und leichtfertiger Umgang mit Geld wird nicht immer gut ausgehen. Jupiter kann nicht immer unterstützend wirken. Im Juli sollten Sie lieber die Bekanntschaft mit weltlichen Dingen machen – und sich wieder mit Reis und Bohnen anfreunden.«

Das Schwarz-auf-Weiß, das spektakulärerweise davon ausgeht, die Sinnmechanismen eines völlig undurchsichtigen Kosmos aufdecken zu können, hat recht. Ich muss mich auf die Erde zurückholen. Der Vorschuss für das Buch ist verprasst, der Bauch folgenschwer genährt und die Sehnsüchte übersäuert – Zeit, Tausende Kilometer Stein und Wüste zu wälzen. Reis und Bohnen und Erdnüsse also. Und Wasser statt Wein. Ich kaue nur ein halbes Mittagessen hinunter, tanke Mister Jefferson voll und verlasse New Orleans Richtung Westen.

Zum ersten Mal überquere ich den Mississippi, dessen vertrauten Ufern ich so lange gefolgt bin, und sage den bauschigen satten Wolken Lebewohl, die dort oben zu ihm gehören wie das Schmettern der Grillen und Insekten hier unten. Wir halten uns auf der südlichsten Route, die auf meiner Karte aussieht, als führe sie über weite Strecken übers Wasser – wieder diese Stelzen, die die Autostraße tragen und die zwischen den Wasserwegen liegenden Inseln verbinden. Fly-over durch den Sumpf, der einem jenes rare Jauchzen entlockt, Gast sein zu dürfen in unwirtlichen Gefilden.

Durch meine tagesfüllenden Spaziergänge in Nola ist der Work-out im Supermarkt nun ein Zuckerschlecken. Ich hatte meine Einkäufe stets dazu genutzt, mir die Beine in den klimatisierten Hallen zu vertreten. Wenn man sich vornimmt, nicht nur die Gänge, sondern alle Regale eines Walmart abzulaufen, ist man auf jeden Fall wieder froh, an die Luft zu kommen und einen Sitz unter dem Arsch zu haben. Wie viel man auch in so einem Monstrum kauft, man hat immer das Gefühl, versagt zu haben.

Amerikanische Erfindung: Überfluss.

Und Parkplätze, endlos und leer wie die Einkaufszentren selbst.

Einige Küstenvögel und etwas, das aussieht wie der hässliche Bruder der Seemöwe, haben es sich auf Mister Jefferson gemütlich gemacht oder picken an den Gummieinlassungen der Seitenspiegel herum. Ein Burger King wirbt mit »Burgers for Breakfast« und die Straße schlängelt sich hoch bis nach Lafayette, wo Mister Jefferson auf sein neues Zuhause trifft, den Highway 10, der uns bis ans andere Ende von Texas tragen wird.

Ich übernachte noch in Louisiana und bin so früh wach, dass ich bei Sonnenaufgang die Grenze zum Lone Star State überquere. Langsam verändert sich der Körper Amerikas. Der Wald dünnt aus, um Platz zu schaffen für die Grasfelder, Sträucher, Büffelherden und die heißen Winde, die während ihrer Unterhaltungen in den weiten Ebenen von nichts und niemandem gestört werden. Vorbei der flächendeckende Anbau von Baumwolle oder Tabak, Schluss mit dem Dauergrün des amerikanischen Ostens – dies hier ist das Immergroßland des *cattle*, des Viehs, und seiner Cowboys, deren Erscheinen durch großzügig eingezäunte Landschaften und einen Himmel angekündigt werden, der sich von hier aus über die gesamte Erde spannt.

Es wäre zu viel gesagt, endlich einen Tramper aufzugabeln. Der Kerl läuft stur geradeaus und anscheinend nur zufällig am Rand einer Straße. Ich halte an und frage, ob er ein Stück mitgenommen werden will. Stumm klettert er auf den Beifahrersitz und will sich anschnallen, bevor er es sich anders überlegt. Dann sagt er: »Ich bin ein Hopi, weißt du, was das ist?«

Ich nicke und spare mir eine verlautbarte Antwort, da der Hopi die Augen schließt, den Mund leicht öffnet und innerhalb von zwanzig Sekunden zu schnarchen beginnt. Auf seiner Haut glänzt der Schweiß, Staub überzieht seine kurzen Haare. Nach einer Dreiviertelstunde wacht er auf und wischt sich mit dem Handrücken Schlaf und Sabber vom Mund. Er fragt mich, wo wir sind, und ich sage ihm die letzte Ortschaft, an die ich mich erinnern kann.

»Das ist zu weit.«

»Für jemanden, der wohin will?«

»Warum hast du mich nicht geweckt?«

»Du hast geschlafen.«

»Ja, das ist richtig. Lass mich hier raus.«

»Hier?«

»Ja, hier.«

»Ist ein ganz schöner Marsch bis zur nächsten Ortschaft von hier.«

»Hier ist gut.«

Ich halte an. Wortlos steigt er aus und setzt denselben Weg nach Westen fort, den auch ich nehme: schnurstracks drauflos auf diesen endlos ausliegenden Raum, an dem die Wolkenformationen, an der Linie des Horizonts aufgehängt wie fliegende Perlkutter, die Richtung vorgeben.

»Have you reckoned a thousand acres much? Have you reckoned the earth much?« (Walt Whitman). Als sei man auf einem anderen Planeten gelandet, wo alles näher rückt und sich gleichzeitig in den Himmel zu entfernen scheint, liegt hier alles doppelt so groß vor wie noch in Louisiana. Das Land flacht aus, versandet in der Sonne und wird so vollkommen stumm, als wolle es einer großen Wahrheit nahekommen. Der Himmel bringt zweimal so viel Material unter, und Material, das bedeutet Hyazinthblau, eine schwerelos nachhallende Zeit und viel von dieser dunklen Energie, die die Galaxien auseinandertreibt: Hier zwingt sie den Himmel, die mickrige Erde eine mickrige Erde sein zu lassen.

Als wir uns der größten Stadt von Texas nähern, macht sich wieder die Gewalt der menschlichen Schaffenskräfte bemerkbar. Anhand keiner Straßenkarte der Welt lässt sich ahnen, was Houston zu bieten hat. Das ist also Verkehr! Wir fahren fünfundvierzig Minuten auf einer vierspurigen Autobahn durch die nicht enden wollende Stadt – Amerika hat einfach viel zu viel Platz, um so etwas nicht zu bauen.

Ich habe keine Ahnung, wo es genau hingehen soll, aber erst mal sehe ich zu, dass mich Houston wieder ausspuckt und der folgenden Leere anheimgibt. Die Karte bleibt eine Zusammenwürfelung wundersamer Namen, die alle ihr eigenes Versprechen tragen und scheinbar zufällig hier gelandet sind. Corpus Christi, Floresville, New Braunfels, Palestine, Pipe Creek, Athens, Medina. Ich kann mich für nichts wirklich entscheiden, bleibe weiterhin auf dem Highway 10 und werde in jene puritanischen Kämpfe gezogen, die in Texas etwas härter ausgefochten werden als im Rest des umkämpften Landes: »Abortion stops a beating heart«, liest man auf mehrfamilienhausgroßen Plakaten, die den Highway säumen, »We have to talk – God« oder »In the beginning, GOD creates«. Das Zitat aus der Genesis steht unter einer sehr schönen Weltkugel und dem durchgestrichenen Evolutionslogo, in dem Primaten den aufrechten Gang entdecken. »Abstammung vom Affen!«, soll die Frau des Bischofs von Worcester gerufen haben, als sie zum ersten Mal von der Evolutionslehre hörte. »Mein Lieber, hoffen wir, dass es nicht stimmt, aber wenn es stimmt, lass uns beten, dass es nicht allgemein bekannt wird.«

Mister Jefferson rauscht an Columbus, Schulenburg und Weimar vorbei, bis wir allen Ernstes an ein Städtchen kommen, das man Flatonia getauft hat. Man biegt also kurz ab, um sich eine kalte Cola an einer Tankstelle zu besorgen, schlendert am Western-Rathaus vorbei, folgt der Hitze und dem Staub, der von den eigenen Schritten aufgewirbelt wird, ergattert fragende Blicke am *drugstore* und sieht dann das durchfurchte Gesicht eines scheinbar Hundertjährigen, der mit zittrigem Finger in die Weite zeigt, die er zeitlebens bewohnt hat. Einsamkeit, hundert gleiche Meilen links wie rechts, oben wie unten, und die Farm, die man von seinem Vater übernommen hat, der sie von seinem Vater übernommen hat, ja: die Farm, die Überzeugungen und den Revolver.

Vielleicht muss man inmitten dieser großartigen Öde sein, um zu verstehen, dass ein Mensch, der hier wohnt, nicht am eigentlichen Lauf der Welt teilnehmen will. Unbeobachtet und fern der Gesetze, die den Rest der Menschheit vereinen, ist das vierschrötige Gewissen ganz allein für sich verantwortlich. Die Abgeschiedenheit schützt ein eigenes Verständnis der Welt, das keine Fürsprecher braucht und es zu Recht nicht leiden kann, belehrt zu werden. Wer zur Hölle soll einem in diesem Außerhalb erklären, wie man zu leben, zu denken und zu wirtschaften hat! Die Regierung in Washington ist so weit entfernt, wie es die erste amerikanische *frontier* von London war. Es fehlt jeglicher Bezug zu dem, was sich dem Blickfeld entzieht, und niemand kann es den Menschen verübeln, dass sie diesen Ort in der Steppe gewählt haben, um den texanischen Traum zu leben, mit sich und dem eigenen Land allein gelassen zu werden.

Texas, schreibt John Steinbeck, sei eine Obsession.

Niemand, der dem nicht zustimmt, wird es wagen, hier zu wohnen.

»Watch for bowling dust!«, steht auf einem Schild, ein anderes mahnt: »Prison area. Don't pick up hitchhikers.« Mit großer mittsommerlicher Ironie aber sind jene Schilder versehen, die an kleinen Brücken stehen, unter denen im Winter vielleicht mal ein winziger Bach oder kühle Winde durchziehen: »Watch ice on bridges!« und »Bridge can be iced.« Gäbe es hier tatsächlich auch nur irgendeine Form der Abkühlung auf den Brücken, man fände mich nackt auf dem Asphalt wieder.

In Wirklichkeit aber ist die Zeit gekommen, Mister Jefferson aus der Sonne zu nehmen und zu Mittag zu essen. Ich halte in Comfort und finde ein mexikanisches Restaurant, wo ich in dem Moment, als die Bedienung meinen Zauberberg an Reis, Bohnen- und Rühreiermus bringt, an den Nebentisch eingeladen werde.

Der alte Mann nimmt seinen Cowboyhut ab, stellt sich als Tom vor und erklärt, dass wir nun Nachbarn seien, da er in der Nähe von Comfort ein Stück Land gekauft habe. Immer wieder betone ich, nicht aus Comfort zu sein; halb kapiert er es nicht, halb ist es ihm egal. Er schert ihn nicht mehr viel, seine schwindende Geisteskraft und die Durcheinanderbringung der Dinge im Zaum zu halten. Die korrekten Details entfallen ihm, obwohl man spürt, dass alle Geschichten aus seinem Erleben stammen. Er erzählt von seiner Zeit als Pilot, und als wir auf Europa zu sprechen kommen, gibt er zu, in Wirklichkeit Franzose zu sein, nur um sich kurz darauf erneut zu korrigieren: Eigentlich sei er ja Mexikaner.

»Hab mal auf Kuba gewohnt und da zwei kleine Mädchen adoptiert, ich konnte sie nicht mitnehmen nach Honduras, weißt du, das ist kein Land für kleine Mädchen. Das gefährlichste Land der Welt. Aber ich habe Honduras immer geliebt und seine Menschen bewundert.«

Er fragt mich nach der Bedeutung meiner Tätowierungen, und als ich ihm alles erkläre, sagt er, dass er jemanden kenne, der so was für wenig Geld entferne.

»Fair enough«, antworte ich lachend und bekomme eine kleine Mappe gereicht, in der sich allerlei mit beschriebenen Zetteln behangene Fotos befinden. Flamencotänzer in Spanien oder zwei verliebte Teenager auf einer Parkbank. Das Foto zeigt den Moment, in dem sie ihm glücklich auf den Schoß springt. Der dazugehörige Zettel lautet: »Love and happy and ... thinking there's not another human within a hundert miles.« Andere Post-its halten fest, was er während bestimmter Situationen gelernt hat oder warum er das geknipste Motiv gewählt hat. Die Fotos zeigen entsetzte Menschen, die gerade einen Unfall sehen, alte Kirchen oder erhabene Bäume, die mit Zitaten von Edgar Allen Poe versehen sind. Ich blättere so lange durch diese wunderbaren Aufnahmen, bis wir zu seinem Lieblingsmotiv kommen, einer dunklen, schmalen Steintreppe, deren Stufen in der Mitte abgetreten sind.

»Das Foto habe ich in einem irischen Gefängnis gemacht. Siehst du, wie tief die Stufen abgetreten sind, und das ist Stein! Über zweihundert Jahre lang sind dort Gefangene rauf und runter gegangen und haben ihre Geschichte in dem Stein verewigt, indem sie ihn langsam abtrugen. Ihr Schicksal steckt da drin, und das Schicksal ist weg. Tja, das ist der Lauf des Lebens, mein Junge.«

Ein in die Jahre gekommener Poet, dem das Labyrinth seiner Lebenswege die Gegenwart verwirbelt. Die Fotos sind sein an einer vergessenen Stelle eingebuddelter Schatz und gleichzeitig die verbliebenen Wegweiser durch jene Momente seines Lebens, die sonst zu ungeheuren Beträgen verkämen – allzu mächtige Bilanzen, auf die sich ohne visuelle Orientierung nimmermehr zurückgreifen ließe. Nicht nur äußerlich erinnert mich Tom an meinen

Großvater, der ebenfalls in den letzten Jahren derart dement geworden ist, dass er die meisten Dinge nicht mehr richtig zusammenbekommt. Im Falle meines Großvaters aber ist aus einem eher emotionskargen Mann, der sein ganzes Leben lang vor allem Pflichterfüllung und Arbeit im Kopf hatte, ein gutmütiger, übers ganze Gesicht strahlender Mensch geworden, der seine Kinder und Enkel mit freudestrahlenden Augen empfängt und einen herzt, als hätte er sein ganzes Leben lang darauf gewartet, dies endlich tun zu können. Ein Mann, der nun stehen bleibt, wenn er Essen riecht, verzückt die Nase in die Luft streckt und sagt: »Ui, ui, ui, das ist was!«

Die Erinnerungen an meinen Großvater, den ich – wenn überhaupt – in einigen Monaten wiedersehen werde, treiben mir das Wasser in die Augen; Tom sieht das und sagt: »You wanna cry because the world is beautiful, isn't it?«

Er zeigt mir sein halbes Gebiss, indem er einmal breit lächelt und sich zurücklehnt, als wäre nun alles erledigt. Das war es also, das Einzige, was er hat loswerden wollen. Die einfach so zur Schau gestellte Welt, deren Schönheit man entweder bestaunen oder beweinen muss. Ich drücke seine Hand, zahle unsere Rechnung und schlendere durch Comfort, um einen gemütlichen Schatten zu finden. Erdnüsse zum Nachtisch. Schläfrig schnippe ich ihre Schalen gegen die Zweige des Baumes, die mir die Hitze vom Leib halten.

Dann geht es weiter durch texanische Flur – ab und zu zeigen sich alte Ölpumpen, die pumpen, und alte Ölpumpen, die stillstehen. Windräder, ein bisschen Vieh, und neue Schilder, die »Gusty Wind Areas« ankündigen. Die Distanzen machen sich. Lagen erst zehn oder fünfzehn Meilen zwischen den Fastfood-Ketten, die eine Tankstelle und einige Baufälligkeiten zu einer Ortschaft abrunden, sind es nun dreiunddreißig.

Ich fahre und fahre, während die Landschaft immer die gleiche bleibt. Horizont, Wolkerei, Blaustein. Der Tempomat ist eingeschaltet, die rechte Hand hält das Lenkrad still, die linke hängt aus dem Fenster, um den Wind einzufangen. Es geht so sehr geradeaus, dass ich vollkommen wegträume und erst wieder zu mir komme, als im Radio Steve Miller »Time keeps on slippin' into the future« (»Fly Like an Eagle«) singt und ich durch diesen Song zurück in die Gegenwart geholt werde, zurück in die Finger, die am Lenkrad kleben und zurück in das Auge, das die Leere gestohlen hatte. Ich muss lange weg gewesen sein, denn ich kann mich an kein Auto und keine Ortschaft erinnern. Das Licht ist verändert, und der Hals trocken und rau.

Am Straßenrand vertrete ich mir die Beine und klettere anschließend auf Mister Jefferson, um hier oben auszuharren, bis mir eine bessere Idee kommt. Es lässt sich nur darüber staunen, wie voll diese Bilder von Land und Himmel sind, und vor allem: wie stark sie als Gegenwart überzeugen. Es ist, als wäre die Zeit in das wenige der Landschaft geraten und fände nicht wieder aus ihr heraus.

***

Wir verstehen nicht, was den Planeten zur Nacht hin dreht, kennen nicht die prominente Veranlassung, die Millionen weiße Blutkörperchen pro Sekunde in unsere Adern spült, nicht den inhärenten Takt von Diastole und Systole und wissen ebenfalls nicht, warum Großväter geboren werden und sterben. Von allen Rätseln jedoch, die sich unserer auferlegten Existenz offenbaren, sind die größten und faszinierendsten wohl Zeit und Bewusstsein, und obwohl wir so wenig Konkretes zu sagen wissen, ahnen wir doch, dass diese beiden in einer Beziehung jener Art zueinander stehen, wie sie das Wasser mit dem Meer pflegt.

»Was ist also Zeit?«, fragt Augustinus. »Wenn mich niemand danach fragt, weiß ich es; will ich einem Fragenden es erklären, so weiß ich es nicht.«

Natürlich geht das Wesentliche weit über Kant – der die Zeit als eine der Apriorisäten ausmacht, durch die der Erfahrungsstoff überhaupt erst in uns hineingelangen kann – und den Tatbestand der Physiker hinaus, die die Zeit aus den Gesetzen der Thermodynamik erklären und uns sagen können, dass sie just in dem Moment entstand, als das von uns erkennbare Universum vor 13,8 Milliarden Jahren aus einer Singularität geboren wurde, ja dass sie sogar von dem Raum, der sie bereithält wie die Sprache das Wort, nicht zu trennen ist, dass Raum und Zeit eben eine Sache, eine Einheit sind. Nun arbeitet unser Gehirn chronologisch und anhand der Kausalität des Dualismus, die jede Wirkung auf eine Ursache zurückwirken muss*. Da das Vorhandensein des Menschen offensichtlich Anfang und Ende hat und somit jedes Losgehen sein Ankommen beinhaltet, ist hiermit die Schrittweise der Zeit erklärt: Sie kennt für uns nur eine Richtung, läuft linear von A nach Z und ihr Verstreichen ist maßgeblich davon beeinflusst, wie schnell sich ein in der Raumzeit eingebundenes Objekt zu einem anderen bewegt.

Das alles ist natürlich nur eine Seite der Wirklichkeit und lediglich jene, die sich anhand der diskursiv-monologischen Erkenntnismechanismen verifizieren lässt – und somit stets Mono-

---

* Im Übrigen ist Zeit bis hin zum 1/100000000000000000 einer Sekunde in physikalischen Messungen als kontinuierlich nachgewiesen worden. Das deckt sich mit der menschlichen Wahrnehmung. Das niemals starre, niemals gefestigte Gehirn spannt in unserer Chronometer-Kultur anhaltende, kleine Pakete (Zeitquanten) von zwanzig bis vierzig Millisekunden Länge wie an einer Perlenkette auf. Innerhalb dieser Zeitpakete gibt es für uns kein Vorher und Nachher, keinen Anfang und kein Ende. Das Resultat dieser Zeitpaketchen – in einem Abschnitt von ungefähr drei Sekunden aneinandergereiht – ist die Empfindung von Gegenwart.
Aber nicht alle Menschen empfinden die Zeit als chronologisch. Völker wie die Papua oder die Nuer haben ein vollkommen anderes Verständnis von dem, was ist, war oder sein wird. Zeit kann zyklisch sein, interaktiv oder nicht vorhanden – ein gutes Beispiel dafür, dass sie mehr mit dem immateriellen Bewusstsein zu tun hat als mit dem materiellen Gehirn.

logie bleiben wird. Der Reisende aber, der bloß in seinen Meilenstiefeln steckt, ohne auf die Zahl seiner Schritte zu achten, weiß: Das Sein knüpft sich am großzügigsten an den Umstand, den man ganz prosaisch das Aussetzen der Zeit nennen kann, in jedem Fall aber das Aussetzen unserer erlernten, eingewöhnten Beziehung zu dieser fundamentalen Dimension. Unser Zeitgefühl verändert sich bereits frappierend, wenn wir es mit Todesangst, traumatischen Erlebnissen oder tiefmeditativen Zuständen zu tun haben. Die Königsdisziplin aber, um es mit der kalten Spukgestalt der Zeit aufzunehmen, die uns stets bevormundet, ist das Unterwegssein.

Es geschieht etwas mit dem Eigentlichen des Menschen, wenn er sich bewegt. Durch die Geschwindigkeit der Welt langsamt die Zeit für denjenigen, der aus dem Fenster in die vorbeirauschende Welt schaut. Mehr noch. Er löst sich. Löst sich langsam von seiner Geschichte, da ihn die Reise haltlos macht. Selbiges geschieht mit dem Wartenden, der dasitzt und die Welt sich bewegen sieht. Dessen geschenkte Zeit führt dazu (falls er sie nicht mit Zerstreuungen wie Zeitung oder Smartphone zerschlägt), dass er sich ebenfalls von dem lösen wird, was Martin Heidegger das Besorgte nennt.

Wenn Heidegger argumentiert, dass sich das Sein im Besorgten zeitigt, meint er, dass man sich selbst in der Welt schon vorweg ist, und zwar als Sein bei innerweltlich begegneten Seienden. Man ist also schon und findet sich als etwas Seiendes vor, noch bevor man sich nach sich selbst erkundigt hat. Es ist die Struktur der ent-standenen Zeit, also der wörtlich aus dem Stand in die Bewegungen geratenen Zeit, für das Da-Sein schon gesorgt zu haben. Wir sind angekommen, noch bevor wir uns auf den Weg gemacht haben. Da-Sein ist in der Konsequenz der Zeit untergebracht und vice versa, ergo: Sein ist Zeit.

Ob der langen Weile, die sich auf Mister Jeffersons Dach, in einem Zug oder auf einem Bahnsteig wiederfindet, stürzten nun Götter und Dämonen zähnefletschend auf die Erde. Kierkegaard erkannte in ihr die Wurzel des Bösen, bei Heidegger ist es neben der Langeweile unter anderem auch der Zustand der Angst, der »das Geheimnis des Lebens«, die »Unheimlichkeit« des Seinsgeschehens enthält. Die Langeweile wird er eine »Hingezwungenheit des Daseins in die Spitze des eigentlich Ermöglichenden« nennen: Unter ihrem Einfluss vermögen es die üblichen Weltbezüge nicht, uns an das bereits besorgte Sein zu binden. Ein besonderes Gewahrsein tritt ein, das die übliche Art, sich nahtlos in der Welt aufzuhalten, außer Kraft setzt.

Laut meiner Erfahrung existiert entlang der horizontalen Zeit, auf der wir unsere Stunden abklappern, eine vertikal verlaufende Zeit, die eine andere Art der Vergegenwärtigung beinhaltet. Dort, das immer *Hier* ist, ereignet sich ein Sein, das in seiner Intensität all das übersteigt, was in unserer alltäglichen Zeitweise erfahrbar ist.

Und wenn es eine Instanz im Wirkungskosmos des Menschlichen gibt, die stets auf diese vertikale Zeit verweist, so ist es das, was wir grobschlächtig als Intuition begreifen wollen. Sie spricht vom gleichzeitigen Darüberhinaus, vom Noch und vom Aufenthalt des Überbewussten, das ebenfalls und unaufhörlich anwesend ist. Camus schreibt in seinem Sisyphos-Mythos: »So trägt uns im Alltag eines glanzlosen Lebens die Zeit. Stets aber kommt ein Augenblick, da wir sie tragen müssen.«

Wenn Heidegger immer wieder davon spricht, dass wir eben dort ankommen müssen, wo wir uns bereits aufhalten – eine verweilende Rückkehr dorthin, wo wir bereits sind –, so meint er die Vergegenwärtigung dieses In-die-Welt-Geworfenseins, das so zauberhafte Hineingeborensein in die eigene Präsenz. Dass wir hier sind, leben und durch unsere Jahre gehen wie durch Träume, das ist das Wunder, um das sich der Planet bewegt. Es gibt keinen Sinn des Lebens im gewöhnlichen Sinn des Wortes. Die Langeweile, der ambivalente Begleiter des Reisenden, klärt uns auf: Der Sinn allen Seienden ist, dass alles Seiende überhaupt existiert. Unsere Beheimatung finden wir nicht in der Zielgerichtetheit, nicht in der Folgerichtigkeit des Lebens.

Sondern in dessen Ereignis.

***

Die beiden Damen an der Rezeption machen mir den halben Preis. Beide sind, wie mehr als ein Drittel aller Amerikaner, deutscher Abstammung und haben zu sehr Gefallen daran, mich eine halbe Stunde mit ihrer Ahnengeschichte zu unterhalten, um mir noch den vollen Preis abzuknöpfen. Für ein paar Dollar parke ich Mister Jefferson auf dem Wüstencampingplatz, der am Rand von Fort Stockton als Appendix des völlig ziellosen Ortes selig vor sich hindämmert.

Ich räume auf und beseitige den Schlamassel, den die unter der abgehängten Decke hausenden Käfer angerichtet haben, lege mich zum Sonnenuntergang in den Pool und kann mein Glück kaum glauben, als ich frisch und sauber in der Hecktür meines lieben Autos sitze und, anstatt zu schwitzen, von einem warmen Wind umweht werde, der alles in die Arme schließt. Alle Feuchtigkeit ist aus der Luft gewichen. Kein Insekt, kein Moskito. Vollkommen zufrieden beuge ich mich über die Straßenkarte und beschließe, in den nächsten Tagen Mexiko einen Besuch abzustatten.

Kapitel

8

El Paso – Ciudad Juárez

> *Ich habe Gott von Angesicht zu Angesicht gesehen*
> *und bin doch mit dem Leben davongekommen.*
>
> JAKOB, GENESIS (32,31)

Es ist Mittag, als wir das westliche Ende von Texas erreichen. Ich erinnere mich an Mister Jeffersons Zusammenbruch am Lake Watauga und meine Befürchtung, er schaffe es höchstens noch auf einem Abschleppwagen aus Tennessee hinaus. Nun rollt er mit breitester Metallbrust über den Stadthighway El Pasos. Kein Bedarf, die Meilen genau zu zählen: Allein der Weltenunterschied der landschaftlichen Bedingungen beweist mir, wie weit wir gekommen sind.

Nichtsdestotrotz hat die Reise Spuren hinterlassen. Mister Jefferson scheint einige kleinere Scharmützel unter seiner Motorhaube auszufechten; ich beschließe, ihm ein bisschen Wellness zu gönnen, und bringe ihn zu einem Mechaniker in der Nähe des Airbnb-Zimmers, das ich mir für zwei Nächte miete.

In der Wohnung werde ich von Gigi empfangen, einer Freundin des Hausbesitzers, die ein Glas Rotwein in der Hand schaukelt und auf das leere Glas auf dem Tisch zeigt, das neben der halbvollen Flasche kalifornischem Cabernet Sauvignon steht: Es ist für den durstenden Gast bestimmt. Nach Flaschenende führt sie mich durch die äußerst komfortable, zweistöckige Wohnung, die ich für mich allein habe, da beide Hausherren ausgeflogen sind. Gigi verabschiedet sich und schreibt mir den Namen einer Bar auf, in der sie sich heute Abend mit ihrem Freund und einigen Freunden trifft, und ich verspreche, ihnen später Gesellschaft zu leisten.

Mein neues Zuhause liegt in einer mexikanischen Wohngegend im Nordosten der Stadt. Mit der Erlaubnis Gigis schnappe ich mir ein Rennrad und finde den Ron Coleman Trail im Ausläufer der Gebirgskette, die in die Stadt ragt und sie ansatzweise in Ost und West teilt, bevor alles die einzig große Ebene der Chihuahua-Wüste wird.

Das, was da unten ausliegt, ist nicht nur El Paso, sondern ebenfalls seine Schwesterstadt auf mexikanischer Seite, Ciudad de Juárez. Unmöglich zu erkennen, wo die eine Stadt beginnt und die andere endet. Nur das schmale, betonierte Flussbett des Rio Grande liegt irgendwo inmitten der endlosen Betoniertheit und dient als Ländergrenze. 2,4 Millionen Menschen, getrennt durch ein paar schwer bewachte Meter und vereint durch ein bitteres Schicksal. Sechzig Prozent der illegalen Drogen, die von Mittelamerika in die USA geschleust werden, fließen von Juárez nach El Paso – und erzielen pro Jahr einen Gewinn von sagenhaften dreiundzwanzig Milliarden Dollar. Hier ahnt man schon, wer in so einer Gegend alles auf den Plan tritt. Drogenkartelle und die mit ihnen einhergehende Kriminalität haben Juárez noch bis vor Kurzem mit über zehntausend Toten in nur wenigen Jahren zum gefährlichsten und gewalttätigsten Ort der Erde gemacht, während El Paso – schlimmer kann eine Gegenüberstellung nicht sein – eine der sichersten Großstädte der USA ist, und das, obwohl sich hier ebenfalls Gangs wie Barrio Aztecas tummeln, die auf amerikanischer Seite die Drogentransporte entgegennehmen und im ganzen Land unterbringen.

Um der Bevölkerung die Geschichte des eigenen Landes beizubringen, wurden im alten Mexiko *murales* an die Wände öffentlicher Gebäude gemalt – in El Paso sind es neben den Widrigkeiten, aus denen der Lebensweg zu bestehen scheint, vor allen Dingen christliche Symbolik und ein Gnadenbild Marias, Unserer Lieben Frau von Guadalupe, die sich zahlreich an den Häusern finden lassen.

Die Stadt schwimmt im Licht. Die flachen, handbemalten Häuser mit vernachlässigten Vorgärten, die ungezählten mexikanischen Shops und Delis, die Tätowierstudios, Pizzaläden und Automechaniker liegen nichtstuend unter dem Aufdeckmantel des Tages, als würden sie lediglich die präzisen Angaben der Sonnenstrahlen behüten. Ich kreise in größer werdenden Ringen um meine Nachbarschaft, in der altehrwürdige Lincolns und Cadillacs durch die Gassen brummen, die sonst nur von dem Gebell der wüterichen Hunde belebt werden, die hinter den Zäunen kläffen; ich merke mir die zu fotografierenden *murales* und werde vom Heranrollen des Abends überschwemmt, der alles in einen letzten gleißenden Stillstand erhebt. Vögel fliegen in die Schatten, die Sonne küsst das Gebirge. Die Geräuschlosigkeit der Dämmerung flankt über die Hügel und gleitet wie ein stummes Signal ins Becken der Wüstenstadt. Die Welt hält den Atem an für den letzten Akt einer großen Kraft, deren Abschiedsworte die dunklen Wasseraugen hervorbringen, die nun über die Ebene gleiten, um Nacht und Mensch zu betäuben.

Warme, völlig geschlossene Stille, die mit der Kleinodhaftigkeit der Ruhe in etwa so viel zu tun hat wie die Sonne mit einem Lagerfeuer. Ich kann es noch nicht wissen, aber es werden solche Abende sein, die mich Tag für Tag neu an die Stadt binden werden.

Dann Dunkelheit. Mit dem Fahrrad geht es hinab in die Stadt, kilometerlang die North Piedras Street hinunterrollend und immer auf diesen glühenden Teppich zu, der zu gleichen Teilen aus mexikanischem Begehr und amerikanischer Apathie besteht. Elektrisches Licht, soweit das Auge reicht. Drüben der Wunsch, alles hinter sich zu lassen, was das Leben zu bieten hat. Und hier die nüchterne Präsenz El Pasos, das sich wunderbar mit sich selbst langweilt.

Auf der Außenterrasse des Monarch treffe ich Gigi, ihren Lebensgefährten Sergio und einige ihrer gemeinsamen Freunde – allesamt Mexikaner, die seit langer Zeit in El Paso leben. Es gibt tatsächlich Bitburger in Flaschen. Nach fast zwei Monaten amerikanischen Biers werde ich nicht müde, den kühlen Hopfengott in meinen Händen in solch überzogenen Tönen zu preisen, als hätte ich die theoistische Zauberformel, die zu seinem Brau vonnöten ist, eigenhändig aus den illuminierten Händen Vater Abrahams entgegengenommen. Noch ein verloren gegangenes Evangelium! Meine Zuhörer stimmen mir zu, und ich gebe die erste von vielen Runden.

Wir quatschen über alles Mögliche, bis mir Hector seine Geschichte erzählt. In den USA leben Millionen illegaler Mexikaner, die als hart arbeitende Schatten die Wirtschaft am Leben halten. Dreiundfünfzig Prozent besitzen keine offiziellen Papiere. Bringt man sein Auto zur Waschanlage, späht man über die Obst- und Gemüseplantagen, in die Abfertigungshallen der Industrie und in die Küche nahezu jeden Restaurants – überall findet man diese billigen Lohnarbeiter, die trotz ihres lausigen Stundenlohns von ein paar Dollar froh sind, überhaupt einer bezahlten Arbeit nachgehen zu können, beziehungsweise keine andere Wahl haben, wenn sie dort bleiben wollen, wo sie gestrandet sind: im harten Schoß des gelobten Landes. Würde man sie fair bezahlen, offiziell einstellen und sozialversichern, könnten sich etliche Unternehmer und Gastronomen ihre Angestellten nicht mehr leisten. Die noch immer größte Wirtschaftsmacht der Welt ist auf ihre modernen Sklaven angewiesen, um Zahlen zu liefern.

Jeder nickt in sein Bier, als Hector davon zu sprechen beginnt, dass die Mitglieder unserer Runde allesamt privilegiert sind, was bedeutet: ausgebildet und qualifiziert. Hector hat gelernt. Der groß gewachsene und gut aussehende Kerl, dem das klare Denken und die Intelligenz schon in Stirn und Nase geschrieben stehen, arbeitet seit acht Jahren als Buchhalter bei derselben Firma. Sein Englisch ist wie das aller anderen makellos.

»Aber obwohl ich hier mein Geld verdiene, und so gesehen gutes Geld: Ich darf nur in Amerika bleiben, solange ich diesen Job habe. Geht meine Firma pleite oder beschließt man, mich nicht mehr haben zu wollen, wartet die andere Seite des Zaunes auf mich.«

Ob ihn das nicht belaste, frage ich ihn, immerhin investiere er hier in sein Leben, besitze ein Haus, ein Auto etc.

»Als Einwanderer hat man das Los gezogen, doppelt so hart arbeiten zu müssen, um es zu schaffen. Und dennoch kommen wir alle aus demselben Grund hierher: weil es hier überhaupt eine Möglichkeit für ein besseres Leben gibt. In Mexiko sind einem die Hände gebunden. Für uns alle bedeutet der amerikanische Traum ja nur, dass man eine Wahl hat.«

***

San Pedro Sula. Immer wieder taucht der Name jener Stadt auf, die es geschafft hat, Juárez als den gefährlichsten Ort der Welt abzulösen. Und immer ist es folgende Geschichte, die sich an anderen Orten in Honduras, El Salvador oder Guatemala wiederholt:

Region und Stadt werden von schwer bewaffneten Kartellen regiert, die sich im außer Kontrolle geratenen Drogenkrieg rivalisierend gegenüberstehen. Die alltäglichen Zustände ähneln einem Kriegsszenario. Polizei und Armee sind derart überfordert, korrupt oder nervös, dass sie beinahe auf alles schießen, was sich falsch bewegt. Die verhängnisvollen Umstände bilden für Jugendliche keine einzige annehmbare Alternative: Entweder sie schlagen sich auf eine der beiden Seiten des Bandenkrieges (der sie das Leben kosten wird), oder sie werden hingerichtet, weil sie das Bandenleben verweigern. Oder sie fliehen. Fliehen in das Land im hohen Norden, von dem es heißt, es schicke Kinder, die ohne ihre Eltern über die Grenze kommen, nicht wieder zurück in ihre verfluchte Heimat.

Abertausende Eltern sehen keine andere Wahl, als ihre minderjährigen Kinder allein auf die Reise zu schicken oder ihre wenigen Mittel in dubiose Schlepper, *coyotes* genannt, zu investieren. »Die Bestie« nennt man die Güterzüge, auf denen die oft noch nicht mal pubertierenden Flüchtlinge irgendwie versuchen, die andere Seite des Rio-Grande-Tals zu erreichen. Seit 2006 sind siebzigtausend minderjährige Jungen und Mädchen auf dieser Odyssee ermordet, verschollen, vergewaltigt und von Menschenhändlern versklavt worden.

Obama spricht zu Recht von einer humanitären Krise, denn das Gerücht der Amnestie für Kinder hält sich hartnäckig. Allein in der ersten Hälfte des Jahres 2014 sind fünfzigtausend Kinder unbegleitet über die Grenze gekommen, Zehntausende mehr gemeinsam mit ihren Müttern. Der texanische Gouverneur Rick Perry machte daraufhin die Nationalgarde mobil, um der vermeintlichen Tatenlosigkeit Washingtons mit ungeschöntem Militarismus zu begegnen. Unterstützt wird er vom inoffiziellen Sprachrohr der amerikanischen Rechten, dem Fernsehsender Fox News, dessen Wahrheitstreue und Unvoreingenommenheit ungefähr auf dem Niveau des nordkoreanischen Parteifunks liegen. Es bedarf keiner vollen Stunde vor dem Fernseher, um selbst den pazifistischsten Bürger mit der Knarre in der Hand jenen Endkrieg erwarten zu lassen, der von den Moderatoren des Senders ununterbrochen angekündigt wird. Kein Wunder, dass mit dem Aufstieg von Fox News zum populärsten Nachrichtenportal eine ganze Armee an Politik- und Nachrichtensatiren geboren wurde – Jon Stewarts »Daily Show«, Stephen Colberts »Report« oder Bill Mahers »Real Time« sind nur wenige, die ihre Sendezeiten dem beispiellosen Populismus von Fox News verdanken, welche im Fall der illegalen Einwanderer aus den Horrorszenarien kaum herauskommen. Alles schleppen sie in die USA: Schweinegrippe, Tuberkulose, Flöhe und Läuse und Hepatitis. Es ist nur eine Frage der Zeit, bevor die Wissenschaftler des Senders herausfinden, dass die Einwanderer auch Prostatakrebs, Leninismus, Frost, schlechte Laune oder Turban-Religionen übertragen.

Kein anderes politisches Thema beherrscht den Sommer so sehr wie das Gezetere um die Einwanderung – in einer Nation, in der bis auf die indigenen Völker alle Einwohner Einwanderer sind oder Nachkommen derselben. Die Hälfte der empörten Bürger hat den Eindruck, dass hier das Fass – bereits gut gefüllt mit radioaktiven Wassern wie flächendeckender Krankenversicherung, Homo-Ehe oder Umweltschutz – erneut zum Überlaufen kommt. Dementsprechend verlangt Sarah Palin ein Amtsenthebungsverfahren gegen Präsident Obama. Seine Grenzpolitik sei der, in ihrer ruinösen Redegewandtheit wahrhaft ominöse, »last straw that makes the battered wife say ›no más‹.« Gäbe es Republikaner, die ihrer simplen Gesetzesgrundlage von »Genug ist genug!« nicht zustimmten, fehle es ihnen laut Palin an *cojones:* den Oliver Kahn'schen Eiern.

»Als junge Nation sind wir schon müde, voll von Zweifeln und Befürchtungen und haben nicht die geringste Ahnung, welchen Kurs in der Weltpolitik wir einschlagen sollen. Wir sind anscheinend nur noch zu einem fähig: uns durch Spritzen aufzupulvern und uns bis an die Zähne zu bewaffnen.« (Henry Miller)

Die Einwanderungspolitik ist nur eines von etlichen Themen, das zeigt, wie tief gespalten und parolenanfällig das amerikanische Volk ist. Der Republikaner Newt Gingrich hat alle kommenden

Generationen von Politikern geprägt, indem er wie kein anderer begriff, welche Rhetorik die Wähler hören wollen. Seinen Wahlhelfern und republikanischen Kollegen gab er eine Liste von Wörtern an die Hand, in deren Licht man sich stets rücken müsste. Sie beinhaltet zum Beispiel Worte wie Durchsetzungsvermögen, Common Sense, Erfolg, Familie, Freiheit, Feldzug, harte Arbeit, Kinder, Moral, Mut, Stolz, Reform, Stärke, Verpflichtung, Vision, Wahrheit.

Wann immer es um den politischen Gegner geht, greife man jedoch zu Betrug, bizarr, Bosse, Bürokraten, erbärmlich, Gewerkschaft, inkompetent, korrupt, krank, links, Lügner, Schande, stehlen, Steuern, Verfall, Verräter, Wohlfahrtsstaat, Zerstörung oder Zwang.

Das reicht. Eine solche Grammatik gewinnt, egal um welches Thema es geht, egal was sich aus Fakten verstehen ließe. Längst haben die Demokraten dieses Vokabular ebenfalls angenommen, da es die einzige Möglichkeit ist, im politischen Geschäft seine Gewinne einzufahren. Die Demokratische Partei als flächendeckend liberal und progressiv zu bezeichnen ist genauso falsch wie die Republikanische Partei konservativ zu nennen. In einem Land, in dem eine nicht vorhandene Parteienlandschaft eben auch keine Opposition hergibt, liegen die beiden einzigen Parteien in Wahrheit viel enger zusammen als auseinander. Und doch: Trotz aller Gemeinsamkeiten gibt es eben nur diesen einen Gegner.

Das republikanische Lager hat sich im Zuge des zu beherrschenden Machtspiels gütlich darauf eingeschossen, Obama als verschwörerischen, muslimischen Marxisten zu porträtieren, der Amerika mit allen Unheilsmitteln abschaffen will, und die Demokraten wettern bei jeder Gelegenheit gegen den modernen Feudalismus der Republikaner, obgleich sie sich selbst genauso stark von der Lobbyarbeit nähren, die heute so massiv wie nie zuvor die Ausrichtung der amerikanischen Politik bestimmt. Hand in Hand geht es Stirn an Stirn. Exakt seit der Stunde der Amtseinführung

Obamas haben sich die Republikaner auf eine Blockadepolitik eingestellt, die dazu geführt hat, dass der derzeitige Kongress tatsächlich der uneffektivste in der Geschichte der USA ist.

Stehen die Küstenstaaten von Ost und West mit ihren kosmopolitischen Städten, ihren Kunstzentren und gemäßigten Klimazonen für das gebildetere, tendenziell demokratische Amerika, so existiert der Staat Texas schon immer stellvertretend für den Mittleren Westen und alle *sun* und *bible belts* Amerikas, die sich fest in republikanischer Faust befinden. Texas hat wahrscheinlich schon republikanisch gewählt, als Maria mit Jesus schwanger ging. Demnach sind Abtreibungskliniken ein Werk Luzifers und das Tragen einer Waffe eine patriotische Pflicht, die (als Recht) nicht umsonst in der Verfassung verankert ist.

Als im Januar 2015 der neue Gouverneur Greg Abbott seinen Amtssitz in Austin bezog, legte er auch im Internet seinen Eid ab. Auf Facebook teilte er ein Foto von einer Handfeuerwaffe, die schussbereit auf der Bibel ruht. Dies seien die zwei Dinge, so las sich der Begleittext, die jeder Amerikaner beherrschen müsse.

Kein Wunder also, dass im Argyle Independent School District im Norden Texas mittlerweile auch Lehrer mit Waffen ausgestattet sind. Bei ihrer Jahresversammlung stimmten die texanischen Republikaner ebenfalls dafür, Homosexuelle künftig mit Psychotherapien heilen zu wollen. Bröselt man nun noch mit dem Diktat des »Praying the Gay Away« den lieben Gott in die fade Suppe, die aus primitivstem Reaktionismus, permanenten Angstzuständen und Weltfremdheit hochgekocht ist, hat man die drei Gs beisammen, die die persönliche und politische Agenda bestimmen: *guns, gays and God.*

Der Pastor Peter J. Gomes fasste einmal die Gesinnung seiner Mitmenschen mit der süffisanten Aussage zusammen, Amerikaner verabscheuten jede Art von Komplexität. In einem Land, in dem achtundvierzig Prozent die auf Fakten und Vernunft beruhende Evolutionslehre als ein Werk des Teufels ablehnen und achtundsechzig Prozent glauben, genau diesem schon einmal begegnet zu sein, ist es also nicht verwunderlich, dass der Reduktionismus auf einfachste Parolen auch politisch gescheit ist. Der weise Satz Thomas Jeffersons, dass jener Staat der beste sei, der sein Volk am wenigsten regiere,* ist im Gedankengut des rechtslastigen Amerika so weit pervertiert worden, dass Anhänger der mittlerweile sehr einflussreichen Tea Party – des militanten Ablegers der Republikaner – bereits die Regierung an sich zum Teufel schicken wollen. Denn ob Krebsforschung, Krankenversicherung, Verbraucherschutz oder Evolution: Keines dieser Worte tauche in der 1787 von den Gründungsvätern vorgelegten Verfassung auf.

Schon der erste Präsident der Vereinigten Staaten, George Washington, begriff:

»Die Vereinigten Staaten scheinen von der Vorhersehung dazu bestimmt, der menschlichen Größe und dem menschlichen Glück eine Heimat zu geben. Das Resultat muss eine Nation sein, die einen bessernden Einfluss auf die ganze Menschheit ausübt.«

Thomas Jefferson sollte sich dem anschließen, indem er davon ausging, dass hier eine neue Möglichkeit der Menschwerdung den Weg der Geschichte ebnet, dem bald hoffentlich die ganze Welt folgen würde. Abraham Lincoln nannte Amerika gar des Menschen letzte Hoffnung. Dieses Sendungsbewusstsein ist auch an dem aktuellen Präsidenten nicht vorbeigegangen. Obama: »Als Amerika heißen wir unsere Aufgabe, zu führen, willkommen.« Und weiter: »Wenn es irgendwo auf der Welt Probleme gibt, dann ruft man nicht Peking an und auch nicht Moskau. Man ruft uns an.

---

* Laotse: »Je mehr es Dinge in der Welt gibt, die man nicht tun darf,
   desto mehr verarmt das Volk.
   Je mehr Menschen scharfe Geräte haben,
   desto mehr kommen Haus und Staat ins Verderben.
   Je mehr die Leute Kunst und Schlauheit pflegen,
   desto mehr erheben sich böse Zeichen.
   Je mehr die Gesetze und Befehle prangen,
   desto mehr gibt es Dieb und Räuber.«

Das ist immer so. Amerika führt. Wir sind die unverzichtbare Nation. ... That's how we roll.«

Das Dogma, Einwohner des gelobten Landes zu sein, sitzt so tief in der Psyche der Amerikaner wie Gewalt, Hunger und Schnaps. Die Außenpolitik Amerikas beweist diesen geopolitischen Solipsismus seit dem Ende des Zweiten Weltkriegs – die Vorstellung von der eigenen Vorstellung endet immer wieder in der Gewissheit, Gerbstoff und Wirkgewalt einer göttlichen Weisung zu sein. Besitzen andere Länder sogar ein größeres Maß an demokratischer Freiheit (www.freedomhouse.org), bleibt die Unantastbarkeit der USA dennoch erhalten. Denn letztendlich ist Gott das Totschlagargument, das fegefeuerartig über alle anderen hinwegzieht. Amerika ist eines der wenigen Länder, in denen religiöser Fundamentalismus seit jeher durch demokratische Wahlen abgesegnet wird. Der Prediger Joel Osteen erntet den Applaus von Millionen Menschen, wenn er sagt, es entmutige und frustriere nur, die Dinge verstehen zu wollen – man solle einfach nur glauben.

Eine bessere Beschreibung der amerikanischen Seelenlage wird sich schwer finden lassen. Ist Gott laut Kants schönem Ausdruck noch eine regulative Idee, ist aus der Idee eine Absolution geworden. Es ist in vergleichbar extremistischen Ländern wie dem Iran oder Israel zu beobachten, dass derjenige, der Gott an seiner Seite weiß, von der Verpflichtung befreit ist, auf die Stimmen der Vernunft, der Demut und des Mitgefühls zu hören – also auf alles, was uns zu Menschen macht. Ein guter Satiriker würde sich die Mühe machen, aufzulisten, in wie vielen gesellschaftlichen Fragen (Waffenrechte, Schwangerschaftsberatung, die Gleichstellung Homosexueller, Einwanderung, Frauenrechte, Wissenschaft, säkulare Bildung etc.) der islamische Gottesstaat des Iran und das republikanische Kernland bedingungslos übereinstimmen. Derselbe Satiriker würde ebenfalls nur darauf warten, dass man ein verschollenes Evangelium findet, in dem der Staat Missouri erwähnt wird, wäre es nicht schon in die Hände eines gewissen Joseph Smith gelangt. Seinem grotesk scharlatanischen »Buch Mormon«, in dem es tatsächlich auch um die Besiedlung Amerikas geht, huldigen allein in den USA 6,3 Millionen Menschen als ihrer religiösen Instanz.

Man muss kein Prophet sein: Käme Jesus tatsächlich zurück auf die Erde und zöge barfuß und sanftmütig durch Tennessee oder Texas, seine Botschaft von Verbrüderung und Nachsicht erfüllt, seine Predigten voller tränenreicher Bekundungen, das ein jeder seinen Nächsten bedingungslos zu lieben habe, da wir alle die Kinder eines barmherzigen Gottes seien ... – er würde wahrscheinlich nicht lange überleben. Die Geschichte würde sich wiederholen.

> *Jesus was a Capricorn*
> *He ate organic foods.*
> *He believed in love and peace*
> *And never wore no shoes.*
> *Long hair, beard and sandals*
> *And a funky bunch of friends.*
> *Reckon we'd just nail Him up*
> *If He came down again.*

KRIS KRISTOFFERSON /
»JESUS WAS A CAPRICORN«

Allerdings braucht es keine erneute Erdenwanderung des Messias, um festzustellen: Die USA sind nicht religiös – die USA *sind* Religion. Mit einem extremistisch ausgelegten Christentum ist der Stand nicht erklärbar, in den sich das Land immer wieder selbst hievt. Der Fokus der blinden Verehrung ist im Lauf der Jahrhunderte immer mehr von der Religion auf das Innere der Landesgrenzen selbst übergegangen: »Gott segne Amerika« bedeutet, Gott hat der Welt Amerika geschenkt – der heilige Vater hat neben seinen anderen Bewerkschaften vor allen Dingen diesen Landstrich gewollt,

EL PASO – CIUDAD JUÁREZ   183

über den die wüsten Winde fegen. So kann Sarah Palin, immerhin ehemalige Kandidatin für das Amt der Vizepräsidentin, auf einer Versammlung der Waffenvereinigung NRA munter behaupten, nach ihrem Dafürhalten sei *waterboarding* die beste Art, Terroristen zu taufen. Wer hier statt einer Gläubigen Amerikas eine Christin hört, befindet sich auf dem Holzweg. Doch niemand hat die radikale Unbesonnenheit Amerikas besser auf den Punkt gebracht als der ehemalige Vizepräsident Dick Cheney, der unter George W. Bush die Folterungen der CIA absegnete. Auf ebenjene Folterungen, den andauernden Terror und die von den USA verübten Morde angesprochen, denen allein in den letzten Jahren Zehntausende völlig Unschuldiger zum Opfer fielen, gab er mehrmals nur die eine Antwort, mit der sich eben Angriffskriege auf der ganzen Welt einleiten und sogar vor Gott legalisieren lassen: Wirklicher Terror sei es nämlich, Flugzeuge in ein Hochhaus zu jagen, um Amerikaner zu töten.

> *Oh my name it is nothing*
> *My age it means less*
> *The country I come from*
> *Is called the Midwest*
> *I's taught and brought up there*
> *The laws to abide*
> *And that the land that I live in*
> *With God on our side.*

BOB DYLAN / »WITH GOD ON OUR SIDE«

***

Den ganzen Tag legt er die Füße hoch und schläft. Zu Recht. Nichts erschwert das Leben in El Paso so sehr, wie ungünstige Gedanken zu hegen oder sich auf die Anwesenheit des Tages beziehen zu müssen. Das vor seiner Garage aufgebahrte Gerümpel kommt gut ohne ihn aus. Ein rostiger Tischventilator, nur von Insekten durchstöberte Groschenromane, zerbrochenes Werkzeug, alte Öldosen und ein Teppich, der aussieht, als habe man auf ihm den Streit, den Tanz und die Liebe von einem halben Dutzend Generationen ausgetragen.

Da mich interessiert, ob es tatsächlich Menschen gibt, die überhaupt einmal ihren Augenschein über seinen *yard sale* werfen, leiste ich ihm oft Gesellschaft, wenn ich einfach nur herumsitzen oder lesen will. Bemerkt hat er mich noch nie. Es kann höchstens sein, dass er unter seinem ins Gesicht gezogenen Cowboyhut einmal kurz aufstöhnt, sich im Schritt kratzt und seinen Bauch tätschelt, als vertriebe er damit das Knurren aus seinem Magen. Was hatte Diogenes einst verkündet, als er vor seiner Tonne stand und onanierte? – Ach, wäre es doch auch so einfach, man streichelte sich über den Bauch, und der Hunger verschwände!

Man sollte den Amerikanern verklickern, dass von den Mexikanern keine Gefahr ausgeht.

Ist El Paso ein trauriger Ort? Gibt es nur die leeren, hohen Bankgebäude in seinem Zentrum und sonst nur Rand? Wirkt die Stadt so verlassen, da ihr etwas fehlt? Ich jedenfalls fühle mich so wohl wie schon lange nicht mehr. Alles an der Stadt tut mir gut, und es lohnt sich der Mühe nicht, herauszufinden, warum. Seit zwei Tagen bin ich mit dem Rad unterwegs, um Wandmalereien aufzustöbern und über die Kirchen zu staunen, die endlich wie selbige aussehen: prunkvolle, wetterverwaschene Basiliken aus dickem Stein, der die Gebete in seinen Reihen hält.

Ruhe und Gelassenheit. In den Cafés wird man aufgefordert, einen netten Kommentar im Gästebuch zu hinterlassen, und auf den *open mics* singen sich Teenager ihren hübschen Weltschmerz vom Herzen. El Paso gibt sich zum Glück keine Mühe, hip sein zu wollen. Es ehrt diese Stadt über alle Maßen und offenbart ihre große Seele, dass alles, was hier reichen muss, eben auch ausreichend ist.

Immer wieder treffe ich Gigi und Sergio, um ein wenig gemeinsame Zeit in die Langsamkeit des Tages zu streuen; meine eigentliche Beschäftigung aber ist es, auf den späten Nachmittag zu warten. Man muss es nur schaffen, sich zwischen sechs und sieben Uhr auf einem gemütlichen Stein niederzulassen, und schon weiß man, dass es zum Wohlerhaltensein nichts weiter braucht als diese vom Himmel strahlende Mittsommersonne; man badet in ihr wie in einem Elixier. Die Anteilnahme trägt die Seele heimwärts, und vielleicht ahnt man deshalb, dass es weniger obszön ist, an einem solchen Ort zu sterben – wenn es so weit ist, blinzelt man in die Sterne, ohne zu frieren.

Es ist eine Lüge, dass es jemals etwas anderes gab als dies. Sonne, Mensch, heißen Stein, einen Herzmuskel, der das Blut durch den Körper schickt und ein Bewusstsein, das da ist, um all dies zu bemerken. Das Sehen sehen. Haut fühlen. Atem trinken: Alles andere ist nur hinzugedichtet und kann genauso gut aus der Welt genommen werden, ohne dass ihr etwas fehlte. Glück, das ist nun mal eine einfache Sache:

Es existiert ein Planet unter den Füßen, am Morgen lässt sich einwandfrei kacken, da die Darmflora intakt ist, der Himmel ist blau und das Dach, das man über dem Kopf hat, wird im Lauf des Tages nicht durch einen Krieg zerstört. Essen! Der Rest vom Glück ist nie vollständig und eine erstunkene Sache. Wenn überhaupt, geht es um Zufriedenheit, um das Innigsein, das Gedanken an Gott und Milliarden verstrichene Jahreszeiten miteinander führen, um Farbverwehungen, Wortzipfel, Vorstellungen von Licht und Schatten und das Maß, das das Unausweichliche an uns nimmt. Ein sich behutsam entfernendes Verlangen, so real wie das Wegesrollen der Wolken. Ein andersgedachtes Übrigbleiben. In den Worten von Marguerite Duras: »Glück, das heißt, ich bin ein bisschen tot. Ein bisschen abwesend von dem Ort, an dem ich spreche.«

»Rost«, sagt der mexikanische Mechaniker. »The car is kinda old.«

Er habe hier und da etwas gereinigt, Öl gewechselt und alles einmal nachgezogen. Alles okay. Ich bezahle eine bescheidene Rechnung, führe Mister Jefferson herum und erzähle ihm ausführlich, was ich in den letzten Tagen getrieben habe. Er scheint sehr zufrieden über die kleine Entgiftungskur. Ich könnte ihn nun durch die Sahara jagen, und er hätte nichts dagegen.

Am Nachmittag rolle ich mit dem Rennrad runter zu Sergio, der meistens sein Atelier auf und ab läuft oder über seinen Gerhard-Richter-Katalogen brütet. Ich klopfe an und trete in den großen, mit Sergios impressionistischen Bildern vollgehangenen Arbeitsraum, ohne dass er mich bemerkt.

Langsam blättert er durch ein mexikanisches Geschichtsjournal, als fresse er an einer großen Idee.

»Mister Sergio!«

Er zuckt kurz zusammen, grinst und zischt um die Ecke, um Tee zu machen.

»Wenn du willst, kannst du die nächsten Tage hier auf der Couch pennen«, sagt er, und ich nehme dankend an. Gigi hat mich noch einen Tag umsonst in der Wohnung hausen lassen, morgen aber kommen neue Gäste. Und ich habe keine Lust, das wohlgesonnene El Paso zu verlassen.

Nachdem die Dame des Hauses eingetroffen ist, bereiten wir uns auf unsere Nachttour vor und schnallen die Räder an Sergios Karre. Unser Ziel ist Las Cruces im Nachbarstaat New Mexico, fünfzig Meilen entfernt. Die Hälfte der Strecke wollen wir mit dem Auto fahren, die andere mit den Fahrrädern.

Die Straße Richtung Westen führt an der innerstädtischen Grenze entlang. Von dem etwas erhöhten El Paso aus sieht man die Blechhütten und unverputzten Häuser der *colonías* Juárez, die wahllos auf den grauen Hügeln verteilt sind. Was tut diese ohnmächtige Gier: Jeden Tag sehen diese Menschen Amerika, das nur einen Steinwurf entfernt ist, ohne die realistische Chance, hier buchstäblich Fuß zu fassen.

Wir verlassen die Grenze. Alle paar Tankstellen müssen wir anhalten und die leckende Motorkühlung mit Wasser nachfüllen, um weiterzukommen. Gigi singt die mexikanischen Songs mit, die das Radio hergibt. Täglicher Verlass: Die Sonne geht unter und schmeißt einen riesigen gelben Nebel aus Licht über das Land. Wir stellen den Wagen ab und beginnen unsere Fahrt über die Wüstendörfer in dem Augenblick, als sich die letzte dunkle Wolkenschicht in einen Glutwall verwandelt. Anschließend Felder, ausgestreute Dörfer und niedrige Häuser, die wie Schatten an uns vorbeifliegen.

Wer immer sich etwas unter dem sagenumwobenen Rio Grande vorstellt, wird enttäuscht. Das, was hier durch die Felder New Mexicos fließt, ist gerade mal vier Meter breit und wird nicht lange halten. Bevor er Mexiko erreicht, wird man den Wilden Fluss (Río Bravo), wie die Mexikaner ihn nennen, zum Zwecke der Landbewässerung fast vollkommen geleert haben.

Stumm und konzentriert folgen wir der Nacht, bis wir Las Cruces erreichen, einen Ort, der aus dem Zusammenschluss etlicher Vororte zu bestehen scheint. Wir belohnen uns mit einer Familienportion Nachos und großen Gläsern Bier, und als ich kurz die Bar verlasse, um draußen auf die beiden zu warten, steht plötzlich Rees vor mir. Sie saß uns gerade noch mit ihren Freunden gegenüber, es wanderten einige längere Blicke hin und her. Was wir noch vorhätten, fragt sie, steckt sich die Hände in die Taschen und zieht die Schultern hoch wie ein kleines Mädchen.

»Mesilla«, sage ich. Rees ist einverstanden. Sie hat sogar mal in der Bar gearbeitet, die mir Sergio auf dem Hinweg kurz gezeigt hatte; ich schmeiße mein Rad auf die Ladefläche ihres Pick-ups, Gigi und Sergio kommen mit dem Fahrrad nach.

Es sind nur wenige, mit der Band Slipknot gefüllte Meilen bis Mesilla, aber sie genügen Rees, mich einmal durch die Angespanntheit ihres Lebens zu führen. Arbeit als Krankenschwester in Vollzeit und Kellnerin in zwei verschiedenen Restaurants, um vielleicht das Geld zu sparen, um irgendwann aus Las Cruces rauszukommen. Als Lebensmittelpunkt ein Hund, der die meiste Zeit alleine zu Hause verbringt. Familie zerstritten und über ganz Amerika verstreut. *Does make angry.* Kein *boyfriend.* Alles nur dämliche Arschlöcher. Ansonsten versuchen, dass man nicht eingeht und sich hin und wieder mit Freunden trifft. Raus hier, in eine Großstadt, am liebsten nach Kalifornien. Zum Glück der Hund, *fuck,* was täte man ohne den Hund!

Mesilla. Ein altes Dörflein, das hier gegründet wurde, als das Land noch zu Mexiko gehörte. Um den Dorfplatz herum stehen diese filmkulissenartigen Westernhäuser, an einer Ecke das ehemalige Gerichtshaus, in dem Billy the Kid zum Tode verurteilt wurde, und gegenüber das Einzige, was um diese Uhrzeit noch lebt in Mesilla.

El Patio ist Amerika, wie es im Raume steht:

Hinter dem Barbereich öffnet sich ein kleiner Saal, in dem eine ordentliche Rockband aus Silver City spielt und die Gespräche übertönt, die vom Auf und Ab des Lebens brüllen, von inhaltslosen Rückschlägen und Hoffnungen. Das Bier ist so fad, dass man sich wünscht, es schmeckte zumindest schlecht, das Geräusch aufeinanderschlagender Billardkugeln dringt bis nach draußen, wo ein Mexikaner warme Burritos aus seinem Kofferraum verkauft und eine Bikergang eintrudelt, um ihre verschwitzten USA-Bandanas, die ihnen als Helme dienen, kräftig auszuschütteln. Aus ihren in die Maschinen eingebauten Stereosystemen schallt das alte Freiheitslied des weiten, unbewohnten Landes, und ich werde an die Zeile von Tim Carroll aus Nashville erinnert: »(...) still don't make nothin' in the USA, but we still make Rock 'n' Roll.«

Wo findet man den Menschen? In einem Ashram, einer Uni, in Cafés, im Kreise seiner Familie, bei der Arbeit? – Nein, man findet ihn in der Kneipe. Auch El Patio umgibt die wunderbare Aura des günstig gelegenen Abgrunds und des Loslösenwollens, die man in Spelunken auf dem gesamten Globus findet. Irgendjemand ist immer kurz davor, endgültig in die Brüche zu gehen oder mit der Wahrheit herauszurücken, die etwas mit allumfassender Liebe zu tun hat. Und so wird eine Frau von ihrem fetten Typen zusammengestaucht, weil sie es gewagt hat, alleine vor die Tür zu gehen; Freunde müssen dazwischengehen. Ein älteres Ehepaar tanzt lachend zwischen den Tischen, Gigi und Sergio sitzen Händchen haltend zusammen und trinken ein Bier nach dem anderen, ich bekomme es mit der wenig subtilen Aggressivität eines lauten Idioten zu tun. Ein klassischer Hochstapler und offensichtlich ein Verflossener meiner Begleitung, die alles daransetzt, mir vor seinen Augen so dämlich wie möglich auf den Schoß zu klettern.

> *You're the gossip of the town*
> *But my heart can still be found*
> *Where you tossed it on the ground*
> *Pick me up on your way down.*

HARLAN HOWARD / »PICK ME UP
ON YOUR WAY DOWN«

Rees ist ein hübsches Mädchen, das bestimmt einen guten Mann verdient hat und immer nur an das Gegenteil geraten ist. Ihre ziellose Mühe, gefallen zu wollen, zeigt die ganze verzweifelte Situation, in der sich nach meiner Erfahrung viele amerikanische Frauen befinden. Sie besitzen keine Klarheit und kennen die Position nicht, die ihre Bedürfnisse trägt. Ohne genaue Absicht möchten sie alles sein und niemandem missfallen, und auch wenn sie schon gestandene Frauen sind, spielen sie nur und kommen nie zu der Sache, die sie nicht besitzen. Verhaltensweisen und Überzeugungen stammen aus dem Fernsehen. Sie sind so leer wie der Wind. Man bewegt sich meist auf verlorenem Posten, wenn man versucht, ihrer Eigentlichkeit nahekommen zu wollen.

Die Männer hingegen ziehen umher und schlachten alles aus.

Sie haben zu sehr lernen müssen, ihr Ich als Erfolgsgeschichte zu verkaufen, und sind von ihrer ganzen Ausgesetztheit so genervt, dass sie an allen Ecken lahmen und, sobald keiner mehr hinschaut, zusammenbrechen wie kleine Kinder. Niemand gibt ihnen Halt, und der Boden ist ständig in Gefahr, unter ihren Füßen weggezogen zu werden. Man beneidet sie nicht, Männer, Frauen, das alles. Man wird auch nicht traurig. Immerhin hat das Leben all dies hervorgebracht; solange man sich nicht gegen den Lauf der Dinge stemmt, ist niemand verloren.

Als sich die Bar zu leeren beginnt, machen wir uns auf die Heimreise. Rees zerrt mich zu ihrem Auto und will, dass ich die Nacht bei ihr bleibe. Natürlich hat sie recht: Es wäre die einzige Art, den sauren Bissen ihrer Geschichte runterzukriegen.

Trauriges Wasser in ihren Augen.

Ich gebe ihr meine Nummer, sie wird sich nicht melden.

Dann fahren wir zurück nach El Paso.

Nach nur wenigen Stunden Schlaf bin ich um neun Uhr morgens hellwach. Ich hole mir Kokosnusssaft, Erdnüsse und ein Lotterielos, weiß der Teufel, warum. Nachdem ich eine Stunde auf der Veranda die Beine hochgelegt habe, will ich gerade packen und in Sergios Atelier ziehen, als mich Gigi anruft und sagt, dass die neuen Mieter nicht kämen.

Ich bleibe also und hole die beiden ab, um in Juárez zu frühstücken.

Ein Schild warnt, dass man seine Waffen nicht mit nach Mexiko schleppen darf. Der Grenzübergang sieht aus, als pendelten hier Arbeiter in ihre Fabrik. Es ist viel los. Wir schieben unsere Fahrräder über die Brücke und stehen bald auf den kaputten Straßen der Stadt, die sich langsam von ihrem Horror erholt. Die beiden lotsen mich in ihr Lieblingscafé, La Nueva Central, und Gigi erzählt. Hier saß schon ihr Großvater mit seiner Tageszeitung und schimpfte über die Verwahrlosung des Menschen. Lange Zeit kamen keine Kunden mehr, da die Straßen zu unsicher waren, um sich nach draußen zu wagen. Das Café entließ Angestellte. Aber es überlebte, wie nur weniges ringsrum.

»Früher kamen viele Leute aus El Paso hierher«, sagt Gigi, die aus Juárez stammt, »das Café war berühmt für seinen Kaffee und das authentische Essen. Dann kam 2005, und alles veränderte sich.«

Einst nannte man Juárez Paso del Norte. Pass des Nordens. Erst nahmen ihn Goldsucher, Revoluzzer, Missionare und Abenteurer, später die Drogenkuriere. Der Kartellkrieg der Sinaloa und Juárez wütete in der Stadt und erreichte 2010 seinen Höhepunkt, als in nur einem Jahr über dreitausendfünfhundert Menschen starben. Alles geriet außer Kontrolle, aus jedem Winkel der Stadt wurden Menschen auf die Straße gezogen und wahllos getötet. Bald spielte es keine Rolle mehr, ob man im Drogengeschäft tätig war oder nicht, jeder war ein Opfer. Hunderte Frauen wurden entführt, tagelang gefoltert und tauchten als geschändete Leichname im Straßengraben wieder auf. Auch war nicht klar, wer alles die Täter sein konnten. Neben den halbprofessionellen Gangmitgliedern, die stets nur jung und brutal sind, gibt es die *sicarios,* die Auftragskiller der Kartelle. »Ein Sicario«, sagt einer dieser Killer, der in dem Dokumentarfilm »El Sicario, Room 164« aus zwanzig Jahren Kartellmitgliedschaft erzählt, »zieht niemals die Aufmerksamkeit auf sich. Er lebt immer unter den Menschen und macht, was alle machen. Er spielt Baseball mit seinen Kindern im Park, ist Mitglied im Gemeinde- oder Stadtrat ... Er ist gut erzogen.«

Der Teufel, das waren fast alle anderen.

Niemand traute sich vor die Tür, und selbst als man sechzehn jugendliche Footballspieler massakrierte, die eine Hausparty feierten, brauchte es noch eine plumpe Analyse des mexikanischen Präsidenten Felipe Calderón, um zu sehen, dass man schon viel zu lange an der Schmerzgrenze lebte. Aus irgendeinem Grund, palaverte er, hätten die Schüler ihren Tod bestimmt verdient. Das ganze Land schrie nun so laut auf, dass man endlich handelte. Ein neuer Polizeichef regierte mit harter Hand gegen korrupte Polizisten. Plötzlich floss viel Geld in soziale Projekte und Bildung. Und die Kartelle schienen zu kapieren, dass ihr blinder Krieg dem Geschäft schadete – sie verhielten sich ruhiger.

Nur mit diesem Blick in die jüngste Vergangenheit lässt sich heute sagen, dass sich die Lage entspannt hat: Nach den vorangegangenen Jahren sind fünfhundert Morde im Jahr eine ziemlich positive Bilanz.

Die besten *chilaquiles verdes*, die ich je gegessen habe. Der Schall der Kirchenglocken strömt durch den großen hellen Raum, die Deckenventilatoren ruckeln gemächlich; Sergio muss sich Mühe geben, nicht an Ort und Stelle in den Mittagsschlaf zu gleiten. Immer wieder fällt sein Kinn auf seine Brust, und er zuckt nur ins Wachen zurück, weil Gigi ihre Späße mit ihm treibt.

Draußen sitzen blinde Bettler und singen von dem Berg, den die Wollust versetzt. Schuhputzer schmollen unter den Arkaden, die den Straßen von den wenigen stolzen Gebäuden geschenkt werden, eine Gitarre hier und da, Hunde mit den Nasen auf dem Asphalt, eine alte Frau mit aufgerissenen Augen, die einen Tanz mit sich selbst aufführt: »Blut und Wein«, schreit sie und trommelt sich auf die Brust, »Blut und Wein«.

Die Straßen sind abgeranzt, alles ist hingeschmissener als drüben in El Paso, die Niedergeschlagenheit größer. Trotzdem vermutet man nichts Böses. Jeder scheint sich im Klaren zu sein. Der noch brüchige Frieden erzeugt eine seltsam glatte Stimmung, in der die Stadt wieder das Atmen lernt. Man grüßt, gibt seine Einsätze in den Wettbüros ab und schaut nicht mehr auf die schlecht eingescannten Fotos der vermissten Mädchen, die an den Häuserwänden kleben. In einer kleinen Seitenstraße finden wir direkt neben dem Raum der Anonymen Alkoholiker eine Bar, die El Closet heißt. Man weiß nicht, wer hier wem die Kundschaft zuschiebt.

EL PASO – CIUDAD JUÁREZ

Die Sonne knallt herunter, das Knattern der Mopeds steigt empor und im Zentrum der Stadt liegt überall diese seltsam konforme Stimmung, von der man ahnt, wie wenig es bedarf, um sie zunichtezumachen. Auf dem kahlen Hügel über der Stadt thront in Riesenbuchstaben genau jener Schriftzug, den man an solch gebeutelten Orten erwartet.

»Juárez, la Biblia es la verdad.«

Horche auf, Juárez, du große Wunde, du Heilige: Die Bibel ist die Wahrheit.

Sergio will unbedingt auf einen Flohmarkt. Eine Stunde lang treibt er Gigi in den Wahnsinn, da er jedes Teil auf seine Wirklichkeit hin untersucht. Schmuckkästchen, alte Fotoapparate, Nippes: Sergio wiegt alles minutenlang in den Händen. Ich decke mich mit alten mexikanischen Kassetten ein, von denen nur wenige funktionieren werden, und labe mich an einem Saft, der aus fermentierten Ananasschalen hergestellt wird. Dann fahre ich herum und versuche erfolglos, auch in Juárez Wandbilder zu finden. Patrouillierende Soldaten gratulieren mir zum Gewinn der Fußballweltmeisterschaft. Die Kids üben mit ihren Skateboards, der Rest gibt sich keine Mühe, Bewegung in sein Dahinschlendern zu bringen.

Juárez ist glatt, glatt, glatt.

Als der Abend hereinbricht, fahren wir zurück zur Grenze, wo einige der Kinder herumstehen, deren Weg aus Mittelamerika hier ihr Ende gefunden hat. *Canguritos* nennt man die Jungen, kleine Kängurus, die Lollis und Plastikkram aus zerfetzten Bauchläden verkaufen, die ihnen von den Schultern hängen. Als ich mich noch einmal umdrehe, um der Stadt Lebewohl zu sagen, stockt mir fast der Atem. Wenn das wahr ist, denke ich, dann ... dann...

Auf der anderen Straßenseite steht Piper, ein Amerikaner schottischer Abstammung, der, in einen Kilt gekleidet, zu Fuß von Küste zu Küste unterwegs ist. Ich hatte ihn einige Tage zuvor in El Paso kennengelernt, wir haben einen schlechten Kaffee zusammen getrunken und sind ein bisschen durch die Stadt spaziert. Jetzt steht er hier in Juárez und redet mit einem Kerl, der aussieht wie der Hopi, den ich und Mister Jefferson mitgenommen haben! Paralysiert latsche ich auf die beiden zu und male mir aus, was es über den Weltenverlauf zu sagen gäbe, wenn es wirklich der mysteriöse Hopi wäre. Als Piper mich entdeckt, dreht sich auch sein Gegenüber aus seinem Profil zu mir hin. Wahrscheinlich steht mir die Enttäuschung ziemlich ins Gesicht geschrieben, denn immerhin sagt Piper wortwörtlich:

»Dennis, verdammt, du siehst aus, als hättest du ein Gespenst gesehen!«

»Ich wünschte es«, sage ich und strecke dem Mexikaner mit den staubigen Augen meine Hand entgegen. »Ich wünschte es.«

Kapitel

9

New Mexico – Arizona

Der Kerl ist tatsächlich wach. Ich frage, ob er heute schon etwas von seinem Trödel verkauft habe, den Tischventilator vielleicht oder eines der vergilbten Heftchen.

»El negocio va lento«, sagt er verneinend.

Das Geschäft geht langsam.

Er schiebt sich den Hut aus dem Gesicht, setzt sich mühselig auf und sagt:

»Du bist doch aus Europa. Stimmt es, dass sich Da Vinci eine Maschine gebaut hat? Eine Maschine, die ihn im Grab umdreht, falls man ihn nach seinem Tod verspottet?«

Eine gute Frage, auf die ich die Antwort schuldig bleibe. Als Entschädigung soll ich ihm eine Geschichte erzählen. Er liebe Geschichten. Die Sonne hat ihren Zenit überschritten, stumm flattern die Vögel. El Paso hat nichts mehr vor. Ich erzähle:

»Es gab einmal einen Ranger, dem eines Nachts sein bestes Pferd ausbüxte. Die Nachbarn erschienen am nächsten Morgen und betrauerten seinen Verlust. Der Ranger sagte: ›Nun ja.‹ Bald kehrte das Pferd zurück und brachte sogar noch einige wunderschöne wilde Pferde mit, und wieder kamen die Nachbarn und gratulierten ihm nun zu seinem Glück. ›Nun ja‹, war seine Antwort. Am nächsten Tag versuchte sein Sohn, eines der wilden Pferde zu reiten. Er wurde abgeworfen und brach sich beide Beine. Wieder erschienen die Nachbarn und betrauerten sein Unglück, aber er murmelte nur: ›Nun ja, nun ja.‹ Einige Tage später kam die Armee, um alle jungen Menschen des Dorfes für den Krieg einzuziehen. Den Sohn des Rangers ließ man aufgrund seiner Verletzung zu Hause. Erneut kamen die Nachbarn, die allesamt ihre Söhne verloren hatten, um ihm zu seinem Glücksfall zu gratulieren. ›Nun ja‹, sagte der Ranger.«

»Muy bien«, flüstert er, »muy bien. Ich werde darüber nachdenken ...«

Ich fahre nach Hause, wo mich Sergio und Gigi erwarten. Es sei gerade eine Buchung reingekommen, erklären sie mir, die neuen Gäste ständen kurz vor der Stadt. Ich packe erneut meine Sachen zusammen und verwerfe kurzerhand den Plan, runter zu Sergio zu ziehen. Vielleicht ist der Auszug ein Zeichen, dass ich mich endlich aufmachen soll auf den letzten Abschnitt meiner Reise.

Wir trinken ein letztes Bier auf der Veranda, und schon fahren die neuen Gäste vor. Es ist, als hätte man die Zeit aufgerissen und dort alles durcheinandergewirbelt. Nach all den Tagen, in denen wir zu viel Muße hatten, um mit der Seele hinterherzukommen, ist der Abschied viel zu überhastet – wie eine fremde Kraft bricht er über uns herein. Wahllos schmeiße ich mein Hab und Gut ins Auto, kann zuerst weder Schlüssel noch Geldbeutel finden und bin erst wieder einigermaßen entspannt, als ich mit Mister Jefferson in die Dämmerung gleite und ein letztes Mal die leere North Piedras hinunterrolle.

Demütig schmiegt sich El Paso in den Schoß der Welt.

Ich fahre Richtung Nordwesten und befinde mich bald auf der Route, die achtzig Jahre zuvor einer der größten Liedermacher und Erzähler Amerikas genommen hat, über Las Cruces und Tucson an die kalifornische Küste. Mein Entschluss, Texas zu verlassen, ist spontan und relativ schmerzfrei – Woody Guthrie hatte keine andere Wahl, wenn er überleben wollte. Bis zu seiner Abreise hatte er ein Leben geführt, das gut und gerne aus der Feder eines wankelmütigen Mark Twain hätte stammen können. Beides ist kaum zu glauben: sein hartgesottenes Schicksal und der Glanz, der aus jenen Schlägen emporsprühte. Was er nicht wusste, als er seinen Beutel schulterte: Das meiste sollte noch kommen.

Merle Haggard sagte einmal über seine jungen Jahre: »Es gab ein paar bestimmte Dinge, die ich in meinem Leben machen wollte. Ich wollte auf einem Güterzug fahren. Ich wollte auf den Ölfeldern arbeiten. Ich wollte Gitarre spielen. In Amerika gibt's eine große Auswahl an schönen Sachen, die man machen kann.«

Woody lebte in ebendiesem Terrain der unbegrenzten Möglichkeiten und zog als lockenköpfiger Minstrel durch die Wirbelstürme, die die Veränderungen der ersten Hälfte des 20. Jahrhunderts zu leisten imstande waren; er sah all den Reichtum und das Elend der Welt, die Brüderlichkeit und den Kummer von Tausenden Landsleuten. Aus ihrer Wirklichkeit, aus ihrem Talg formte er den Körper seiner Lieder.

»Wenn dir was Neues einfällt, das du erzählen willst, wenn ein Zyklon kommt, oder eine Flut das Land wegschwemmt, oder eine Busladung mit Schulkindern an der Straße zu Tode friert, wenn ein großes Schiff untergeht, oder ein Flugzeug in dein Stadtviertel stürzt, ein Gangster sich mit den Hilfssheriffs schießt, oder die Arbeiterklasse sich aufmacht und einen Krieg gewinnt, ja, da wirst du eine Zugladung mit Themen finden, die du aufschreiben und über die du ein Lied machen kannst.« (Woody Guthrie)

Über ein Jahrzehnt wird er auf Reisen verbringen, bis er den größten Umbruch einleiten sollte, den Amerika in seiner jungen Geschichte zu verkraften hatte.

***

Alles begann gut. Woody Guthrie wurde 1912 in Okemah, Oklahoma, geboren. Sein Vater verdiente mit Grundstücksgeschäften genug, um seiner Familie das komfortable Haus bieten zu können, in dem Woody und seine Geschwister ihre frühe Kindheit verbrachten. Wenn er abends nach Hause kam, erzählte er seinem Sohn, mit wem er an diesem Tag gekämpft hatte. Und warum. Meistens hatte es irgendein Arsch mit der Ehrlichkeit nicht so genau genommen, und wenn es eine Sache gab, die der hart arbeitende Vater nicht leiden konnte, so waren es Ungerechtigkeit und Lügereien. Woody erinnert sich: Sein Vater war ein »Heißsporn und hatte Dynamit im Kopf und in den Fäusten. Und er war in der ganzen Gegend als der Meister aller Faustkämpfer bekannt. Er benutzte seine Fäuste gegen Schwindler und Fälscher, und nur, um seiner Familie schöne Sachen zu geben.«

Die schönen Sachen fanden ihren Weg nach Hause, bis ein Element in das Leben der Guthries trat, das jedes Familienmitglied bis ans Lebensende begleiten sollte: das Feuer.

Das Familienhaus brannte vollständig ab, und die Guthries besaßen nicht die Mittel, einfach weiterzumachen. Was man sich noch leisten konnte, war ein heruntergekommenes Haus, in dem sich keiner so recht wohlfühlte. Es musste reichen. Der Vater versuchte, wieder auf die Beine zu kommen – man hatte ja noch sich und die wenigen Habseligkeiten, die der Brand verschont hatte.

Dann kam das Wasser.

Ein mächtiger Zyklon trieb auf Okemah zu, sein Vater sammelte Woody von der Straße ein und brachte ihn zu dem Schutzraum, in dem schon die Mutter und die Geschwister warteten. Er

NEW MEXICO – ARIZONA

ahnte, dass dies nicht gut ausgehen würde, und fragte seinen Sohn, ob er ihn noch lieb haben werde, wenn sie das wenige auf dem Hügel nun auch noch verlören.

»Ja«, antwortete Woody. »Sehr lieb sogar.«

Mit jenem auf der Zunge zergehenden Mut, der aus bitterster Ratlosigkeit gekeltert wird, stemmte sich der Vater gegen den Wind, packte Woody an der Hand und schrie:

»Los, stellen wir uns auf die Hinterbeine und schütteln die Fäuste wider den ganzen verrückten Kram, und schreien und fluchen und toben und lachen und sagen: ›Alter Zyklon, mach weiter! Prügel dir deinen Geist aus an meinem zähen Fell! Tob weiter! Blas! Schlag! Werd verrückt! Zyklon! Du und ich sind Freunde! Guter alter Zyklon.‹«

Woody staunte. Sein Vater war also ein Gedicht wider das Leben. Wie hart es auch kommen sollte, was sich auch immer am Horizont zusammenbraute oder bereits über einen hinwegfegte – man durfte niemals aufgeben.

Im Luftschutzkeller angekommen, kroch Woody auf den Schoß seiner Mutter, die sofort zu singen begann. Das alte Lied vom Sherman-Zyklon, der 1896 durch Texas zog. Woody summte mit und wurde zielsicher auf den Weg gebracht.

1. Nichts wird einen kaputt machen, wenn man sich nicht kaputt machen lässt.

2. Individuelle und kollektive Erlebnisse können durch Musik aufgearbeitet werden, mit dem Ergebnis, dass sie im Menschen zu einem neuen Ort werden: zu einer Erinnerung. Einer Beheimatung und Trost.

Der Sturm hatte sich gelegt und man schlich zurück nach Hause, um zu sehen, ob es noch stand. Es stand nicht mehr. Das Dach war fortgeflogen, einige Wände eingedrückt, überall Wasser. Während die Kinder mit dem Treibgut herumalberten, stapfte die Mutter durch den schwimmenden Hausrat und wunderte sich, dass der Sturm die dreckigen Töpfe nicht sauber bekommen hatte.

Es waren die ersten Symptome einer Krankheit, die sie bald dahinraffen sollte. Der Vater bedeckte derweil sein Gesicht und begann, in seine Hände zu schluchzen.

Der Ölboom veränderte Okemah. Einmal, als er einsetzte, und noch einmal, als er vorüber war. Wieder Feuer. Zuerst brannte die Nachbarstadt Cromwell, die zu dem Zeitpunkt eine der größten Ölstädte des Landes war. Die Felder standen in Flammen. Kurz darauf starb Woodys Schwester. Der Kerosinofen des Hauses war neben ihr explodiert und hatte sie so stark verbrannt, dass sie innerhalb eines Tages an ihren Verletzungen starb.

»Ich saß da ein oder zwei Minuten auf ihrer Bettkante und sah ihre verbrannte verkohlte Haut in krummen roten blasigen Fetzen überall am Körper hängen, und ihr Gesicht war schrumpelig und verkohlt und ich spürte, wie etwas von mir ging.«

Woody sollte nicht nur die Lieder erben, die ihm seine Mutter zeitlebens beigebracht hatte, sondern auch Chorea Huntington, ihre unheilbare Nervenkrankheit, die zu einem fortschreitenden Verfall der motorischen und psychischen Fähigkeiten führt. Nach dem Tod ihrer Tochter begannen ihre epileptischen Anfälle, der Vater war bankrott. Die Familie packte zusammen und zog nach Oklahoma City, um ein neues Leben zu beginnen.

Woodys Vater versuchte sich ausgerechnet als Vertreter für Feuerlöscher – und scheiterte. Er hielt die Familie mit etlichen Hilfsjobs über Wasser, aber seine Hände machten nicht mehr mit. Vom jahrelangen Faustkämpfen waren sie zu zerbrochen, verunstaltet und nutzlos geworden. Der kleine Finger musste ihm abgenommen werden, der Rest war in einem so miserablen Zustand, dass er nichts mehr greifen konnte. Woody massierte ihm jeden Abend die knorpeligen Hände, damit er die Schmerzen ertragen konnte. Dem niedergeschmetterten Vater sagte er:

»Du warst in Ordnung, Papa. Du hast entschieden, was gut war, und hast jeden Tag dafür gekämpft.«

Dann kam die Hoffnung.

Der Halbbruder der Mutter tauchte bei den Guthries auf und bot dem Vater einen Job in der Motorradniederlassung an, mit der er sich gerade selbstständig machte. Das Gehalt war ein kleines Vermögen. Es schien die Rettung aller Sorgen zu sein.

»Die Welt wurde zweimal so groß und viermal so hell. Die Blumen änderten die Farbe, sie wurden größer und zahlreicher. Die Sonne redete, und der Mond sang Tenor. Berge rieben sich den Bauch und Flüsse machten sich auf zum Picknick und die hohen Sequoia-Bäume tanzten jede Nacht.«

Einige Tage später leistete sich der Vater eine Zigarette und eine Sonntagszeitung. Das große Geld würde ja bald kommen. Dann las er in der Zeitung eine Todesanzeige. Sein Schwager war mit dem Motorrad in ein Auto gerast. Er war sofort tot. Und mit ihm auch das Geschäft, der Job, das Geld, ihre Zukunft. Der Vater konnte es nicht glauben.

Und dann, dann kam der Sturz.

Die Familie packte erneut zusammen und zog zurück nach Okemah, in dem es nach dem Ende des Ölbooms nichts mehr zu holen gab. Das schwarze Gold, die Arbeit und die Einwohner selbst hatten sich aus dem Staub gemacht. Es gab der Mutter den Rest. Im Wahn versuchte sie noch, ihren Mann mit Kerosin anzuzünden, bevor man sie in das Irrenhaus brachte, in dem sie sterben sollte. (Die Umstände, unter denen der Vater Feuer fing, sind nie ganz geklärt worden. Insgeheim ging Woody davon aus, dass dem Vater alles zu viel wurde und er sich hatte umbringen wollen.)

Der Vater zog zu einer Tante nach Pampa, Texas, um sich dort von seinen Verbrennungen zu erholen und Arbeit zu suchen, der Bruder zog ans andere Ende der Stadt und Woody kam zu einer Pflegefamilie, bevor er sich davonmachte.

»Ich war dreizehn, als ich zu einer Familie von dreizehn Leuten in ein Zwei-Zimmer-Haus zog. Ich war fast fünfzehn, als ich zu arbeiten anfing und Schuhe putzte und Spucknäpfe auswusch und auf den Nachtzug wartete, in einem Hotel in der Stadt. Ich war etwas über sechzehn, als ich mich aufmachte und unten um den Golf von Mexiko zog und Feigen schlug, Erdbeeren bewässerte, Mustangtrauben pflückte, Zimmerleuten und Brunnenbohrern half, Höfe fegte, Unkraut hackte und Mülltonnen leerte.«

Woody war seinem Vater nach Texas gefolgt und jobbte in verschiedenen illegalen Alkoholschänken. Die Prohibition war in vollem Gang und ihre Folgen verheerend. »Sie war das mit Abstand extremste, am wenigsten durchdachte, teuerste und am meisten ignorierte Experiment zur Steuerung des Sozialverhaltens, das jemals von einer ansonsten vernünftigen Nation durchgeführt wurde. Außerdem machte sie auf einen Schlag dem fünftgrößten Industriezweig in Amerika den Garaus. Sie entriss legitimen Geschäftsleuten gut zwei Milliarden Dollar im Jahr und steckte sie mordlustigen Gangstern in die Taschen. Und sie machte ehrliche Leute zu Kriminellen, außerdem führte sie dazu, dass im Land sogar mehr Alkohol getrunken wurde als zuvor.« (Bill Bryson)

Die Mordrate stieg um ein Drittel. Man schlug sich, brachte sich um und trank alles, was die Fähigkeit hatte, vom Mund in den Magen zu gelangen. Die Männer pressten den Alkohol aus altem Dosenleim oder tranken Kühler- und Reinigungsmittel. Zudem war die Qualität des illegal gebrauten Whiskeys ein Schlag, der einen auf der Stelle blind machen konnte. Auf den Straßen starben die Männer wie die Fliegen an ihren Vergiftungen.

Woody heiratete, bekam drei Kinder und begann, ein Schild an seine Haustür zu hängen: »Faith reading. Mind reading. No charge.«

Inspiriert von der neuen Frau seines Vaters, die ähnliche Konsultationen anbot und mit Magnettherapie arbeitete, vermischte Woody seine angeborene Beobachtungsgabe mit den Lehren, die er aus seinem Leben und dem der anderen zog. Es brauchte nur ein bisschen Herz und Verstand. Er hörte den Leuten zu und äußerte sich gescheit zu ihren Problemen. Mehr als ein Gesprächspartner war er nicht, seine Kunden aber nannten es Wahrsagerei und machten den Heiler in ganz Tampa bekannt.

Laut Woody klopfte nun jeder Ismus, der der Menschheit bekannt ist, zu jeder Tageszeit an seine Tür. Verrückte, Innendienstmitarbeiter großer Ölfirmen, Investoren und Mütterchen, deren Kinder hartnäckigen Ausschlag bekämpften, oder Lokomotivführer, die irgendwo nach Öl bohren wollten. Ein Boomstadt-Tanzhallen-Jäger fragte rundheraus: »Ich versuche, die Fiedel zu lernen; glauben Sie, ich kann zum Sheriff gewählt werden?«

Es kamen sogar jene Bauern, deren Aberglaube sich sonst ausschließlich auf die Unheilsverheißungen des Alten Testaments konzentrierte. Sie wollten wissen, ob der Staub, der sich immer wieder über ihre Felder lege, schon das Ende der Welt sei.

Woody schüttelte den Kopf.

Es dauerte noch einige Jahre, bis das Ende kommen sollte.

Es gab kein Land, das zu Beginn des 20. Jahrhunderts wirtschaftlich so gut aufgestellt war und so voller Mut, Innovation, Schaffenskraft und Optimismus steckte wie die Vereinigten Staaten. Die Zwanzigerjahre marschierten gnadenlos voran und kulminierten zu jenem glorreichen Höhepunkt, der seit Menschengedenken die auf ihn folgende Katastrophe schon mit sich führt.

> *Back in Nineteen Twenty-Seven,*
> *I had a little farm and I called that heaven.*
> *Well, the prices up and the rain come down,*
> *And I hauled my crops all into town.*

WOODY GUTHRIE / »TALKING DUST BOWL BLUES«

1927 sollte ein epochales Jahr werden. Farmer lebten gut von ihren Erträgen, die Carter Family spielte ihre erste Platte ein, und ein schiefer, unscheinbarer Bahnangestellter namens Jimmie Rodgers wurde nach einem von der Plattenfirma Victor organisierten Vorsingen dazu eingeladen, seine Lieder auf Vinyl zu verewigen. Charles Lindbergh landete in Paris, Babe Ruth schlug einen Homerun nach dem anderen, fraß, trank und fickte sich durch halb New York, die Arbeit an Mount Rushmore begann. Die Börsianer jubelten, überall floss Geld. Noch nie hatten so viele Amerikaner so viel Kapital, mit dem sie sich so viele Konsumgüter leisten konnten.*

»Die Amerikaner waren gesund, die Amerikanerinnen schön, der Sport wichtig, die Zeit kostbar, die Armut ein Laster, der Reichtum ein Verdienst, die Tugend der halbe Erfolg, der Glaube an sich selbst ein ganzer, der Tanz hygienisch, Rollschuhlaufen eine Pflicht, Wohltätigkeit eine Kapitalanlage, Anarchismus ein Verbrechen, Streikende die Feinde der Menschen, Aufwiegler Verbündete des Teufels, moderne Maschinen Segen des Himmels.« (Joseph Roth)

---

* 1927 ereignete sich ebenfalls die folgenschwere Mississippi-Flut, die das halbe Land überschwemmte und das demografische Gesicht Amerikas veränderte. Eine inneramerikanische Migration setzte ein, da Millionen Schwarze nun ihr Heil im Norden des Landes suchten. Lebten vor der Flut nur zehn Prozent der schwarzen Bevölkerung außerhalb des Südens, waren es nun mehr als die Hälfte. Die Flutkatastrophe wurde in unzähligen Liedern festgehalten, zum Beispiel dem bereits zitierten »When the Levee Breaks« von Memphis Minnie und ihrem Gatten Kansas Joe McCoy (später von Led Zeppelin gecovert), »Rising High Water Blues« von Blind Lemon Jefferson, »Backwater Blues« von Bessie Smith oder »Southern Flood Blues« von Big Bill Broonzy (»It was dark and it was rainin' / baby can you hear that howlin' wind?«). Zum Gedenken an Charly Pattons »High Water Everywhere« spielte natürlich auch Dylan sein »High Water« ein, bevor er sich auf »Modern Times« ebenfalls an den gebrochenen Dämmen des Deltas abarbeitet, »The Levee's gonna Break:
»If it keep on rainin' the levee gonna break
(...)
I can't stop here, I ain't ready to unload
I can't stop here, I ain't ready to unload
Riches and salvation can be waiting behind the next bend in the road.«

NEW MEXICO – ARIZONA

Es begann jener Traum der amerikanischen Mittelklasse, der heute fast ausgestorben ist. Die lichten Tage der Zwanzigerjahre endeten mit dem schwarzen Donnerstag. Die Laissez-faire-Gesinnung der Politik, die die Börse einfach machen ließ und auf den stetig anwachsenden Wohlstand verwies, rächte sich. Die Börse hatte zu hoch spekuliert und die Bürger hatten zu viele Kredite aufgenommen, um sich ihr gutes Leben auch leisten zu können. Der Schein platzte am 29. Oktober 1929, die Weltwirtschaftskrise begann und stürzte Amerika in die große Depression, die auf das gesamte folgende Jahrzehnt zukommen sollte.

Die Zeiten sind härter als jemals zuvor, singt Skip James in seinem aus der Great Depression gewonnenen »Hard Time Killin' Floor Blues«, »You know that people / they all drifting from door to door / but they can't find no heaven / I don't care where they go.«

Den Mittleren Westen traf es besonders hart. Die Menschen waren hier in die Prärie gezogen, da die Regierung jenen, die es bestellen wollten, Weide- und Ackerland zur Verfügung stellte: Die amerikanische Bevölkerung wuchs, und sie musste versorgt werden. Eine der größten Grasflächen der Erde wurde nun von verzweifelten Ausreißern bestellt, die von der Landwirtschaft kaum etwas verstanden. Nun fehlte ihnen auch noch die finanzielle Hilfe, und die Natur schickte eine Plage nach der anderen. Aus Mexiko kam der *boll weevil*, der Baumwollkapselkäfer, und er brachte Millionen seiner Artgenossen mit, um ganze Ernten und Existenzen zu vernichten. Die Menschen sangen ihr Lied:

Boll Weevil said to the Doctor,
better put away your pills,
When I get through with the Farmer,
Can't pay no Doctor bills!

Boll Weevil said to the Preacher,
Better close up them church doors,

When I get through with the Farmer,
Can't pay no Preacher no more.

FOLKSONG / »BOLL WEEVIL«

Der Regen hörte auf, auf die Erde niederzugehen, was ein bereits existierendes Problem vergrößerte: Die Staubstürme, die sich seit jeher über die weiten Ebenen wälzten, intensivierten sich. Dem Teufelskreis ließ sich nicht entkommen. Die Farmer gruben ihre Felder um, um noch etwas Feuchtigkeit an die Oberfläche zu bringen, und zerstörten so jede Wurzel, die den Boden auf der Erde hielt. Gelockert und trocken, staubte die Erde über das Land und wartete nur darauf, ein für alle Mal davongeblasen zu werden.

Die *dust bowl* überstieg sämtliche negativen Erwartungen. Der Schwarze Donnerstag 1929 brachte das Problem ins Rollen, das der Schwarze Sonntag schließlich vollendete: Am 14. April 1935 vereinten sich Millionen Menschen in der Gewissheit, dass die Gier und Lasterhaftigkeit des Menschen, seine niederträchtige Natur und das Unzulängliche einer von der Gottesgewissheit abgespaltenen Vernunft, die mit Eva ihren Lauf nahm, nun endlich die Apokalypse über die Erde brachte.

Eine pechschwarze Welle verfinsterte den Himmel und überrollte das Land, zehnmal so hoch wie die Häuser, die sie unter sich begrub. Blickt man auf die Fotos dieses Tages, so versteht man, dass nur ein Idiot nicht einsehen konnte, hier sein letztes Gebet in den Weltuntergang zu krächzen. Der Sturm schmiss Autos um, sprengte Fenster und begrub die Felder. In seinem Haus stand man hüfttief im Sand. Woody hielt sich die eigene Hand vors Gesicht, ohne sie sehen zu können. Selbst in so weit entfernten Städten wie Chicago berichtete man, dass auf jeden Einwohner vier Pfund des Mutterbodens kamen, den man Tausende Meilen weit entfernt umgegraben hatte.

Die Leute holten sich die Staublunge und scherten die Welt zum Teufel.

Das Land war tot. Falls es noch eine Tür gab, klopften nur noch Zwangsvollstrecker und Geldeintreiber. Zehntausende Familien schnappten sich das, was sie noch greifen konnten, und suchten ihr Glück in Kalifornien. Woody Guthrie war einer von ihnen und machte sich daran, ihr Leben zu dokumentieren.

> *So long, it's been good to know you,*
> *So long, it's been good to know you,*
> *So long, it's been good to know you,*
> *This dusty old dust is getting my home*
> *And I've got to be drifting along.*

WOODY GUTHRIE / »SO LONG IT'S BEEN GOOD TO KNOW YOU« (»DUSTY OLD DUST«)

Woody kannte die Strecke. Schon oft hatte er sich zu Fuß oder als Anhalter durch Amerikas Westen und Osten geschlagen; seine wahre Liebe aber galt einem der großen amerikanischen Symbole, dem Güterzug. Kaum ein Schriftsteller oder Musiker zwischen den Appalachen und San Francisco, der ihn nicht in sein Werk integriert und ihm gehuldigt hätte. Der Güterzug – kostenlos für alle, die wagemutig genug sind oder keine andere Wahl haben – ist seit der ersten Schienenlegung 1826 jene Metapher, die den amerikanischen Aufbruch in den ewigen Neubeginn am gewaltigsten versinnbildlicht. Vom ins Blaue rauschenden Zug, den Elvis in »Mystery Train« besang, bis zu Jack Kerouac, dem der Güterzug seine lebendigsten Stunden bescherte, oder Robert Pete Williams, der sich mit seinem »Railroad Blues« auf die Schienen stellte und das Nächstbeste als letzte Verheißung erwartete, ist die tonnenschwere Flucht seit jeher das Ass, das sich die Gebeutelten Amerikas im Ärmel bewahren. Einem wohlgesonnenen Damoklesschwert gleich, schwebt es über allem Tun und Lassen; man ist in permanenter Alarmbereitschaft, Gott einen lieben Mann und vor allem seine Frau eine zurückgelassene Frau sein zu lassen. Jene Weite, die sich wie eh und je am Horizont anzukündigen weiß: Unten auf den endlosen Eisenbahnschienen funkeln ihre Versprechen am schönsten.

Im Kosmos der Güterzugreisen fuhren die sogenannten *easy riders,* in deren leeren Bäuchen man es sich gemütlich machen konnte und die Muße hatte, gemeinsam auf den Gitarren zu klimpern oder sich zu prügeln, oder man klemmte bei eisigem Wetter zwischen den Waggons und war nicht sicher, ob die eingefrorenen Hände noch jene Kraft hergaben, den Sturz in den Tod abzuwenden.

Woody eroberte die Güterzüge, um noch mehr zu riechen und zu schmecken, um weiterhin zu lachen und zu verdammen. Wenn man Geschichten suchte, fand man sie hier. Woody schrieb Songs über Outlaws wie Pretty Boy Floyd, die in Hülle und Fülle auf den Zügen anzutreffen waren, und lernte die Lieder, die die Männer aus allen Teilen des Landes heranschleppten. Die Schicksale waren stets die gleichen.

Der Staub hat mein Land geraubt.

Die Banken haben mein Land geraubt.

Ich habe doch nur versucht, meine Familie über die Runden zu bringen.

Die Regierung kann mich mal.

Meine Arbeit hat mich mit einem Bein ins Grab gebracht.

Die Schwindsüchtigen suchten Sonne und eine Arbeit, die sie nicht finanziell und körperlich ruinierte. Ihre Tuberkulose stammte aus den Zementwerken, den Fabriken oder den Minen. Sie hatten genug von ihrer Arbeit, die ihre Bosse reich und sie arm und krank machte. Die Hobos und Tramps gaben ihm Tipps, in welchen Vierteln der Städte man als Herumtreiber verhaftet werde und wo es vielleicht Arbeit oder etwas zu essen gebe. »Der Zug lachte und schimpfte und war lebendig mit menschlichen Wesen.

NEW MEXICO – ARIZONA

Die Polypen waren lebendig und schubsten mich im Regen die Straße hinunter. Die Brücke war lebendig mit den Freunden drunter. Der Fluss war lebendig und stritt mit dem Nebel, und der Nebel rang mit dem Wind und boxte mit der Sonne.«

Woody landete einige Male im Knast, oftmals nur, weil er in leerstehenden Häusern übernachtet hatte. In den Städten machte er sich auf die Suche nach Arbeit und Essen; er lernte schnell, dass es gerade die Reichen und die Kirchen waren, die ihm die Tür vor der Nase zuknallten oder sofort damit drohten, ihn ins Gefängnis werfen zu lassen. Mit dem schwarzen Humor, den sich der unfreiwillige Nomade antrainieren musste, um jene Meter zu machen, die auch seine Seele mitzuschleifen vermochten, heißt es in dem Lied »Skinnamalinkadoolium«:

> *That poor man asked for a piece of bread and cheesium,*
> *Glory hallelujah hei-ro-je-rum.*
> *The rich man answered, ›I'll call for a policeium‹,*
> *Glory hallelujah hei-ro-je-rum.*

Woody klopfte an die Häuser in den armen Vierteln und bekam dort so viel zu essen, dass er es mit anderen teilen konnte, denen ebenfalls die tote Luft schwer im Magen lag. »I felt like I had learnt the secret of all religion. To give away all the stuff you can't use.« In seinen Augen war Jesus kein Heiliger aus einer anderen Welt, sondern ein gerechter Mann wie er und alle anderen, die das Land nach einem besseren Leben durchkämmten. War er nicht Schreiner gewesen und wusste, wie man arbeitet? War er nicht ein Mann der kleinen Leute? Hatte er sich nicht einen Stock geschnappt und Geld und Gier aus den Tempeln vertrieben? War er nicht ein Reisender, ein Poet, ein von reiner Gutherzigkeit erfüllter Mann, dessen Beispiel so hell schien, dass man ihm folgen musste? Und wurde er nicht von jenen getötet, die ihre Macht und ihren Reichtum von seinem Aufruf zur Verbrüderung bedroht sahen?

> *When Jesus come to town, all the working folks around*
> *Believed what he did say.*
> *But the bankers and the preachers, they nailed Him on the cross,*
> *And they laid Jesus Christ in his grave.*

WOODY GUTHRIE / »JESUS CHRIST«

Das Leben hatte einen am Schlafittchen, aber es gab Hoffnung genug. Erschöpft und zerschlissen erreichte man schließlich das Paradies des Diesseits. In Kalifornien grünte es aus der Erde, der Wind duftete und das Obst fiel reif von den Bäumen. Die Familien, die ihre von der *dust bowl* niedergerungene Heimat in Arkansas, Texas und Oklahoma verlassen hatten, erreichten das *Land of Plenty*, das mehr als genug hatte, und wurden behandelt wie eine Plage.

John Steinbecks »Früchte des Zorns« schildert das Leben dieser *Okies*. Die Flüchtlinge erreichten Kalifornien und bewarben sich um Arbeit, die ihnen oft mit Gewalt verweigert wurde, oder die Besitzer der Plantagen und Fabriken nutzten deren Misere, um für alle die Löhne zu drücken. Immerhin war das der freie Markt: Das Angebot bestimmte die Nachfrage.

In der Folge hetzten viele Kalifornier gegen die *Okies* und wünschten sich, sie kehrten in ihre Heimat zurück. (Übrigens eines der eindringlichsten Beispiele dafür, dass es in allen sozialen Konflikten der Menschheit immer nur oberflächlich um Hautfarbe, Rasse, Nationalität oder Religion geht. Hier flüchteten weiße, Englisch sprechende, amerikanische Christen zu ihren eigenen Leuten, um ihre Kinder ernähren zu können. Die Migranten kamen aus dem blutenden Herzen Amerikas und begegneten derselben Missgunst wie zum Beispiel die heutigen mexikanischen Einwanderer. Hier kann man es wunderbar begreifen: Es ist immer nur die Angst, etwas zu verlieren, die Menschen gegen Menschen aufbringt.)

Ein Drittel der Amerikaner lebte, in den Worten von Präsident Roosevelt, »Ill-housed, ill-clothed, ill-fed.« Fünfundzwanzig Prozent waren ohne Arbeit, und Tausende Familien irrten ohne Obdach durchs Land. Als Roosevelt 1932 zum demokratischen Präsidentschaftskandidaten gewählt wurde, umschrieb er zum ersten mal die Umrisse seiner ›New Deal‹-Reformen. Seine Rede endete, wie die Reden großer Amerikaner enden müssen.

»Heute sollten wir eine Periode gedanklicher Verwirrung, sinkender Moral, eine Zeit voller Selbstsucht unter Männern und Frauen, ja sogar unter Nationen ad acta legen.« Denn: »Aus jeder Krise, jeder Drangsal, jedem Unglück wird die Menschheit mit größerem Wissen, höherem Anstand und besseren Absichten hervorgehen.«

Als er ein Jahr später als Präsident vereidigt wurde, brachte er seinem skeptischen Volk den Staat bei.

Relief. Recovery. Reform.

Die unmittelbaren Hilfen des *Relief* versorgten die Armen mit Essen, Unterkunft und einigen Dollars in der Tasche. Unter *Recovery* folgten etliche Arbeitsbeschaffungsprogramme, damit die Wirtschaft wieder in Gang und Lohn in Umlauf kam, und *Reform,* das waren grundlegende Veränderungen wie die Einführung von Sozialversicherungen und die Kontrolle der Finanzmärkte durch staatliche Aufsichtsbehörden.

Der New Deal wirkte, aber er wirkte nicht schnell genug. Die *Okies* erreichte er nur in Form von Suppenküchen und Notunterkünften. Arbeit blieb rar und die Armut groß. Man half sich untereinander, so gut es ging, versuchte die deprimierte Familie beisammenzuhalten und musizierte gemeinsam, um das Herz gegen die Welt zu wappnen. Unaufhörlich sangen sie über ihr Schicksal, um sich auf dieser Erde noch von Bedeutsamkeit zu wissen.

Über ein halbes Jahrhundert später nahm Bruce Springsteen Steinbecks Romanfigur aus »Früchte des Zorns« zum Anlass, um »The Ghost of Tom Joad« zu schreiben. Woody hatte bereits eine Ballade über das Leben des »Tom Joad« eingesungen (»After four long years on a man killing charge / Tom Joad come a-walkin' down the road, poor boy / Tom Joad come a-walkin' down the road.«), und nun, in den Zeiten von George Bushs New World Order, berief sich Springsteen auf noch immer lebendige Geister, die kurz vor der Jahrtausendwende an den jungen Joad erinnerten und überall zu finden waren, wo das offensichtliche Amerika seine versteckten Gestalten bewahrte.

> *He pulls a prayer book out of his sleeping bag*
> *Preacher lights up a butt and he takes a drag*
> *Waiting for when the last shall be first and the first shall be last*
> *In a cardboard box 'neath the underpass*
> *Got a one-way ticket to the promised land*
> *You got a hole in your belly and a gun in your hand*
> *Sleeping on a pillow of solid rock*
> *Bathing in the city's aqueduct.*

BRUCE SPRINGSTEEN / »THE GHOST OF TOM JOAD«

Woody spielte seine Lieder, soviel er konnte. Längst war er zu einem wandelnden Lexikon und Wiedergeber des zeitgenössischen Amerika geworden, der die Lieder seiner Landsleute in sich aufnahm wie Sauerstoff. Immer wieder gabelte ihn eine Radiostation auf, um ihn kurz über den Äther zu schicken. Viele der gängigen Folksongs verewigte er auf Vinyl, aber er musste erst die Ostküste erreichen, um seine eigenen Lieder zu veröffentlichen.

1940 kam er nach New York, und bis auf seine nicht aufhörenden Reisen und einem gescheiterten Versuch, wieder in Texas zu wohnen, sollte die Stadt bis zu seinem Tod 1967 sein Zuhause werden.

In New York hatte er Kontakt zu anderen Künstlern wie Leadbelly, Cisco Houston oder Pete Seeger, setzte sich für Gewerkschaften ein und schrieb neben seiner Autobiografie »Bound for

Glory« (auf Deutsch: »Dies Land ist mein Land«) und Hunderten Songs auch eine tägliche Kolumne für eine linke Zeitschrift. Er arbeitete rasend und ununterbrochen. Woody wurde einer der Mitbegründer der Almanac Singers, einer Folkgruppe, die antirassistische Gewerkschaftslieder und Songs gegen den Krieg sang, der in Europa tobte. »This machine kills fascists«, hatte sich Woody auf die Gitarre geschrieben, und die Augen des unscheinbaren Mannes funkelten auf, wenn er sagte: »Ich bin drauf aus, Lieder zu singen, die dir beweisen sollen, daß dies deine Welt ist, und wenn sie dich hart anging und dich ein dutzendmal aus den Latschen geschlagen hat, egal wie stark sie dich umgefahren und überrollt hat, egal welche Hautfarbe du hast, wie groß du bist, wie du gebaut bist, ich bin drauf aus, die Lieder zu singen, die dich stolz auf dich und deine Arbeit machen.«

Dann kam der Krieg nach Amerika.

Nach dem Anschlag auf Pearl Harbor meldete sich Woody zur Handelsmarine. Er lehnte es strikt ab, eine Waffe zu tragen, und wollte sich doch am Kampf gegen Nazi-Deutschland beteiligen, diesem Krieg, »that was bound to kill all wars« (Phil Ochs). An Bord der Kriegsschiffe, die ihn nach Europa brachten, war sein guter Kumpel und Kollege von den Almanac Singers, Cisco Houston, der sich folgendermaßen erinnert:

»All wir Kerle, die wir im Zweiten Weltkrieg auf den Schiffen unterwegs waren, wir brachten den besten Gesang zustande, den ich jemals in meinem Leben gehört habe. Wir trafen uns in der Latrine. Dort war die Akustik grandios, und der Gesang füllte den ganzen Raum. (...) Ob Soldaten oder Matrosen, Kerle von der Handelsmarine oder Geschützbesatzung: die Sache, die sie alle zusammenbrachte, war dieser Gesang.«

Die Chants und Stimmen der Schwarzen, die ihren Kameraden davon berichteten, wie mies sie im Süden behandelt wurden, hörten auch nicht auf, als das Schiff von Torpedos und Minen getroffen wurde. Man sang immer weiter. Als der Krieg zu Ende war, kehrten Cisco und Woody nach New York zurück, wo sich bald (ohne Woody) die einflussreichste Folkband der Fünfzigerjahre formte, entstanden aus dem Geist und den ehemaligen Mitgliedern der Almanac Singers: The Weavers.

Es war die Zeit, als sich die Krankheit der Mutter immer mehr in Woody bemerkbar machte. Er sollte nicht mehr in der Lage sein, seine Bilder zu malen oder seine Musik zu spielen. Das Gespür, das ihn zeitlebens begleitet hatte, büßte mehr und mehr seiner Kraft ein. Seine letzten Aufnahmen wurden aus Diskretion nicht mehr veröffentlicht, und sein Licht begann langsam von der Erde zu weichen.

> *I'm going where there's no depression*
> *To the lovely land that's free from care*
> *I'll leave this world of toil and trouble*
> *My home's in heaven, I'm going there.*

THE CARTER FAMILY / »NO DEPRESSION IN HEAVEN«

Noch einmal kam das Feuer, um den Kreis zu schließen. Woodys Tochter verbrannte in ihrem Apartment. 1956 wurde er in das New Yorker Greystone Hospital eingeliefert, eine Nervenheilanstalt, in der er die letzten zehn Jahre seines Leben dahinsiechte, zum Schluss nicht mehr in der Lage zu sprechen oder zu schreiben. Woody hatte alles bereist, alles unternommen, alles gesehen. Nun war es an der Zeit, dass andere, ja dass sogar eine ganze Nation sein Erbe verwaltete.

Bald mischte sich ein junger, dürrer Kerl unter die wenigen, die den Weg in die abseits gelegene Greystone-Psychiatrie auf sich nahmen, um Woody zu besuchen. Niemand kannte ihn. Er gehörte weder zum Freundes- noch zum Familienkreis. Aber der gerade aus einer Kleinstadt Minnesotas in die Stadt gezogene Robert

Zimmermann sollte bald die Chance bekommen, seine erste Platte aufzunehmen. Neben »Talkin' New York« enthielt das 1962 eingespielte Album nur eine andere Eigenkomposition: eine Hommage an den Mann, der wie kein Zweiter dafür verantwortlich war, dass aus Robert Zimmermann Bob Dylan wurde.

> *I'm out here a thousand miles from my home*
> *Walkin' a road other men have gone down*
> *I'm seein' your world of people and things*
> *Your paupers and peasants and princes and kings*
>
> *Hey, hey, Woody Guthrie, I wrote you a song*
> *'Bout a funny ol' world that's a-comin' along*
> *Seems sick an' it's hungry, it's tired an' it's torn*
> *It looks like it's a-dyin' and it's hardly been born.*

BOB DYLAN / »SONG TO WOODY«

***

Der RV-Park ist ein Haufen Scheiße. Zum Glück komme ich zu spät, um noch eine Menschenseele im Büro anzutreffen. Ich suche mir einen dunklen Platz. Der Rest des Campingplatzes ist halb leer; jene Trailer, die hier stumm und brüchig vor sich hin vegetieren, sind schon lange nicht mehr bewegt worden. Die Toilettenschüsseln randvollgepisst und angebrochen, aus der Dusche kommt kein Wasser. Es sind diese Nächte, in denen ich Mister Jefferson noch mehr schätze als sonst. Was auch immer da draußen ist: Hier drinnen habe ich meine Matratze, meinen Reisekerzenhalter, eine Flasche Whiskey, meine kleine Reisebibliothek, Musik und Ruhe. Die Hecktür lässt sich aufstoßen, um Millionen Sterne hereinzulassen und eine Nacht zu bewundern, die über der Wüste schwebt wie ein stummer, um alles wissender Ton.

Bei Sonnenaufgang bin ich wach und verschwinde, noch bevor jemand daran denkt, Geld sehen zu wollen. Keine zwei Minuten, nachdem ich die Augen aufgeschlagen habe, biege ich wieder auf den Highway 10 Richtung Westen, reibe mir den Schlaf aus dem Gesicht und sage: »Mein lieber alter Jefferson, noch zwei oder drei Tage, und wir riechen das Meer.«

Old West Country Stores, Old West Shirts, Old West Casino, Old West Boots, Old West Restaurants. Die Vermarktungsstrategie New Mexicos ist eindeutig und bebildert den Highway in riesigen Werbetafeln, hinter denen erst einmal nur die übliche Leere lauert. Als ich nach meiner Karte greife, liegt mein Daumen genau auf Silver City, und ich erinnere mich an die Band, die in Mesilla spielte. Sie war gut. Und sie kam aus Silver City. Warum also nicht?

Ich verlasse einige Kilometer später den Highway, um nach Norden zu fahren, und rausche bald durch die alte Westernstadt, langsam zwar, aber ohne anzuhalten. Silver City verschwindet problemlos im Rückspiegel. Warum sollte es urplötzlich von Bedeutung sein, auf welchem Ort mein dämlicher Daumen die Karte verfettet? Nein, ich wollte hoch nach Arizona und noch zum Grand Canyon, bevor es an die Küste gehen sollte, und hatte durch diesen Unfug die letzten Zweifel an meinem neuen Plan beseitigt.

Das Rätsel der Warnschilder »Zero visibility possible« wird bald gelöst: »Dust storms may exist.« Dabei wirkt alles harmlos. Es wird wohl seine Richtigkeit haben, dass diese Lucky-Luke-Landschaft, unterbrochen durch Nadelbaumprärie und erstaunlich saftige Weidetäler, hinter den geteerten Straßen ihre Valleys of Death oder die Black Snake Trails hergibt, aber heute ist der Zwang, jeden Dahergelaufenen zu duellieren, dermaßen erlahmt, dass die Verkäufer in den Shops und Tankstellen kaum noch aufschauen, wenn man ihnen die Dollars hinwirft.

> *In a highway service station*
> *Over the month of June*
> *Was a photograph of the earth*
> *Taken coming back from the moon*
> *And you couldn't see a city*
> *On that marbled bowling ball*
> *Or a forest or a highway*
> *Or me here least of all.*

JONI MITCHELL / »REFUGE OF THE ROADS«

Verdorrtes Grasland, steil aufragende Felsen, die von Wind und plötzlichen Regenfällen gemeißelt wurden, und eine Straße, die einen mit höchstens vierzig Meilen die Stunde durch die hügelige Landschaft und jene abgeschiedenen Dörfer führt, die aus fünfzig wild versprengten Caravan-Trailern zusammengerostet sind. Es fühlt sich falsch an, hier mit dem Auto unterwegs zu sein. Das Land schreit danach, seine Wege mit dem Pferd zu machen.

Bill Evans Lake. Wer würde da nicht vom Weg abkommen und zehn Minuten durch die Walachei gurken, wenn er in der Wüste ein Schild mit diesem Namen vorfände? Ob er nach dem Jazzpianisten oder einer lokalen Persönlichkeit benannt ist, die hier Ende irgendeines Jahrhunderts die meisten Rebhühner eines Winters schoss, ist unwichtig: Der winzige See ist alles, was ich mir erträumt habe. Ich kann mich waschen, einige Meter abseits meine Toilettengänge verrichten, mir die Zähne putzen und dann ein Schläfchen halten, dessen kurzer Traumgang so ruhig und sanft ist wie der Wind, der durch Mister Jefferson zieht.

Später, als ich wieder auf dem einsamen Highway 180 nach Norden fahre, halte ich kurz an, um folgenden Satz aufzuschreiben: »Das ganze Land unbehelligt vom Geschwätz der Menschheit.« Mal einfache, mal breitbrüstige Torbogen, die von der Straße aus zu den Ranches führen und den Namen der jeweiligen

Familie auf dem Eisenschild tragen. Es verwundert mich nicht, all diese deutschen Namen zu lesen. Wo anders würde man sich niederlassen, wenn man die größte Einwanderungsgruppe Amerikas ist, aber nirgendwo so offen sichtbar sein will wie etwa die Iren, Juden, Osteuropäer oder die Italiener, die stets ihre eigene Nachbarschaft pflegen. Es waren in erster Linie preußische Auswanderer, die sich liebend gern dieses kahlen Landes annahmen, um nicht mehr gesehen zu werden. Die Stille ist vollständig und es gibt der Arbeit genug – kein anderes Volk hatte es so eilig, Amerikaner zu werden, wie die Deutschen.

Ihre Nachfahren stehen jetzt, riesige Cowboyhüte ins Gesicht gezogen, hier und da an ihre Pick-ups gelehnt, rauchen und schauen zu, wie das Rind hinter den Zäunen grast. Da sie wissen, wie man trotz allen Überflusses mit der Zeit umgeht, wo jedes zu viel gesprochene Wort eine Verschwendung bleibt, reden sie nie mehr als unbedingt nötig.

Es hügelt sich vollkommen aus. Wir erreichen Arizona. Stunde um Stunde geht einfach so ins Land, und wir sind bestens vorbereitet. Mister Jefferson hat seinen Tempomat drinnen, ich lasse den Arm aus dem Fenster hängen und hefte die Augen in die grandiose Weite, die der Horizont mit einigen niedrigen Bergketten abfängt. »Das Nichts / rollt seine Meere zur Andacht« (Paul Celan). Die Wolken bilden hier das Element, anhand dessen sich die Landschaft zu halten vermag – wäre dort oben nur das Blau, verschwände sicherlich die gesamte Erde ins All. Nur so macht es Sinn. In unendlichen Kombinationen flockt das Weiß. Hier unten fahren wir mittlerweile Minuten ohne ein Auto, ohne einen Menschen oder ein Haus zu sehen. Ehrfurcht: Das Augerblickte ist so vollkommen, man weiß nicht, welche Worte man noch darüber verlieren soll.

Vor ungefähr fünfzigtausend Jahren ist hier ein Meteorit mit sechsundzwanzigtausend Meilen pro Stunde in die leere Landschaft gekracht. Seltsam, dass man einem der am besten erhaltenen Krater der Erde keinen Namen gegeben hat, er heißt einfach nur: Meteor Crater! Als gäbe es nur diesen einen. Ich laufe ein bisschen die Besucherplattformen ab und schaue mir im Videoraum des Museums einen Film über den Einschlag an, von dem jeder Zuschauer enttäuscht ist. Kein Clint Eastwood und auch kein Bruce Willis, die den Meteor in letzter Sekunde erledigen! Als ich einen letzten Blick auf den Krater werfe, der wie eine Pockennarbe auf dem Gesicht Arizonas sitzt, höre ich folgende Unterhaltung zwischen einem kleinen Mädchen und seiner Mutter:

Kind: »War der Meteor genauso groß wie der Krater?«
Mutter: »Ja, na klar.«
K: »Und er lag einfach da im Krater?«
M: »Ja, Liebling, genau da.«
K: »Aber wo ist er dann hin??«
M: »Uh, das weiß niemand, mein Schatz. Das ist eines der Rätsel, die uns Gott stellt.«

Als ich am Abend Flagstaff erreiche, bin ich so ausgehungert, dass ich in den erstbesten Imbiss laufe und wahllos aus der Theke bestelle. Ich weiß nicht genau, was ich da in den Händen halte, irgendetwas zwischen einer frittierten Pizza und einem Haufen öligem Gemüse mit Zwiebeln, das unerstaunlicherweise genauso schmeckt wie etwas, was zu lange in so einer Theke herumfleucht. Neben mir gibt es noch einen anderen ›Kunden‹, einen dürren, heruntergekommenen Kerl, der nur hier ist, um »Jeopardy« zu gucken. Und das anscheinend jeden Tag. Er rotzt sich laufend die Nase und weiß die Antwort auf jede Frage, die aus dem Fernseher schallt. Die Kategorien heißen »Früchte der Bibel« oder »Ismen«, und er hat schon die Antwort herausgebrüllt, noch bevor ich überhaupt die Frage kapiert habe. So geht das eine Weile, bis in der Kategorie »Ausländische Nummernschilder« die beiden Buchstaben »CH« aufleuchten. Die Kandidaten bleiben stumm, der Alleswisser neben mir bleibt stumm, ich aber springe auf, deute auf den Fernseher und schreie: »Fucking Switzerland.«

Das allgegenwärtige *fuck* hat im Laufe seiner etymologischen Weltwerdung die grandiose Wandlung von einer Unflätigkeit zu einem Adjektiv genommen, das das auf ihn folgende Substantiv schlichtweg doppelt hervorhebt. »Look at the fucking bird!« unterstreicht, wie wunderschön der Vogel ist, und ein klares, in Ehrfurchtsstarre ausgehauchtes *fuck* bringt eine Verwunderung zum Ausdruck, wie sie durch kein anderes Wort verlautbart werden könnte. Nichts fehlt diesem Alleswort, nichts an ihm ist überflüssig – es ist so präzise wie Metall und reiht sich ein in eine lange Liste von hell, dunkel, monoton oder Schnaps – Worte also, die durch ihre phonetische Sichtbarwerdung genau das be-sagen, was sie sind. Etwas Zackiges macht die Zacken hörbar, und unter etwas Kantigem wird sich niemand etwas Rundes vorstellen. Und nicht in der schlechtesten aller Sprachwelten wäre Lieblichkeit ein Sein von dunklem Charakter. *Fuck!* Kaum ein anderes Wort ist so exakt, so aufdringlich einsichtig. Auch wer kein Wort der englischen Sprache versteht, wird sofort wissen, was hier gemeint ist. Und nach ein, zwei Wochen in den Staaten purzelt es einem so leicht über die Lippen wie der eigene Atem – beide wollen natürlich nichts Böses. Immerhin ist der *fucking bird* ein göttliches Geschöpf.

Elf Stunden Schlaf. Die Nadelbäume stemmen sich in den Tag, das kostbare Morgengold des Ostens wirft sich über ganz Arizona und rollt langsam auf den Pazifik zu – noch sind die Dinge fein, noch den Prozessen ihrer Teilchenwerdung und der Wärme ergeben, die mit dem Licht umhertreibt. Bevor die Hitze des Tages wie ein Berglöwe über sie herfällt, wirkt an ihnen alles wie verzaubert.

Mister Jefferson rollt über die alte Route 66, bevor es eine Stunde lang stracks nach Norden geht. Wir sammeln zwei junge Kerle aus Oregon auf, die zum Grand Canyon trampen; der eine schläft sofort ein, nachdem er hinten auf der Matratze bäuchlings Platz genommen hat und einen feuchten Sabberfleck auf meinem

Kissen hinterlässt, und mein Beifahrer zieht trotz aller Höflichkeit ein Gesicht, als Deep Purples »Child in Time« aus den Boxen schallt, und murmelt irgendetwas Verächtliches über die Achtzigerjahre, die er nicht erlebt hat.

Diese *fucking* Jugend von heute!

Wäre da nicht das riesige Besucherzentrum des Grand Canyon National Park, wo ich die beiden rauslasse, man würde nicht meinen, hier käme noch was. Amerika hat den Reisenden über seine idyllische Landstraße geschickt, eine Meile atemberaubender als die andere, bis er nun in den zarten Tannenwäldern angekommen ist, die nicht den Anschein machen, als wollten sie bald wieder verschwinden. Die Trockenheit ist hier nicht vernichtend, sondern elegant, und so lange Mittel, der Erde zu schmeicheln, bis sie sich auftut zu dem stummen Schrei, der über die Jahrmillionen greift.

Was mögen die indigenen Völker und die alten Reisenden gedacht haben, als sie durch diese zarte Landschaft zogen und plötzlich der Boden unter ihren Füßen fehlte? Wie verkraftet es der Mensch, wenn er innerhalb von Sekunden die Welten wechselt und – völlig vor den Kopf gestoßen – neu werden muss an alter Stelle?

Nichts kann einen auf den Tempel vorbereiten, der hier in die Erde gerissen ist und von den Kräften erzählt, die lange vor dem ersten Menschenkind dafür sorgten, dass es einst etwas zum Staunen haben wird. Eine Stunde, zwei, drei: Soweit das Auge reicht, nehme ich Abschied von meinen Gewissheiten. Das Fehlen von einer Milliarde Tonnen Gestein offenbart eine Welt, wie sie umfangreicher nicht sein könnte. Nachdem die Canyonwand steil hinunterfällt und die eisenroten Standardfarben des Erdinneren zeigt, flacht sie ab und bringt die für den Canyon typischen Sockel hervor, die an Elefantenfüße erinnern. Dann Gräser und Büschel auf nackter, flacher Ebene, bevor nach weiteren Stürzen und Plateaus der letzte große Krater das Land aufbricht, um in seinem dunklen Innern den Colorado zu verbergen. Dort unten rauschen die Steine und Felsbrocken, die Millimeter für Millimeter das Land wegspülen, um es Wind und Sonne zu überlassen.

Man wischt sich den Schweiß von der Stirn und wünscht sich unendliche Augen, ein Gehirn aus Licht. Vor allem aber bleibt man stumm. Wolken ziehen über den Himmel und bringen Tausende Farbschattierungen hervor, von denen man keine für möglich gehalten hätte – sie flimmern an den glühenden Steinen und wie Elemente, die ihrer Verwirklichung, ihrer endgültigen Vererdung harren.

Alles, und nichts sonst.

Die Ruhe, die sich einstellt, ist wahrlich unmenschlich.

Hirsche und warme Winde ziehen über den Campingplatz, für den man seine wenigen Dollar, wie gewohnt, in einen Papierumschlag steckt. Keine Dusche, aber fließend Wasser. Wer einmal längere Zeit in Asien gelebt hat, weiß, wie er sich mit dem, was er vorfindet, mehr recht als schlecht sauber bekommt.

Meine Nacht wird kurz, da ich schon um sechs Uhr aufstehe, um den South Kaibab Trail in Angriff zu nehmen, der es auf genau zehn Kilometern Länge schafft, eintausendfünfhundert Meter Höhenunterschied zu überwinden – am Ende des Trails wartet der Colorado.

Der Abstieg ist steil und zügig, die heißen Steine klackern unter den Füßen. Nach zwei Stunden passiere ich einen gewissen Skeleton Point und gehe so lange weiter, bis ich, meinen Berechnungen zufolge, gegen Mittag wieder an dem Ort sein kann, den ich mir für meine mehrstündige Mittagspause ausgesucht habe. Es ist halb elf, als ich einen letzten Blick auf den schlammigen Fluss werfe und beschließe, die endlosen Warnungen, den Trail nicht an einem einzigen Tag vom Rand bis ganz hinunter zum Fluss und zurück zu wandern, ernst zu nehmen. Es wird mich einige Kraft und den halben Tag kosten, hier wieder herauszukommen. Es ist kurz nach zwölf, als ich den Etwas-Schatten eines trockenen Baumes erreiche. Irgendwo in der steinigen Erde hat er in eine Kraft gegraben, die seine Splitterknollen und grünen Spitzen austreibt, als wolle sie Wunder erledigen. Wie schrieb Rilke in seinem »Stunden-Buch«:

> Das ist das wunderbare Spiel der Kräfte
> dass sie so dienend durch die Dinge gehen:
> in Wurzeln wachsend, schwindend in die Schäfte
> und in den Wipfeln wie ein Auferstehen.

RAINER MARIA RILKE / »DAS STUNDEN-BUCH«

Fünfunddreißig Grad. Ich hänge meine verschwitzten Sachen auf und lasse die Welt kommen. Adler, Eichhörnchen, Raben, Echsen, riesige gelb-schwarze Schmetterlinge. Je länger man still dasitzt, desto mehr Tiere eilen herbei, um nach meinem Rechten zu sehen, und desto schneller wandelt sich der Canyon, der trotz seiner vermeintlichen Unbeweglichkeit nie derselbe ist. Sobald die Sonne einen Meter über den Himmel macht, ist eine neue Farbschattierung in diese endlose Gestalt gebracht, jeder Stein erwächst in einer neuen Formation, rückt sich zurecht, erntet eine neue Struktur, wirft Tiefen und Täler, während dieselben Schatten die Arme der Schluchten verlängern.

»Out of the earth-bound womb a great story is born.« (Sri Aurobindo) Die Überwältigung ist vollständig. Man fällt in dieses Bild, das den ganzen Tag begleitet, als sehe man zum ersten Mal den wahren Aufgang der Welt, der sprachlos ist und bleibt. Nichts lässt sich denken. Und da hier nichts mit dem Menschen zu tun hat, lässt sich zu nichts zurückkehren.

Bewahrstelligungsraum: Die Ewigkeit, also ein Sein ohne den Aspekt der Raumzeit, zeitigt sich in einer Wirkungsweise, die das stets Allgegenwärtige ins jeweilige Jetzt bringt: die Geburt eines

Universums vor 13,8 Milliarden Jahren. Alles ist Energie, die sich mit einem nun ausdehnenden Kosmos abkühlt und zu Materie verdichtet. Das so Verstofflichte wirkt gravitös, zum ersten Mal begegnen sich die Dinge, sie kreisen einander, zittern unter gegengewaltiger Kraft, klumpen, erbildern, vergehen und entstehen. Staub, Planeten und Sterne, kalt wie das Herz der kosmischen Leere. Die planetesimal beieinandergeschaffte Erde kühlt ab, die Atmosphäre kondensiert, Jahrmillionen lange Jahre lang regnet es Ozeane auf die Oberfläche, an hydrothermalen Quellen schloten unterirdische Vulkane, die ersten Atomverbindungen im holdwärmenden Lendenschoß einer Eisensulfidkammer, dieser Urgebärmutter, und folgerichtig Nukleinsäuren, Prokaryoten; dann löst es sich gen Helligkeit, treibt an die Oberfläche und atmet weitere Jahrmillionen in diese kleine Herzenseinheit, die noch immer nur als platonische Idee um den unsichtbaren Konsens der zu verlautbaren Formen sich einschleicht, platscht an Land, adert, wirbelt, knorpelt und knocht, ein Rausch der Gestaltung aus dem ehedem Gestaltlosen, nunmehr verfühlert, rückenvermarkt und warmgepelzt, Hominiden, in Hirnsaft eingeschlossenes Empfindungsfleisch, Metawasser, Fleischwasser, Kielwasser: Hemisphären. Die Klumpatschteilchen des neuronalen Universums fallen wieder der sich ausspielenden Energie des Lichts anheim, das wir dann Bewusstsein nennen, weil wir nicht wissen, was es eigentlich ist und wie wir das Grifflose ohne Begriff greifen sollen. Was folgt, sind Gedanken an Wärmedämmung und Koexistenz, gefolgt vom Zustandekommen von Wörtern wie Obstbranntwein, Wellness-Retreat, Juxta, *fucking* Switzerland. Hypothalamusmüßig kippt unsere Welt in den Stirngraben, und was bleibt, ist äonengleiche Wanderzahl, die niemand kapiert: ein paar wie Murmeln ausgeworfene Jahre, ein paar Tausend, Milliarden.

»Es ist schon viel gewonnen«, schrieb Novalis, »wenn das Streben, die Natur vollständig zu begreifen, zur Sehnsucht sich veredelt, zur zarten, bescheidnen Sehnsucht, die sich das fremde, kalte Wesen gern gefallen läßt, wenn sie nur einst auf vertrauteren Umgang rechnen kann.«

Für den vertrauteren Umgang müssen wir, die wir im Haus der Sprache wohnen, ebendiese Inkonsistenz aufgeben, die uns glauben macht, dass uns irgendeine Sache, irgendein Erkennen bereits bekannt ist. Das Denken und somit die Sprache, diese »trügerische Vertrautheitszone und elementarer Unheimlichkeitsraum« (Marcus Steinweg), hat aus den Ereignissen, die wir am wenigsten verstehen, eine Bekanntschaft werden lassen: Sie gaukelt uns eine Welt vor, anstatt sie ordnungsgemäß in der Schwebe zu halten. Das ewig Ungewohnte wird uns zur Gewohnheit, die Verwunderung konkret und das Unbekannte zu Name und Begriff. Nie ist die Wirtschaftlichkeit der Sprache in der Lage, etwas zu klären. Sie macht lediglich vergessen, dass wir in den Auswirkungen von Milliarden von Jahren unterwegs sind und in der Mußestunde des jederzeitigen Zum-Sein-Kommens nur von jener Gebrauchswelt zehren, die durch die vergessenmachende Vorweltwerdung schon stramm und bemerkmalt einen Aufenthalt verwaltet, der so unerklärbar ist, dass er überall leuchtet.

Denn was für eine Lüge ist es, den Himmel einen Himmel zu nennen und den Mond einen Mond, und was für eine Arroganz, von Milliarden von Jahren zu sprechen, als hätte man mehr als nur eine Vorstellung davon! Es hat in der Menschheitsgeschichte noch nie jemand verstanden, ausgenommen vielleicht eine Handvoll Yogis und Seher, wie es *ist*, als verlebendigtes Wesen auf einem Planeten, auf einem Stern zu laufen. Heidegger hatte recht, als er schrieb, dass uns das ontisch Nächste und Bekannte das ontologisch Fernste, Unerkannte und Übersehene ist. Man braucht noch nicht mal den stummen Abstieg ins Innere der Erde, den die Kräfteverhältnisse von 5,5 Millionen Jahren in dieses Plateau skulptiert haben, um sich jeden Moment aufs Neue zu vergewissern:

Dass es einen verdammten Planeten in der Leere des Kosmos gibt. Dass die Erde nachwächst in einen Haufen absterbender Sterne. Dass sich Pole umpolen und die Zeit sich krümmt. Dass die Erdoberfläche uns hält. Dass Gott eine Sehnsucht nach dem ersten Atom bedingt, und dass das erste Atom eine Sehnsucht nach Gott enthält. Dass es nur Außer-Gewöhnliches gibt. Dass es ohne den Tod keine Poesie gäbe. Dass es Poesie gibt. Dass der Tod kein Tod ist.

Und dass Sterne in der Nacht hängen und dass Sterne verbrennen, dass es überhaupt Orte gibt, an denen es gast, sich hebt, füllt, in denen es reift, himmelhängt und erdenschwert.

Dass wir nur Endliches über das Unendliche zu sagen haben.

Dass das Bekannte das erste und letzte Geheimnis ist.

»Die Nähe zum letzten Gott«, wird Heidegger schreiben, »ist die Verschweigung.«

Als ich sein Röcheln höre, steht er bereits direkt hinter mir und streckt seinen Arm nach mir aus. Dem jungen Japaner scheinen selbst die Augen ausgetrocknet zu sein, seine Lippen hängen voller weißer Fäden. Er wankt. Mit dem letzten feuchten Tropfen seines Mundes sagt er: »'Cuse, meifata, meifata canno … fata cann no … no …«

Ich setze ihn in den Schatten und fülle seine leere Wasserflasche auf. Während er trinkt, erinnere ich mich an einen Mann auf Flores, der sich mir im Hafen von Labuan Bajo folgendermaßen vorstellte: »Mapata pischerrmen! Mapata pischerrmen!« Er wiederholte diese ominösen Worte über ein Dutzend Mal, bis ich irgendwann verstand. Er wollte mir nur mitteilen, dass sein Vater jeden Morgen ausfahre, um das weite Meer zu bezwingen.

Mapata pischerrmen.
My father is a fisherman.

Ich mache ihm klar, langsam zu trinken, da er dabei ist, die ganze Flasche in einem Zug zu leeren. Seine Aussprache bleibt kraftlos, aber wenigstens verstehe ich nun, was er meint. Er ist mit seinem Vater fast bis runter an den Colorado, dann hat sein alter

Herr schlapp gemacht. Ein anderer Hiker ist bei ihm, beide haben kein Wasser mehr. Er hat sich nun aufgemacht, um Hilfe zu holen.

»Ich kann nicht laufen. Müde ...«

»Da müssen wir jetzt durch«, sage ich, lasse ihn einen Schokoriegel essen und packe unsere Sachen zusammen. Etwa eine Stunde bergauf gibt es eine Hütte, vielleicht könnte man von dort aus Hilfe rufen. Der Junge ist völlig fertig, setzt aber wie in Trance und bei halb geöffneten Augen einen Schritt vor den anderen. Ich laufe hinter ihm und halte ihn an seinem Rucksack fest, damit er auf dem Pfad bleibt und nicht die Schlucht hinabstürzt. Sobald er eine Sekunde stehen bleiben will, drücke ich ihn weiter – es ist wichtig, dass er im Rhythmus bleibt. So gehen wir und gehen, die Augen ganz auf unsere Füße konzentriert.

Falls ich dann doch mal den Blick hebe und an den Canyon erinnert werde, trifft er mich wie ein Schlag. Schon habe ich vergessen, was hier zu meiner Linken ausliegt und sich mit uns durch den Tag bewegt. Unwillkürlich lasse ich den Rucksack los, der Junge trippelt alleine voran. Noch immer lässt sich dem Auge nicht trauen. Das flache Grasland sieht in dem beginnenden Nachmittagslicht aus wie der Grund eines sich zurückziehenden Meeres, das wenige Grün schimmert wie Algen im dicken Rot des Gebirges. Als ob eine Handbreit Meer über der Erde läge. Als ob sich der grüne Samt aus uralten Wassern schöpfte. Alles dort unten ist derart weich und formbar, man erkennt gut, wie wenig hart das Harte ist und wie wenig beständig die Beständigkeit.

Wir erreichen den Aussichtspunkt und suchen uns einen Schatten. Die Hütte ist verschlossen, kein Mensch weit und breit.

Ich frage ihn nach seinem Namen, und obwohl er kaum Luft hat, besteht er darauf, die Form zu wahren. »My ... name ... is ... Shiba ... Shitake ..., nice ... to meet ... you ..., ... Sir.«

Als ich Shibas Rucksack öffne, um seine Wasserflasche wieder aufzufüllen, strömt mir ein Hochgenuss entgegen. So kann nur ein asiatischer Rucksack riechen! Eine Melange aus frischer Minze, der Erinnerung an Zitronengras und der Duft von geschliffenen Steinen steigt mir in die Nase und verzaubert meine Schleimhäute, die seit Langem nur noch die trockene Bilanz der Wüste kennen. Ich gebe zu: Shiba bekommt seine Wasserflasche erst, nachdem ich eine Weile gedankenverloren an seinem Rucksack herumgeschnüffelt habe.

Das ist noch nicht alles! Unter einem dünnen Schal finde ich eine Plastikpackung eingeschweißten Tankstellensalat. Salat! Im Grand Canyon! Kurz bevor man dehydriert und vor Erschöpfung umkommt! Diese Japaner sind der Wahnsinn. Ich reiße ihm die Packung auf, und er tröpfelt sich in einer Geschwindigkeit das Dressing über die Blätter, als habe er sich damit abgefunden, die nächste Ewigkeit hier mit mir zu verbringen. Ich beobachte ihn, wie er eine trockene Minute braucht, um jeden trockenen Bissen mit seinem trockenen Mund so sehr zu einem halbnassen Batschen zu zerkauen, dass er ihn nun mit Zuhilfenahme des Zufalls herunterzuschlucken vermag.

Als er fertig ist, steckt er die Verpackung in eine Plastiktüte, lässt diese in seinem Rucksack verschwinden und sagt, zu völlig neuen Kräften gekommen: »I am Shiba. What is your name?«

»Dennis. Nice to meet you, Shiba.«

»Where are you from?«

»Germany.«

»OHH!«

Shiba erklärt mir, dass er seit einigen Monaten Deutsch lernt, stellt sich auf und sagt auf Deutsch: »Ich heiße Shiba. Der Tag. Das Wasser. Die Sonne. Angenehm. Ich bin Shiba, ich bin fünfzehn Jahre alt.«

Nach ausführlichem Lob halte ich ihm meinen fast leeren Wasserkanister vor die Nase und mache ihm klar, dass er hier auf mich warten soll, während ich weiterlaufe, um einen der Ranger oder Wasser zu finden. Im selben Augenblick erreicht eine holländische Familie die Plattform, die uns eine Flasche Wasser abgibt, gefolgt von einem wortkargen Ranger, der eine verschlossene Truhe neben der Hütte öffnet. Endlich, denke ich, der Schatz: Etliche Wasserkanister, salzige Snacks und Erdnüsse. Ein Essay von Emerson. Aber von wegen. Neben alten Decken, einer im Canyon vergessenen Jacke und allerlei Krimskrams befinden sich ganze fünf kleine Halbliter-Wasserflaschen in der Kiste. Fünf! Fünfmal nur Halbes! Als ich gerade darauf hinweisen will, die Kiste eventuell mit solchen Dingen auszustatten, die hier unten in der brütenden Hitze des Canyons Leben retten könnten, drückt er mir eine der Flaschen in die Hand und bittet mich, bei Shiba zu bleiben; er stapft los, um nach dem Vater zu schauen.

Es dauert nicht lange, bis sie beide vor uns stehen. Shibas Vater hat lange genug geruht und ist von anderen Hikern mit Wasser und Essen ausgestattet worden; der Rest ist ein Klacks, der Ranger sichtlich genervt. Shiba steht auf, als er seinen Vater sieht, nimmt seinen Rucksack und verabschiedet sich von mir.

Japaner! Vater und Sohn tauschen kein Wort, kein stummes Grinsen, keine Erleichterung, einander wiederzusehen, nichts. Wenn das mein Vater gewesen wäre, der sich hier völlig übernommen hat und dabei abgekackt ist, er hätte sich den Rest des Tages die dümmsten Kommentare anhören können, zu denen das Bewusstsein in dieser Hitze fähig ist.

Am Rand des Canyons angekommen, warte ich noch auf den Sonnenuntergang, der einen Schleier über das Gestein legt und die ersten Schatten schlafen legt – ein Blau, so zärtlich wie Gas. Noch einmal wird die Welt fassbar. Das Sonnenrad passt genau zwischen das Wolkenband und den Rand des Canyons; im Himmel glühen die Wolken auf, und im roten Glitzerdunst erhebt sich der Canyon ein letztes Mal, bevor es Nacht wird. Die Stelzen sprechen auch in der Dunkelheit noch von den Sollbruchstellen der Erde. Alles wird stumm, keine Stunde könnte vollkommener sein. Wenn es ein Wort gäbe für das, was wir so unbedacht Liebe nennen, hier ließe es sich finden.

Und loslassen.

Wort

Du – in dem einen, das sagt,
und auch im anderen, das schweigt.
Immer schon Antwort, die fragt,
immer ein Fliehen, das bleibt.

Blickt aus deinem Sein jenes Seyn, welches trägt,
den Glanz in des Tragenden Heim?
Du unsagbar Weger, du immer bewegt;
aber in Wörtern als Wortlaut: allein.

Lass. Lob dir der Sprache funkelnden Schein
hinauf in das Ganz-Da der Ferne.
Ein Sagen, Greifen, die Monde, Gestein,
dir ewiges Monstrum: verlerne.

Zur Feier des Tages habe ich mir ein paar Flaschen importiertes Bier besorgt. Vollkommen erledigt und glückselig liege ich auf meinem Campingtisch, während der süße Nadelholzduft, der sein Aroma über den ganzen Tag legt, in der Nacht noch verstärkt wird. Nase und Mund. Und die Augen ins Lichtermeer des Himmels versenkt, der beweist, was von so einem Tag noch übrig bleibt.

Hinter den knisternden Lagerfeuern kommt ein Schatten auf mich zu und stellt sich als Thomas vor. Er hat gehört, wie ein Bier geöffnet wurde, und dachte sich, naja, vielleicht ...

Ich reiche ihm eine Flasche und bin froh, dass Thomas die Nacht nicht durch eine Unterhaltung ruinieren will. Er legt sich auf die Bank, verschränkt einen Arm hinter dem Kopf und bleibt stumm, nachdem er den einzig berechtigten Kommentar abgelassen hat: »Can't get any better than this, man.«

Bis uns die Müdigkeit packt und wir doch noch Lust bekommen, die Ereignisse des Tages zu teilen, liegen wir stumm und wissen nichts Besseres. Thomas packt schließlich sein Handy aus und spielt Bob Dylans »Blood on the Tracks«. Mittlerweile sind wir beim Whiskey gelandet, und als »Shelter from the Storm« läuft, holt Thomas alles aus dem kleinen Kasten raus, was dieser an Lautstärke aufzubieten hat. Es dauert keine zehn Sekunden, bis ein mürrisches »Shut the fuck up« über den Campingplatz hallt. Als ob man ihm mit Krieg gedroht hätte, springt Thomas auf und schreit, dreimal so laut, zurück:

»Hey motherfucker, listen up! This is a free land. This is America.«

***

Dem französischen Orientalisten Abraham Hyacinthe Anquetil-Duperron fiel gegen Ende des 18. Jahrhunderts auf, dass um das Jahr 500 vor Christus überall auf der Welt etwas Entscheidendes geschehen war; ein innerer Umbruch des Menschen, der sich unabhängig voneinander auf verschiedenen Kontinenten ereignete und sich bis auf die Gegenwart auswirkt. Ein Jahrhundert, »das als eine bemerkenswerte Epoche in der Geschichte der menschlichen Gattung angesehen werden kann. Damals ereignete sich in der Natur eine Art Revolution, die in mehreren Teilen der Erde Genies hervorbrachte, die dem Universum den Ton angeben sollten.«

In Asien traten Laotse, Konfuzius und Siddharta Gautama, den die Welt als den Buddha kennt, auf den Weltenplan. Im Okzident lehrten die größten griechischen Philosophen der Geschichte, in Persien predigte Zarathustra, und die großen Propheten Israels waren gerade ausgezogen, um ihre heiligen Stimmen zu ölen.

Karl Jaspers nahm den Faden auf und schrieb in »Vom Ursprung und Ziel der Geschichte« von einer weltgeschichtlichen Achse und prägte den Begriff der *Achsenzeit*: ein halbes Jahrtausend vor Christi Geburt wurde geboren, was er den tiefsten Einschnitt im geistigen Prozess unserer Geschichte nennen sollte, die »überwältigendste Fruchtbarkeit in der Gestaltung des Menschseins«.

Blickt man mit diesem Hintergrund auf die Fünfziger- und Sechzigerjahre des 20. Jahrhunderts, so lässt sich von einer amerikanischen Achsenzeit sprechen. Die Genies, das waren nun Dichter, Bürgerrechtler, Freiheitskämpfer und Musiker, die einen neuen Vorstoß zur immerwährenden Wahrheit, der *philosophia perennis,* aufbrachten und hinausschrien. Der kollektive Lauf ihres Landes im Besonderen und des Westens im Allgemeinen sollte von ihnen in Erregung versetzt werden; eine neue Zeit drohte allerorts aufzubrechen – und Amerika taumelte ob dieser Liebeserklärung.

Vor dem Hintergrund der eigentlichen Manöver, die das noch Ungestaltete in die Gestaltung übertragen, überschlugen sich die Ereignisse, die heute die Geschichtsbücher füllen. Amerika wählt J. F. Kennedy, um »den romantischen Traum von sich selbst in die Pflicht zu nehmen« (Norman Mailer). Kalter Krieg, Kubakrise, Vietnam: sechzigtausend tote Amerikaner und Millionen tote Vietnamesen. Angst vor den Russen, Angst vor einem Atomkrieg, die Ermordung Kennedys. Die Ermordung von Malcom X, die Ermordung Martin Luther Kings. Der Wettlauf der Raumfahrtprogramme, der endet, als ein Mann auf dem Mond steht. Präsident Johnson ruft die *Great Society* aus, Marlon Brando spielt in »Blackboard Jungle« (»Die Saat der Gewalt«), James Dean steigt auf ein Motorrad, James Dean raucht, James Dean stirbt. Columbia Records veröffentlicht mit »King of the Delta Blues Singer« die Stücke Robert Johnsons, Skip James steigt während des Newport Folk Festivals vom Himmel zur Erde herab, »Howl« und »The Feminine Mystique« erscheinen, die Sodomie- und Obszönitätsgesetze kippen, das Phänomen des Rock 'n' Roll heizt durch Muskeln und Sehnen, Männer lassen sich die Haare lang wachsen und

Frauen verlangen endlich, *God bless,* nach Orgasmen und Liebe. Woodstock, Transzendentalismus, schlichte Parolen für den Krieg, lange Märsche gegen den Krieg. LSD zeigt, was die Welt alles sein kann, und Burroughs zieht durch Südamerika und schaut, ob Yagé dem US-amerikanischen Bewusstsein etwas zu sagen hat. Zu Hause warten seine Brüder und Schwestern – jene seltsamen Gestalten, die die Geschichte unter dem Phänomen der Beatniks subsumiert hat und denen es nicht um die Veränderung des Status quo ging, sondern erst einmal um Angelegenheiten von enormer Höhe und berauschender Tiefe. Die Welt besaß etwas, was man ihren Vätern und Großvätern vorenthalten hatte: Intensität. Der Verstand ist nur eine Funktionsweise des menschlichen Geistes, und der reine Intellekt, der zu ihm gehört wie der Teig zum Brot, nichts als eine bodenlose Lächerlichkeit, wenn es um den vollständigen Inhalt des menschlichen Bewusstseins geht. Was hatte die Kunst bisher erreicht in ihren flachen Gewässern, die niemals über den Rand der Welt stürzen, um das Universum zu erreichen? Was war bislang gesehen worden mit Augen, die stets nur die Erdmachenschaften aller Weltenwerdung erblickt hatten? Nichts war bis dato wirklich geschaffen worden, nichts erkannt, nichts vervollständigt. Aber alles war möglich, und als ob es um die Eroberung einer neuen Welt ginge, sah man magische Charaktere durchs Land rauschen, moderne Troubadoure,

> who took the wildest side of the road
> waving genitals and manuscripts
> tuning their holy unholy voices
> to a wide-open society
> that didn't yet exist
> And so jump-started
> the stalled merry-go-round of American ecstasy.

LAWRENCE FERLINGHETTI / »AMERICUS«

Die Beats komplementierten die Bürgerrechtsbewegung. 1954 wurde die Rassentrennung aufgehoben und 1964 wurde der Civil Rights Act ein amerikanisches Gesetz. Es waren fast auf das Jahr genau hundert Jahre vergangen, seit der Amerikanische Bürgerkrieg und mit ihm die Sklaverei, zumindest offiziell, endeten. Die Realität der schwarzen Bevölkerung Amerikas hatte sich in einem Jahrhundert jedoch kaum verändert. Erst das Bürgerrechtsgesetz räumte ihnen das Recht ein zu wählen, in jedem Restaurant ihres Landes speisen zu können, in jedem Hotel übernachten zu dürfen oder den Bus zu nehmen, in dem auch Weiße fuhren. Dass die Freedom Riders nach all den Ohnmachtserfahrungen, den Qualen der Armut, den Erniedrigungen, Vergewaltigungen und den ungezählten Lynchmorden an jenen, die ihre Stimme gegen die Ungerechtigkeit erhoben, es bis zu diesem großen sozialen Umbruch geschafft haben, lässt sich nicht oft genug bewundern. Man war schlichtweg bereit, sein Leben zu geben.

»Und als sich der Geist der Rebellion aus jenem belanglosen Bus in Montgomery, Alabama, über den Kontinent schlich und wie neues Leben in die Risse und Winkel der nördlichen Ghettos einsickerte und in heftigen Stürmen durch die südlichen Universitäten fegte, bis er schließlich in *sit-ins* und *freedom rides* ausbrach – als dieser wirbelnde Strudel der sozialen Veränderung die Nation erschütterte, eine nichtsahnende amerikanische Öffentlichkeit erschreckte, erhob sich die Folkmusik, von fundamentalen Wahrheiten sprechend, langsam aus dem Grab; und die verrückte hip-Stelle des nationalen Ohres, das sich anfangs unwillig verkrampfte, begann zuzuhören.« (Eldridge Cleaver)

> *Come gather 'round people*
> *Wherever you roam*
> *And admit that the waters*
> *Around you have grown*
> *And accept it that soon*

> *You'll be drenched to the bone*
> *If your time to you is worth saving*
> *Then you better start swimming or you'll sink like a stone*
> *For the times they are a-changin'.*

BOB DYLAN / »THE TIMES THEY ARE A-CHANGIN'«

Bereits das an Woody gerichtete »It looks like it's a-dyin' but it's hardly been born« bewies, dass Bob Dylan verstanden hatte. Guthries Folk- und Protestlieder waren das Brot und das Wasser Amerikas, die er scheinbar nur nach New York karrte, damit Dylan sie sich einverleiben konnte. In der letzten Strophe von »Song to Woody« wird Dylan behaupten, ebenfalls harte Reisen hinter sich zu haben. Eine glatte Lüge, die keine ist. Dylan ist kein einziges Mal auf einen Güterzug gesprungen und hat sich nicht den Körper mit dreckiger Arbeit runtergewirtschaftet. Er floh nie vor einer Dürre, sondern nur vor der Kleinbürgerlichkeit seiner Familie. Er schmiss das College und ging nach New York. Aber er sollte die Fähigkeit haben, den Gehalt dieser Lieder nachempfinden zu können, als wäre er selber das Pfeifen der Züge, die ins Ungewisse scheppern, und die Mühsalsklagen der Frauen, die ihre verwahrlosten Kinder ohne einen Cent in der Tasche durchbringen müssen. Als wäre er selber Tom Joad, dem der Sandsturm die Lungen austrocknet. Etwas in ihm kannte all diese Orte und war all diese Menschen. Was Woody körperlich vorbereitete, würde er geistig vollenden.

Das folkloristische Universum schien klar vor seinen Augen zu liegen, und doch gab es da ein Rätsel, dem selbst mit zehntausend Liedern nicht beizukommen war. Alles ist jederzeit unendlich viel mehr, als es zu zeigen bereit ist.

»Der überwiegende Teil der Folk Musik basiert schlicht und einfach auf Mythen, auf der Bibel, auf Pest und Hungersnot und all so Sachen, auf nichts anderem als auf Mysterien, und das ist in all diesen Songs zu beobachten. Rosen, die den Leuten aus dem Herzen sprießen, und nackte Typen im Bett, denen Speere aus dem Rücken wachsen, und acht Jahre hiervon und acht Jahre davon – das sind im Grunde alles Sachen, die niemand so recht erklären kann.« (Bob Dylan)

Jeder kennt es, wenn er es hört.

Und niemand kann erklären, was es ist.

Dylan wälzte nächtelang, was die Welt vor ihm geleistet hatte. Er vertiefte sich in ungezählte Geschichtsbücher, Politik, Musik, Literatur, las alles von Ovid bis Henry Timrod, hörte alles zwischen Skip James und Dolly Parton, Muddy Waters und Beethoven. Dylan rezitierte Rimbaud und zog stumm durch den Zarathustra, gewann genauso viel Gehalt aus alten französischen Filmen wie ägyptischen Schriftstellern, aus den militärischen Überlegungen Napoleons wie den Auftritten der ersten Minstrels, die eine vollkommen absurde Welt imitierten. Und wusste:

»I was born very far from where I'm supposed to be.«

Als er sich daranmachte, dorthin zu gelangen, wo er ahnte, sich im Wesentlichen befinden zu sollen, hob er eine ganze Welt ans Tageslicht, das nie hell genug scheint, um auf das Verborgene zu fallen: aus kollektiven Erinnerungen, gegenwärtiger Stimmung und einem Gefühl für den Zulauf der Dinge wob er die nun allumfassende Erzählung Amerikas. Dylan kniete sich in all diese unbewussten Strömungen, die das Land und die Welt herzugeben hatten, und fischte daraus jene Wahrheiten, Wortfetzen und Sinnbilder, die als Textcollagen und Scherenschnitte durch seine Musik klabautern wie Archetypen, die derart vertraut sind, dass man sie vom Ungewöhnlichen nicht mehr unterscheiden kann.

Wer eine Enzyklopädie der USA sucht, hat über fünfunddreißig Bob-Dylan-Alben, die er aufschlagen kann. Nie geht es nur um die persönliche Armut, Sehnsucht oder das, was der Einzelne an Liebe zu deuten vermag: In jedem Menschsein offenbaren sich jene wiederkehrenden Geschichten und Schicksale, die größer sind als er selbst und sich durch die gesamte Existenz der Menschheit ziehen wie die Bahnen, auf denen überhaupt erst gelebt werden kann.»Ich meine, man könnte zu dem Ergebnis kommen, dass die Repräsentanten traditioneller Musik aus ihren Songs folgern konnten, dass das Unergründliche eine Tatsache ist, eine traditionelle Tatsache.« (Bob Dylan)

Dylan sang vom Unergründlichen, und Amerika wendete den Kopf und spitzte derart die Ohren, als hätte er eine alte Erinnerung zum Leben erweckt. Als verlautbare sich nun, was schon immer stumm auf den Lippen stand. Die New Yorker Protestfolkszene und eine ganze Generation junger Amerikaner, die der Biederei, der scheinheiligen Rechtschaffenheit und des Krieges müde waren, riefen Dylan als den neuen Messias aus. Es waren Alben wie »The Freewheelin' Bob Dylan« oder »The Times They Are A-Changin'«, die ihn zum großen Akkumulator, zum spannendsten Akteur der Achsenzeit werden ließen. Er veränderte die Welt für Millionen Menschen – und hatte kein Interesse daran, als dieser Veränderer in die Geschichte einzugehen. Als sein ganzes Wesen politisiert wurde und man permanent von ihm verlangte, zu jeder Profanität Stellung zu beziehen, entzog er sich diesem ganzen Kram, der ihn unendlich langweilte. Nicht, dass er den Ruhm und die Aufmerksamkeit nicht genoss – aber er wusste um seine Aufgabe, die nur wenige (etwa Johnny Cash und Allen Ginsberg) akzeptieren wollten:

Er war nur ein Musiker, der den Menschen ihre Lieder sang.

You walk into the room
With your pencil in your hand
You see somebody naked
And you say, ›Who is that man?‹
You try so hard
But you don't understand
Just what you'll say
When you get home.

BOB DYLAN / »BALLAD OF A THIN MAN«

Neben der Bürgerrechtsbewegung und dem von Dylan vollendeten Revival des Folk wurde die Achsenzeit vor allen Dingen durch jene Neubelandschafter hervorgebracht, die der Jazz aus dem Strudel Amerikas fischte. Es war nicht die Stunde, um einen Wurm an eine Nylonschnur zu binden und abzuwarten: Man fischte mit Dynamit und staunte, was alles an die Oberfläche trieb.

Charlie Parker hatte, als er mit vierunddreißig Jahren starb, eine neue Generation von Musikern zum Leben erweckt. Eric Dolphy ging »Out for Lunch«, Cannonball Adderley verwirklichte seinen »Primitivo« und John Coltrane blies »Love Supreme«, nachdem er Gott gefunden hatte. All diese Musiker wussten, woher sie kamen. Bob Dylan sagte über Duke Ellington, er klinge wie anspruchsvolle Folkmusik, und Thelonious Monk, der plötzlich Melodien entdeckte, die es schon immer gab, stimmte dem zu: »Folk spielen wir alle.«

Um das so bedeutende nächste Jahrzehnt einzuleiten, erschienen allein 1959 die wegweisenden Werke von Miles Davis, Ornette Coleman, Dave Bruback sowie »Blues and Roots« (1959 aufgenommen, 1960 auf Atlantic veröffentlicht) und »Mingus Ah Um« von Charles Mingus, dessen unaufhörliche Suche einige Jahre später zu einem der besten Alben führen sollte, das jemals aufgenommen wurde. In seinen eigenen Worten hatte er keinen Jazz mehr intoniert, sondern »Ethnic folk-dance music«.

»Als Jugendlicher las ich ein Buch von Debussy. Er schrieb, dass er, sobald er eine Komposition vollendet habe, diese sofort vergessen müsse, da sie ihn daran hindere, etwas anderes und Neues zu tun.« (Charles Mingus)

Er wuchs auf, wie alle anderen großen Musiker Amerikas eben auch aufwachsen: in der Obhut jedes musikalischen Genres, das das Land hergibt. Folk, Swing, Soul, und vor allem die Stimmen des Country Blues und die unangreifbare Aura der Gospelmusik, der es nichts anhaben kann, nebenbei auch ein Leben auf Erden führen zu müssen. Seine Mutter liebte die Country- und Westernprogramme, die im Radio liefen, während Mingus eine folgenschwere Vorliebe für klassische Musik entwickelte, für Strawinsky, Bach und Strauss. Er lernte Cello, Klavier und Bass und arbeitete unentwegt an seinem Kanon, der das Metier des Jazz in eine noch größere Musik, in eine reichere Form übertrug. Was Mingus anstrebte und laut seiner Auffassung auch kreierte, war schlicht und einfach amerikanische Musik. Eine Musik, die sich ihre umfangreiche Geschichte, insbesondere den Hintergrund der schwarzen Bevölkerung, erhält und darüber hinaus aus den Prämissen schöpft, die die jeweiligen Zeitalter, inklusive des Rausches der Achsenzeit, offenbaren.

»Wäre ich in einem anderen Land oder weiß geboren, ich bin mir sicher, ich hätte meine Vorstellungen schon vor langer Zeit zum Ausdruck gebracht. Sie wären vielleicht nicht so gut gewesen, denn Menschen, die frei geboren sind, nun, ich kann es mir nicht vorstellen, aber ich habe das Gefühl, dass wenn es für jemanden so einfach ist, dann sind sein Kampfeswille und seine Entschlusskraft nicht so stark wie bei jemandem, der kämpfen muss und daher mehr zu sagen hat.« (Charles Mingus)

Vielleicht hat kein anderer Musiker den Geist vom Congo Square so weitergetragen wie Mingus. Und vielleicht gibt es kein anderes Album, auf dem die vielen Zusammenkünfte Amerikas derart durch eine Person katalogisiert werden wie in seinem 1963 erschienenen »The Black Saint and the Sinner Lady«.

Sein tiefes und völlig unromantisiertes Verständnis für die Situation der schwarzen Bevölkerung,* seine Rage, sein Hang zum Rundumschlag, wenn es um das Rassenamerika oder die Politik ging, seine Querelen mit der Unterhaltungsindustrie, seine Wut und seine Zweifel, seine ungeheure Sensibilität und Intelligenz: Hier strömen sie ineinander und auseinander, begehren sich, fül-

---

* »Und da stand ich Nigger dann, zur Sau gemacht in der Musik und zur Sau gemacht beim Postaustragen, während sich die ganze Welt auf eine Zeit der Liebe vorbereitete und die Geburt Christi feierte.« (Charles Mingus)

len einander ab und schließen einen Pakt: Alles darf geschehen. Und dieses Alles muss Eines bleiben.

Der Tanz besteht aus sechs Sätzen – Mingus hatte die Choreografie einer Ballettaufführung im Kopf, als er zehn Musiker ins Studio schleppte, um sich selbst aufzunehmen. Er schob seinen Bass zurecht und war zufrieden: Endlich ließ man ihm Zeit und Raum, die er brauchte, um seine Gemüter biografisch unterzubringen. Nach der Anfangssuite beginnt Mode B mit einem großen Versprechen. Es sind leichtfüßige Liebhaber, die aufeinander zuschweben, um sich auf dem Parkett noch einmal an die Hände zu nehmen, den Puls des anderen zu bestaunen und sich natürlich der Liebe zu vergewissern, bevor das Drama seinen Lauf nimmt. Mingus tritt Berge an Rhythmen und melodischen Verschiebungen los, die unaufhaltsam ins Rollen kommen und nur von dem Altsaxofon Charlie Marianos gestoppt werden, dessen Gesang so tief in den Dingen steckt, dass der gewöhnliche Lauf der Weltendinge ihn wie eh und je übersieht.

Was folgt, ist das Aufheulen eines angeschossenen Bären, Beschwichtigungsszenen und Stimmen- und Tempowechsel, die die Sekunden erklimmen wie allzu stürmische Liebhaber; der auf- und abklingende Tumult bedient sich dabei immer des Bildes, das sich die Komposition vorgenommen hat: Alles bleibt in sich geschlossen. Wie durch ein Sicherheitswort fällt man immer wieder in den Verlauf des Stückes zurück, dafür spielt Mingus eben den Bass und bläst jenen Raum auf, in dem sich die übrigen Musiker bewegen können – wenn man alles erlebt hat und der Tanz schließlich verklungen ist, hat sich sogar jene Kraft entspannt, die dafür sorgt, dass sich die Dinge auf ihr Ende zubewegen.

Seit Ende der Fünfzigerjahre befand sich Mingus in freiwilliger psychiatrischer Behandlung, da ihm seine Depressionen und vermehrten geistigen Zusammenbrüche zu schaffen machten. Gut die Hälfte der Liner Notes des Albums stammen aus der Feder seines Psychologen Dr. Edmund Pollock, der die Entwicklung des ambivalenten Black Saint aus der Nähe begleitete. Ersetzte man »Mr. Mingus« durch das Wort »Amerika«, ist die Achsenzeit auf den Punkt gebracht: »Es muss betont werden, dass Mr. Mingus noch nicht fertig ist. Er befindet sich noch in einem Prozess des Wandels und der persönlichen Entwicklung. Es bleibt zu hoffen, dass Mingus' Integration in die Gesellschaft mit seiner eigenen Schritt halten wird. Wir müssen weiterhin mit Überraschungen von ihm rechnen.«

Die Fünfziger sind vorbei, die Sechziger enden. Was bleibt, ist eine neue und doch uralte Erkenntnis: Es gibt keine Veränderungen und kein neues *Ist* in der voranschreitenden Evolution des Geistes, die von den Bewegungen eines kollektiven Bewusstseins aufgegriffen werden und sofort ihre Vollveräußerung im Kontext der gesellschaftlichen und politischen Umwälzungen finden. Die augenscheinlichen Ereignisse, die sofort sichtbar werden und Schlagzeilen machen, sind immer nur ein erstes und plumpes Gestöber, das der Menschheit kurz den Atem verschlägt. Die subtilen und feinstofflichen Gründe jedoch, die unsere Sehnsucht vorantreiben und an der stofflichen Oberfläche die Revolte entzünden, wirken noch lange im Gewebe der Zeit, nachdem die Jahrhunderte vergangen sind.

Als der Rauch abgezogen ist, wird Amerika die Siebzigerjahre vor sich haben. Alles hatte sich ein wenig Richtung Licht verschoben, ohne auch nur annähernd aus dem Schatten zu treten. Die Mehrheit der Amerikaner war froh, dass die meisten Dinge blieben, wie sie waren: Die gewaltigen Massenmuster griffen noch immer. Der Wohlstand blieb trotz Ölschock und stagnierender Löhne unangefochten. Die Watergate-Affäre schüttelte das Land kräftig durch, Nixon unterschrieb als erster und einziger Präsident seinen Rücktritt, heulte wie ein Schlosshund und winkte seinem Volk *goodbye*.

Amerika machte weiter.

Aber die Dichter der Achsenzeit, Ginsberg, Burroughs, Mingus und vor allen Dingen Bob Dylan hatten ja auf das eigentliche Vorankommen aufmerksam gemacht: den völlig obskuren Weg nach Hause, den noch niemand kennt. Noch immer ist die Suche selbst das Ziel. Ihretwegen wird sich der Aufbruch immer gelohnt haben. Sie alle wissen: Wer jetzt schon ankommt, ist unterwegs verloren gegangen.

Die Pforten der Wahrnehmung hatten sich geöffnet, mit keinem Resultat – sie öffneten sich nur. Dort sah man: Ein neues, ein anderes Sein ist möglich, und Amerika, allen voran, ist das Laboratorium dieser Möglichkeit.

»To me«, schrieb Langston Hughes 1956, »jazz is a montage of a dream deferred. A great big dream – yet to come – and always *yet* – to become ultimately and finally true.«

Kapitel

10

Los Angeles

> *Es sind noch Lieder zu singen
> jenseits der Menschen.*
>
> PAUL CELAN / »FADENSONNEN«

Nebel klettert aus dem Unterholz und erobert die schlafenden Wälder. Lymphatisches Licht – als wolle der Weltenaufgang kein Zeitgeschehen, sondern Märchenstunden entwerfen. Um Menschen und Tiere zu wecken, zieht der Duft der platzenden Nadelschoten und Wacholderwurze über das weiße Blatt des Morgens und ersinnt das erste große Amen des Körpers. Ein Hirsch hebt den Kopf. Vögel lüften die Kehlchen. Ich sitze in der offenen Hecktür und wünsche mir mehr als nur Augenlicht, Stirngang und Ohrmuschel. Ob die Morgendämmerung weiß, dass sie ein seltener Täubling ist mit butterweichen Knien?

Zähneputzen und ein frisches T-Shirt für einen langen Tag. Das letzte Frühstück am Canyon, der letzte Blick in das Innenleben der Erde, und schon habe ich wieder die nimmermüde Teerschneise vor mir, um den Rest des endlosen Landes zu durchqueren. Aber wohin? Südlich nach Los Angeles oder nördlich nach San Francisco? Ich rufe meinen Freund Mark an und sage ihm, dass ich bereits heute Abend in L.A. sein könnte. Das sei kein Problem, sagt er. Er werde da sein und die Gästematratze auch.

Somit ist die Richtung vorgegeben. In einer Zahl ausgedrückt: der Highway 40, der erst vor den Toren der Stadt der Engel enden wird. Mister Jefferson rollt und rollt. Es ist das gewohnte Bild, von dem ich weiß, dass es den Menschen liebt und beschenken will: Mächtig spannt sich der Himmel über das Land und offenbart der Sonne diesen immensen Raum, in dem die Wunder geschehen dürfen.

Der Dramaturgie halber hat das Sonnenrad auf unseren letzten großen Wüstenreisetag gewartet, um Mister Jefferson seiner finalen Prüfung zu unterziehen. Arizona. Kein Tag war bislang so maßlos in seiner Hitze! Ich halte an fast jeder Tankstelle, um mir kalte Getränke zu besorgen und MJ eine Zeitlang aus der Sonne zu nehmen, der so dermaßen glüht, dass ich teilweise ein T-Shirt über das Lenkrad werfen muss und schon lange nicht mehr barfuß fahren kann.

Nach dem Mittagessen haben wir Kalifornien erreicht und uns am Teich eines kleinen Parks abgekühlt. Was jetzt noch zu meistern ist, ist die letzte Anhöhe der Mojave-Wüste, eigentlich eine Kleinigkeit, aber es zieht sich bergauf. Mister Jefferson verlässt die Kraft, der Tacho fällt auf dreißig Meilen pro Stunde und unter der Motorhaube beginnt es zu fluchen und zu rumpeln. Ich gehe runter auf fünfundzwanzig und rede permanent auf ihn ein. Der beste, der schönste, der erhabenste und vor allem unkaputtbarste Dodge der Welt! Eroberer aller Straßen, Bezwinger Amerikas! Meilenkönig! Metallgott!

Zwanzig Meilen pro Stunde. Der ein oder andere hupt, weil er mich für einen Vollidioten hält, der nur spaßeshalber schleicht, anstatt anständig zu fahren – wahrscheinlicher ist jedoch, dass sie uns Mut machen wollen. Als wir es geschafft haben, liegt das nächste Steinfeld vor uns, anmutig und endlos wie alles, das wenig bedarf. Keine Steigung ist mehr in Sicht. Der Fahrtwind ist so heiß, dass er mir im Gesicht schmerzt. Wir lachen vor Erleichterung und genießen den Rest der Wüste mit ihren kahlen, niedrigen Bergen, bevor wir zu den Menschen stoßen. Neunzig Minuten vor L.A. wird die Autobahn vierspurig, und es ist vorbei mit der Stille. Wo zur Hölle kommen all diese Autos her?!

Es ist mir nicht klar, wo genau die Vorstädte enden und Los Angeles beginnt, aber wir fahren immer weiter, lassen die Abenddämmerung hinter uns und halten erst, als wir tatsächlich am Ozean stehen. »Da siehst du«, sage ich zu Mister Jefferson, »du sturer Kerl. Da hast du deinen Meeresblick!«

Grau und mit weißen Spitzen rollt der Ozean heran, bewegt sich immer und bewegt sich nie. Nach all dem Stein und der maßlosen Leere des weiten Westens hört man die Lieder der Wellen wie ein verloren gegangenes Versprechen. Nasser Sand unter den Füßen. Es ist eine Weile her, seit ich in New York das letzte Mal an einem Strand stand, und verstehe einmal mehr, warum Amerika nur sich selbst kennt. Wer an einem Weltmeer losfährt und fast zehntausend Kilometer und zehn Wochen später an einem anderen Weltmeer ankommt, ohne die Landesgrenze verlassen zu haben, der kann nur auf die Idee kommen, eine gewaltige Insel durchquert zu haben, die sich in ihrer Abgeschiedenheit stets selbst besingen muss. Oben ein bisschen Kanada, unten das bedeutungslose Mexiko – und ansonsten nur inkommensurable Größe und ein Für-sich-selbst-Sein, das sich dem Restgeschehen des Planeten schulterzuckend verweigert. Thomas Jefferson prophezeite einst, es würde tausend Jahre dauern, um die damals jüngste Nation der Erde zu besiedeln. Es ging schneller. Jedoch nicht, weil das Land kleiner war als vermutet. Es war der menschliche Wille, der sich als ungeheuerlich erwies.

Aus einem Vorgarten zupfe ich mir eine Blüte und setze sie ins Wasser; ganz so, wie ich es Sumit versprochen habe. Ich danke allen mir unbekannten Wesen, die das Götterpantheon der Ozeane herzugeben hat, für die gelungene Reise und rutsche wieder hinter das Steuer meines treuen Gefährten, den, wie sich bald herausstellen wird, die heutige Anstrengung in der Mojave-Wüste die Rauchpumpe kostete.

Stadtautobahn, bis ich eine Stunde später irgendwann tatsächlich in Historic Filipinotown ankomme und den im Blumenkasten versteckten Schlüssel finde. Ich schmeiße meinen Rucksack in Marks Apartment und fahre sofort weiter zu der Adresse, die er mir aufgeschrieben hat. Ich bin keine fünf Minuten zu spät zur »Exclusive Power Night«. Marks Performance hat gerade begonnen. Der von ihm engagierte Schauspieler John Ennis animiert die fünfzehn geladenen Gäste zu gemeinsamen Spielen. Jeder von uns hat einen Beutel voll Kleingeld und versucht, die Münzen in eine zusammengeschweißte Metallrohrkonstruktion zu werfen. Die Tiefgarage, die für das Spektakel ausgesucht wurde und in der zwei installierte Vinyltapeten dem Unort eine spezifische Lokalität geben (Wolkenkratzer aus dem Zentrum L.A.s), hallt wider von Lachen, Grölen und Geldgeklimper. Der Moderator bedient sich eines ausschweifenden Managervokabulars, um als besoffener Motivationstrainer die Masse Unbekannter zu einer Gruppe zu einen. In dieser einsamen Stadt, in der die Menschen kaum noch zusammenfinden, sind die entstehenden Gesten zugleich wohltuend und traurig, erlösend und kindisch. Als Ergebnis bleibt eine hingeschmissene Skulptur aus Kleingeld zurück.

Die Show ist ein voller Erfolg. Nach einigen Bieren verabschieden wir uns von den anderen und fahren zur »Funkmosphere«-Nacht im Virgils. Es gibt keinen besseren Ort, um – völlig übermüdet – den ersten Abend in der Stadt ausklingen zu lassen. Ein richtig guter Schuppen mit einer wunderschönen Bar und einem grandiosen Barkeeper. Das Bartending ist eine völlig zu Unrecht aussterbende Kunstform. Man braucht ein Genie, um die Stimmung am Tresen mit der rechten Contenance zu organisieren, um den verschiedenen Ansprüchen und Seelenlagen der Menschen das Zuhause zu geben, das sie hier suchen. Gut gekleidet, charmant, humorvoll und ohne sich in den Vordergrund spielen zu wollen, kümmert er sich um seine Kunden, wer auch immer sie sein mögen. Er weiß, dass er hier ist, um den Menschen zu dienen, dass er einem Priester gleich nur ein Gastgeber ist. Amerika, deine wahren Seelenklempner, deine weisen Männer hinter dem Tresen sollten Millionen verdienen! Seine Cocktails sind großartig, das Licht perfekt gedimmt, die Gläser illuminiert – die Nacht hängt in den Seilen und ist völlig mit sich zufrieden.

Ich quatsche mit Mark, bis er mir seinen halbvollen Old-Fashioned hinschiebt, um sich unter die Tanzenden zu mischen. »This is the place to show your moves«, sagt er, und tatsächlich, auf der Tanzfläche bekämpfen sich die verschiedenen Gangs mit ihren Choreografien. Mark imitiert einen Roboter und verschwindet in den Lichtern, um den anderen Paroli zu bieten.

Den Kopf auf dem Tresen, schlafe ich ein. Auch das geht in Ordnung. Irgendwann weckt mich Mark und wir fahren nach Hause. Warme, gut sitzende kalifornische Nacht; und plötzlich all diese Kreuzungen und Häuser, die nicht mehr aufhören, Menschen und Lichter: Gelb und warm lädt die Stadt ein, sich alles gefallen zu lassen.

»Ziemlich gut, hier zu sein, und ziemlich gut, dich wiederzusehen«, sage ich, und Mark bedankt sich auf seine Art: »Das ist das Aller-Allerschönste, das ich seit Langem gehört habe.«

Meine Freude ist durchaus ernst gemeint.

Ich habe das Gefühl, erst mal eine Zeit lang in Los Angeles zu bleiben.

Schließlich soll es hier immerwährenden Sommer geben, Träume und Engel.

Man nehme einen jüdischen Mann und eine Frau aus Ecuador. Diese beiden zeugen ein Kind. Das Ergebnis ist Mark. Ein brauner, schlaksiger Kerl mit schwarzem Lockenkopf und großen

Paul-Auster-Augen, ein Jedi-Ritter der unbekümmerten Seite der Macht. Jeden Morgen schlurft Mark an den Wohnzimmertisch und arbeitet zwanzig Minuten an einem riesigen Ravensburger-Puzzle. Dann spielt er etwas Musik auf dem DJ-Programm seines Computers. Ich mache uns Tee und setze mich nach draußen, um die Morgenstunde zum Schreiben zu nutzen.

Heitere Morgenelegie Nr. 353

Die Weiterkeit? Das Eigentlich?
Ein Krümmen, Häufen, Biegen?
Oder einfach inner-sich
die olle Ich-Glut schmieden?

Wer weiß genau, wann Wachen endet?
Und wie entgangt der Gang ins Nichts?
Wer ist's, der ruft, und wer, der sendet
Unsereins zu Angesicht?

Hast Blöße hier, mein Freund, und Gaben
hast Allewelt miteingebackt.
Im Schwindel zwischen Dein und Haben
hast du heut Morgen gut – gekackt.

Denn Geist, er ist nicht ohne Fleisch,
und Liebe braucht die Leber;
quer durch Höll- und Himmelsreich
bleibst du noch Lebstoffkleber.

Klebst den Klumpen, rollst den Stein –
und alles ist erstunken!
Im Was-auch-immer-Lala-Sein
raunst du nur Ulk und Unken.

Mark sagt »Bravo. Gut. Ja«, als ich ihm die neue »Heitere« vorlese, die er nicht versteht. Er bastelt noch an einigen Drahtfiguren herum, bis er sich schließlich auf den Weg macht. Wie viele andere Künstler dieser Erde muss er neben seiner eigenen Arbeit noch wohlhabenden Künstlern assistieren, um sich sein Leben und die Mieten für Wohnung und Atelier leisten zu können. Entgegen anderen Menschen sieht er es jedoch nicht ein, sich verrückt machen zu lassen und den Tag wie eine Maschine zu beginnen. Letztendlich ist es simpel: Wer die Beschleunigung vermeidet, der braucht auch keine Mittel zur Entschleunigung.

Ich schnappe mir das Rennrad und überrasche das Stinktier, das vor der Nachbarwohnung das Katzenfutter klaut. Unter die vielen Grotesken des Lebens reiht sich nun auch der Anblick adipöser Wildtiere.

Wie in den letzten Tagen auch, erkunde ich meine Gegend um Echo Park, Koreatown, Silverlake, Los Feliz und den östlichen Ausläufer des Sunset Boulevard, während ich – halbe Tage mit Lesen und Schreiben verbringend – die Route meiner Kaffeespots abklappere: Cafecito Organico, Intelligentsia und zu guter Letzt das Vita. Mein Reisemodus passt sich der Umgebung an: Los Angeles schwimmt durch ihre Tage, und ich tauche in ihr unter. Ein langer Lichtstrom von Stunde zu Stunde und Tag zu Tag, und alles zeigt sich weich im Umgang mit der Umgebung. Fast jede Straße ist mit hochgewachsenen Palmen flankiert, und in der einen oder anderen Richtung stehen immer die Hügel, die die Stadt dort, wo sie nicht im Meer endet, umrahmen. In den ersten Tagen kann ich es nicht lassen, ständig Vergleiche mit New York zu ziehen, der geliebten Stadt, die mir aus der Ferne zu voll, kalt, zu hektisch und viel zu verbollwerkt erscheint. L.A. besitzt fast nichts von dieser Enge, und was man in New York hoch baut, zieht sich hier unspektakulär in die Breite. Obwohl man sich größte Mühe gibt, eilig und aktiv zu sein, lebt hier jeder wie unter Wasser. Das Glück aller wärmeren Gefilde:

Es braucht weniger eigene Anstrengung, um mit den unabdingbaren Geschäften des Lebens ins Reine zu kommen.

Wann immer ich Lust habe, die Strecke auf mich zu nehmen, fahre ich runter nach Venice Beach und erfülle mir den lang gehegten Traum, den Venice Skate Park zu skaten. Der Betonpark ist direkt auf den Strand gebaut. Hat man hiervon genug, geht man nebenan noch ein bisschen Basketballspielen, bevor man sich im Pazifik abkühlt und über die Strandmeile schlendert, voll von liegen gebliebenen Hippies, Freakshows, den Medical-Marihuana-Schuppen, Beaus, Beautys und massenweise Touristen, die die Bodybuilder fotografieren, die am Muscle Beach an den Geräten hängen und ihre proteingeladenen Eigengewichte verbronzen. Die Besucher werden nach Hause kommen, die Fotos auf den Tisch knallen und sagen: Hier, genau hier – zwischen dem goldbraunen Strand, den Muskeln und den Schaustellern – sind wir Amerika begegnet, jenem glamourösen Regenbogenland, in dem man den Mut aufbringt, exakt so zu sein, wie man sich vorstellt.*

Abends lohnen sich die zwanzig Minuten, die ich mit Mister Jefferson brauche, um von der Wohnung rauf zum Griffith-Observatorium zu fahren. Es soll einer meiner Lieblingsorte werden. Der über der Stadt hügelnde Park wird von den Einwohnern genutzt, um beim Joggen gut auszusehen und den Hund einfach mal von der Leine zu lassen – die Touristen hingegen sammeln sich um das Planetarium, um von hier aus den letzten Tropfen Licht zu bestaunen, der über die Hügel flattert. Unter uns weit und mächtig die scheinbar endlose Stadt; wäre der Smog nicht so stark und verwischte den Horizont, könnte man das Meer sehen. Bald liegt Los Angeles in der Obhut der Dunkelheit, und Sterne fallen in die war-

---

* Wenn es einen aus Boston stammenden Ostküstenkomiker nach Venice verschlägt, so kommt dabei eine Episode heraus, wie sie Louis CK in seinem überragenden Stand-up-Special »Shameless« erzählt. Die ganze Show ist auf http://louisck.net zu erwerben, unter »Gay Roller Blader« ist der Auszug auf YouTube zu sehen.

me Nacht; unten zeigt das Netz aus Millionen von elektrischen Lichtern an, auf welchen Bahnen sich die Menschen noch bewegen. Ein kaum zu beruhigendes Verlangen. Bald schon werde ich lernen, wie sehr die Menschen dieser Stadt in der Tradition ewiger Sehnsüchter stehen – und was sie auf diesem Wege alles zu leisten vermögen.

Mark, sein Kumpel Dave und ich fahren zu einem befreundeten Künstler nach Silverlake, der in seinem Haus eine Performance zum Besten gibt und anschließend eine Party schmeißt. Das Ganze läuft nicht schlecht; bald hat man sich im Wohnzimmer und in der Küche versammelt, um so schnell wie möglich high zu werden. Die üblichen Gespräche flattern durch den Raum wie von sich selbst gelangweilte Sprechblasen.

Nach einer Stunde zieht Dave Bilanz: »Es ist einfach immer dasselbe, egal ob in Berlin, Kopenhagen, Tokio oder hier. In der Kunstwelt trifft man immer auf die gleichen Charaktere, die Männer sind nach außen hin sauber und im Grunde genommen gestört und pervers, oder eben vollkommen sozialbehindert. Und die Frauen, Mann, sieh sie dir an, sie könnten alle wunderschön und herrliche Menschen sein, hätten sie nicht ausnahmslos einen enormen Dachschaden, den ihnen die kaputten Typen zugefügt haben, oder einfach die Welt, oder sie selbst. Das ist das Blöde am Menschen, jeder zieht den anderen immer nur weiter nach unten und der Schlamassel hört nie auf. Wir sollten uns fernhalten ...«

»Fern wovon?«, frage ich, aber Mark unterbricht und versucht, das Über-einen-Kamm-Scheren nicht mitzumachen, »Naja, aber ich sage dir, hier ist es immer noch ein bisschen anders als in Europa.« Er wendet sich an mich. »In meinen Wochen in Köln hatte ich das Gefühl, die Leute sind etwas weniger crazy.«

»Richtig«, sage ich. »Fast keine Perversen in Köln!«

»Was ich sagen will, ist: Amerika ist noch immer ein einzigartiger Spot. Nirgendwo hat man so eine gute Zeit, sich all die schrägen Vögel, den Moloch und das Chaos anzuschauen. Alles an uns ist karnevalesk, da wir selbst keine Ahnung haben, was wir genau mit uns anfangen sollen. Europa ist viel ... klarer, gefestigt. Wir Amerikaner sind nur immer darauf aus, irgendwas herauszuschreien oder alles mit Klischees zu überziehen. Es ist verblüffend und großartig.«

»Fernhalten wovon?!«, hake ich erneut bei Dave nach und bekomme eine Antwort in Form seines Abgangs. Er stellt sein leeres Bier ab und ist schon unterwegs, eine dieser »Fünfundsiebzig-Prozent-Frauen«, wie er es ausdrückt, auf seine Liebesbedürfigkeit aufmerksam zu machen.

Bald verlassen wir die Party. Mark ist so betrunken, dass alle deutschen Worte aus ihm heraussprudeln, die er damals in Köln aufgeschnappt hat. Hätte Mister Jefferson Ohren, er würde sie sich zuhalten. Es wird sich nie ändern: Wenn ein Ausländer die deutsche Sprache nachahmt, wird er es bis in alle Ewigkeit im Tonfall eines SS-Obersturmführers versuchen.

Da uns der Sinn nach Berieselung steht, fahren wir ins Vista, ein historisches Kino, das nun seit fast hundert Jahren die Fantasie der Menschheit auf die Leinwand wirft. Vor Kurzem sah ich hier »Planet der Affen«, nun läuft »Guardians of the Galaxies« – beides zweifelsohne Filme, für die das Unterhaltungsformat Kino erfunden wurde! Nur gekommen, um uns an Special Effects und Weltraumbildern zu laben, haben wir zwei wunderbare Stunden mit dem Spielfilm, der das gesamte Pulver einer niemals langweiligen Superhelden-Saga verschießt. Und wie immer geht es um das nahezu Menschenunmögliche, das Amerika als Prinzip in der ganzen Welt berühmt gemacht hat.

Slavoy Žižek hat recht, wenn er bemerkt, dass es in diesen Filmen stets Ausgestoßene und Freaks sind, die sich fern des gewöhnlichen Daseins ihre eigene Welt bauen und erst aus dem Schatten, in den die Welt sie gestellt hat, treten, sobald die normale Gesellschaft vor Probleme gestellt wird, die sie alleine nicht lösen kann. Die Nachricht ist unmissverständlich. Abseits wohltemperierter

Zugehörigkeitsparadigmen befinden sich jene Ausgegrenzten und Gescheiterten, denen der Aufenthalt in der Mitte der Gesellschaft aufgrund ihres Andersseins verweigert wird. Im Ernstfall aber machen sich diese Gebeutelten auf, die Ideale ihrer Mitmenschen oder gar deren Überleben zu verteidigen, nachdem die eigentlichen Vorbilder versagt haben. Kurzum: Hundert Jahre nach seiner Erfindung spiegelt Hollywood noch immer die Enttäuschung wider, die jene Menschen schlucken mussten, für die der amerikanische Traum nie Wirklichkeit wurde – und die daraufhin ihr eigenes Amerika gründeten.

***

Niemand zuvor schien von dem Ideal der Vereinigten Staaten derart elektrisiert zu sein wie die osteuropäischen Juden, die noch vor der Jahrhundertwende in beachtlicher Zahl in die USA einwanderten. Das Versprechen, sich in einer freien, gerechten und aufstrebenden Nation neu erfinden zu können, machte aus ihnen waschechte Amerikaner – so dachten sie jedenfalls, als sie von den Schiffen gingen und versuchten, ihre Leben in eine bessere Zukunft umzumünzen.

Neal Gabler zeigt in »Ein eigenes Reich«, dass bis auf Adolph Zukor alle jungen Männer, die die noch heute erfolgreichen Studios wie Warner Brothers, Universal Pictures, Paramount Pictures, Fox Film oder Metro-Goldwyn-Mayer gründeten, aus Familien stammten, in denen die Väter auf ihrer Suche gescheitert waren. Sie hangelten sich von Job zu Job und von Land zu Land, ohne ihren Frauen und Kindern die Möglichkeit zu geben, der Armut zu entrinnen. Verbittert über das Versagen ihrer Väter, wollten die jungen Männer nichts lieber, als ihre Vergangenheit loswerden und neu beginnen (übrigens eine Vater- und Vaterlandslosigkeit, welche in Deutschland nach dem Zweiten Weltkrieg ebenfalls grassierte und eine ganze Generation von jungen Männern prägte).

Die neue Welt sollte ihnen nun Heimat sein – eine neue Identität, war das nicht das Versprechen Amerikas? Die jüdischen Einwanderer waren mehr als willig, den *American Way of Life* anzunehmen. Es muss ein ziemlicher Schock gewesen sein, als man feststellte, dass er ihnen verweigert wurde. Die Hierarchien der Macht waren bereits etabliert und das soziale und kulturelle Gefüge hatte kein Interesse, die jüdischen Neuankömmlinge in seine Kreise aufzunehmen – überall stießen sie auf Mauern.

Der amerikanische Traum wurde nicht wahr.

Also mussten sie ihn erfinden.

Isaiah Berlin nannte es »eine neurotische Verzerrung der Tatsachen«, als die Juden in Hollywood begannen, ihre anhaltende Leidenschaft für die amerikanische Idee im fiktionalen Bilderrausch aufrechtzuerhalten. Da sie keine Tatsachen ihr Eigen nennen konnten, arbeiteten sie eben mit den Verzerrungen. Aus ihnen bastelten sie das Image Amerikas und ebenjene Werte und Ideale, die sie nicht vorfanden – an die sie aber weiterhin glauben wollten.

»In den Studios und auf der Leinwand konnten die Juden einfach ein neues Land erschaffen – ihr eigenes Reich sozusagen –, eines, zu dem sie nicht nur Zutritt hatten, sondern in dem sie auch herrschen konnten. Sie schufen ihr Reich nach dem Bild Amerikas, so wie sie sich selbst nach dem Bild wohlhabender Amerikaner schufen. Sie erschufen Amerikas Werte und Mythen, seine Traditionen und Archetypen. Es sollte ein Amerika werden, in dem die Väter stark, die Familien stabil und die Menschen attraktiv waren, anständig, voller Widerstandskraft und neuer Ideen. Dies war ihr Amerika, und dessen Erfindung wird wohl ihre dauerhafteste Hinterlassenschaft sein.« (Neal Gabler)

Amerika baute schon immer auf diese Art der Rehabilitation. Eine Nation ohne Geschichte kommt nicht umhin, sich seine kollektiven Identifikationswelten permanent aus dem Reich der radikalen Ideale erobern zu müssen. Das Resultat ist, dass alles übertrieben klingt, der Mythos heroischer ist als die Realität und die Vorstellung kunterbunter als das Vorgefundene. Verzichtete man auf die Fantasie, könnte man sich auf nichts mehr berufen. Dementsprechend ist in diesem fanatisch-patriotischen Land, in dem das Fahnenhissen anzeigt, wie sehr man Milch und Honig seiner Heimat liebt, einfach alles möglich: Von Hunderten amerikanischen Flaggen sah ich die größte auf dem Gelände eines Toyota-Händlers. Sie war so übertrieben groß, es hätte eines halben Orkans bedurft, um sie tatsächlich zum Wehen zu bringen. Was Tucholsky einst in der Kunst als unumstößliches Gesetz ausrief, besitzt nun mal fast überall seine Gültigkeit: dass man gerade das, was man recht auffällig im Schaufenster platziert, gar nicht führt.

**

Los Angeles, unter sanften Sonnen und cyanblauen Augen, dir gehören sie: Szenen über Szenen, während die Tage runterbrennen wie Kerzenwachs.

– An einer Ampel hält neben mir ein Auto: Auf dem Beifahrersitz sitzt ein junger Asiate, der den Kopf an das Fenster gelehnt hat und schläft. Neben ihm hat eine Frau, höchstwahrscheinlich seine Mutter, das Kinn auf das Lenkrad gelegt, während sie Rotz und Wasser heult.

– Nach einem Konzert sitze ich in einer Bar, als plötzlich ein betrunkenes High-Society-Paar vor mir steht. Der Mann erklärt mir geradeheraus, dass seine Freundin mich sehr nett finde und dass er da jetzt durch müsse: Sie würden mich gerne mit nach Hause nehmen. »Spice up our relationship«, faselt die Frau und beginnt, aus heiterem Himmel einen Streit vom Zaun zu brechen. Er versteht die Welt nicht mehr, ich lasse mir das Schauspiel gefallen. Irgendwann torkeln sie von dannen, während er sie anfaucht: »One of your glorious fucked-up ideas, honey!« Ich hatte während der ganzen Zeit kein einziges Wort gesagt.

– Einer dieser obdachlosen Jesusjünger steht zugedröhnt mit seinem »Jesus saves«-Schild an der Kreuzung. Als ich vorbeilaufe, sagt er: »Miss Whitey, you and me, happy ever after. O yeah!«

– In einem Restaurant steht eine Mutter mit ihrem fünfjährigen Sohn vor der Toilette.

Sie: »Nun geh schon.«

Er: »Aber ich muss nicht pinkeln.«

Sie: »Du hast gerade gesagt, dass du auf Toilette musst!«

Er: »Habe ich nicht. Ich habe nicht gesagt, dass ich *auf* die Toilette will, sondern *zur* Toilette. Und da bin ich ja jetzt, oder?!«

– Im Smogcutter, einer großartigen Spelunke, fällt ein lesbisches Paar liebestrunken auf dem Billardtisch übereinander her. Die Szene wird von einem uralten Kubaner, der den ganzen Abend still und uralt auf seinem Stuhl hockt, mit den Worten »Der Frühling, ach was, der Sommer!«, kommentiert.

– Ich fahre in dem Augenblick am verschlossenen Fenster eines asiatischen Nagelstudios vorbei, als eine der Arbeiterinnen kurz den Vorhang beiseite schiebt, um nach draußen zu schauen. Riesengroße Augen hinter der Atemschutzmaske, neben ihr eine Frau, die den Kopf in den Nacken wirft, um heftig zu lachen, eine handgroße Packung, die von einer Seite des Raumes zur anderen geworfen wird, und ein Licht, das irgendwo angeknipst wird und hellrot in den Raum flutet. Ein zu einem impressionistischen Gemälde gefrorener Moment, der einen vor Glück zum Heulen bringen kann.

L.A. schafft es, dass sich alles in einer perfekten Ordnung aufeinander zubewegt. Gut und folgerichtig greifen die Stunden ineinander und streunen durch den Tag wie unsichtbare Götter, die überall ihren Abdruck hinterlassen.

Ich lande in einem winzigen Café in Los Feliz, in dem sich eine junge Frau von dem Verkäufer einen Kuchen einpacken lässt. Etwas Seltsames geht hier vor. Der Verkäufer zieht mich so schlagartig in Bann, dass ich erschrecke und wie ein Idiot mit offenem

Mund dastehe. Ich bestaune seine Finger, die plötzlich wunderschön sind, folge jedem seiner Handgriffe, als handele es sich um die Bewegungen des jungen Adonis. Um seine Wangen schwebt der Glanz von Jahrtausenden. Was soll das? Dieser gewöhnliche Kerl ist auf einmal wunderschön, und ich kann es kaum erwarten, dass er endlich den Blick hebt und mich ansieht mit seinen mandelwarmen Augen! Ich brauche einige Sekunden, um es zu kapieren. Die Frau neben mir ist Hals über Kopf in diesen Mann verliebt, und ich stehe voll im Sog ihrer Gefühlswelt. Sobald ich es merke, trete ich aus dem Zentrum ihrer Magie. Und der schmallippige Kerl sieht aus, als langweile ihn das Leben zu Tode. Die Frau beachtet er nicht.

Ich verlasse den Laden. Auf der anderen Seite streitet sich ein Latino-Pärchen und ist drauf und dran, sich an die Gurgel zu gehen. Wie liest sich die Oberschenkeltätowierung meiner Nachbarin Trisha, eines sechzehnjährigen Mädchens, die schon Mutter einer winzigen Tochter ist und den ganzen Tag vor der Haustür hockt und raucht:

»It's always fair in love and war.«

L.A. wird klein. Ich beginne, Bekanntschaften zufällig wiederzutreffen, und lerne Sona kennen, von der ich erfahre, dass sie die Muffins und das Bananenbrot backt, die ich täglich in meinem Lieblingscafé konsumiere. Ein armenisches Vollweib mit jenem eurasischen Rasseln im Blut, das man zwischen Schwarzem und Kaspischem Meer sonst nur im Weinbrand verwahrt. Ihre Augen versuchen sofort, etwas mit der Seele des anderen anfangen zu können; als sortiere ihr Blick gnadenlos in Töpfchen und Kröpfchen. Unser Zeitpunkt ist grandios. Vor ein paar Stunden hat sie zum ersten Mal seit zehn Jahren mit ihrem Vater geredet, über Skype. »Schwerer Alkoholiker«, sagt sie, »und mittlerweile aufgedunsen wie ein Ballon.« Kaum hat sie ihn wiedererkannt dort in Weiß-der-Teufel-wo-Russland, wo er nun bei einem reichen Verwandten wohnt und seinem endgültigen Untergang entgegensiecht.

Als ihre Eltern sich trennten, kam sie mit der Mutter nach Amerika; sie studierte Film und arbeitete für verschiedene Studios als Schreiberin, bevor sie ihren gut bezahlten Job sausenließ, um an eigenen Drehbüchern zu arbeiten und selbstständig ihre filmischen Ideen zu verwirklichen. Da die Mutter einen Job brauchte, stieg sie mit ihr ins Backgeschäft ein.

Und die gute alte Backstube, die ist zu Hause.

Es ist drei Uhr morgens, als wir in ihr Apartment torkeln. Wie sagte John Waters? »If you go home with somebody, and they don't have books, don't fuck 'em!« Aber alles gut. Von Camus über Gregory Corso bis zur Heilpflanzenkunde und der Autobiografie des Yogananda ist so allerhand vorhanden. Ein Hund liegt in einem Babygehege und schläft. Die Katze kaum übergewichtig. In der für den Geschäftsbetrieb umfunktionierten Küche steht eine ältere, spindeldürre Angestellte mit schwarzem Kopftuch, knetet, backt und tauscht armenisches Wortgewalz mit Sona. Eine normale Unterhaltung, wie mir versichert wird. Doch die beiden hören sich an, als duellierten sie sich mit rostigen Schwertern und vergifteten Pfeilen, die im rachegelüstigen Sud der Magengrube angespitzt wurden.

Es riecht nach Marzipan und warmen Kindheitserinnerungen – es könnte mir kaum besser gehen. Als wir allein sind und Sona wieder ins Englische wechselt, wird auch noch der letzte Rest der Nacht weich wie ein aufkommender Sommer. Ihr Schlafzimmer führt zum Innenhof hinaus; kurz bevor wir einschlafen, höre ich dort jemanden rauchen und in sein Telefon flüstern: »Aber du hast doch gewusst, dass es so kommen wird. Ich sage ja nicht, dass es schlecht ist oder so, ich sage nur: ob Homo oder Hetero, was der Kerl mit seinem Garten gemacht hat, ist einfach nicht richtig.«

Am nächsten Morgen reicht mir Sona unter der Dusche ein dünnes Stofftuch, nachdem sie vorgemacht hat, wie man sich damit wäscht. Auf eine Gästezahnbürste angesprochen, gibt sie mir einen weiteren Lappen. Ich schmiere Zahnpasta drauf und putze mir damit die Zähne. Als ich in Mister Jefferson sitze und zu meinem Café fahre, tanzt mir unaufhörlich das Mantra der nächsten Tage durch den Kopf: armenische Lappen, armenische Lappen!

Los Angeles, schön und nachgiebig in seinen Anstrengungen, bringt die Menschen durch den Tag. Frauen schieben ihre Einkaufswagen voller Wäsche in die *lavanderias;* alte Mexikaner sitzen vor den Shops, kneifen die Augen zusammen und beten zu ihren Heiligen. Der Jesusspinner grüßt freundlich. Hinter den Gläsern der Sonnenbrillen flattert wie selbstverständlich all dies in endlose Sonnentage gestochene Leben vorbei.

Vorm Cafecito zwänge ich mich in eine Parklücke. Als ich aussteige, schreit mich der Kerl an, der in dem parkenden Auto hinter mir sitzt.

»Hey, du hättest beinahe mein Auto gerammt!«

Ich sage nichts und warte, dass er durch ein Grinsen andeutet, dies als schlechten Witz rausposaunt zu haben. Er grinst nicht.

»Wirklich«, sage ich, »ich wäre *beinahe* gegen deine Scheißkarre gefahren?«

»Alter ..., was auch immer!«

Trotzig verschränkt er die Arme vor der Brust.

Am Nachmittag werde ich Zeuge einer weiteren großen Veranstaltung, und wieder ist ein Auto im Spiel. Ein Mann will in eine Hauseinfahrt biegen, in der eine Katze sitzt. Er hupt und hupt, die Katze aber würdigt ihn keines Blickes. Er fährt näher an sie ran, will sie erschrecken, hupt im Stakkato und schreit aus dem Fenster. Die Katze bewegt sich nicht. Mittlerweile habe ich mich hingesetzt und wette mit mir selbst, wie lange es dauert, bis er endlich aussteigt und sie verjagt. Ich verliere die Wette. Es geht noch eine halbe Minute so weiter, bevor er die Katze als Scheißvieh beschimpft, den Rückwärtsgang einlegt und davonfährt. Chapeau, Fellvieh, Chapeau!

Ich bekomme einen Anruf von Mark. Ob ich an einer Show teilnehmen möchte, die für irgendein Fernsehen im Hammer Museum aufgezeichnet wird.

»Es wird unterhaltsam, und wir brauchen deine deutschen Fähigkeiten.«

»Was denn für deutsche Fähigkeiten?«

»Weiß ich noch nicht. Du bist jedenfalls die Wildcard. Also?«

Mark holt mich ab und wir machen uns auf nach Hollywood. Im Hammer Museum, das gerade in einer »Made in L.A.«-Ausstellung junge Künstler aus Los Angeles zeigt, sitzen wir unter dem Bambus des Innenhofes und warten auf Erin, die Dritte im Bunde. Schnell wird klar, dass die beiden keine Ahnung haben, was sie genau vorhaben. Es soll um einen Film gehen, den sie »PRI US« nennen; ich soll einen Talkshow-Gastgeber mimen und sie interviewen. Als wir zwanzig Minuten später in der Lobby des Museums auf Sendung gehen, ist mir immerhin der Titel der Sendung schon eingefallen – und dafür, dass unsere Aufzeichnung von »Prima Freischlad Tonight« komplett improvisiert ist, bringen wir ganz passable fünfundzwanzig Minuten zustande.[*]

Nach einem gemeinsamen Drink macht sich Mark auf, an seinen neuen Arbeiten zu schweißen; ich fahre zu Sona, die gerade ihre Mutter zu Besuch hat und mich mit ofenfrischen Muffins verköstigt. Es riecht nach geröstetem Krokant, Mandelöl und warmer Butter.

Ich esse.

Lecke mir die Finger.

Halte die Hand auf für mehr.

Sona strahlt.

Ihre Mutter klatscht sich das Mehl von den Händen und drückt sich an mich.

---

[*] Mark Rodriguez, Erin Olivia Weber, Dennis Freischlad: »PRI US«, www.kchung.tv/episodes/kchung-tv-august-09-2014, ab Stunde 01.02.57

LOS ANGELES

Wir gehen abendessen, was in L.A. natürlich bedeutet, das Auto zu nehmen. Unter Sonas Argusaugen darf Maria den Wagen fahren. Sie entpuppt sich als eine vor Lebendigkeit strotzende Frau, die den Kopf in hundert Sachen gleichzeitig verliert. Als Sona einen alten armenischen Song spielt, erinnert sie sich daran, wie sie Sonas Vater kennengelernt hat. Wie in einem Rausch beginnt sie, uns die ganze Geschichte zu erzählen, von den ersten Schmetterlingen im Bauch bis zum ersten Kuss und dem Jähzorn. Ihre Worte treiben sie völlig weg. Sona muss sie ab und zu boxen und ihr ins Lenkrad greifen, damit wir unfallfrei durch den Verkehr kommen.

»Erinnerst du dich noch an die Musik, die er uns vorspielte, als ich klein war?«, fragt Sona.

»Nein.«

»Ach Quatsch, natürlich weißt du, was ich meine!«

»Erinnern oder nicht«, würgt sie die Diskussion mystisch ab, »ist alles das Gleiche.«

Er habe ihr zum Aufstehen immer Musik vorgespielt, erzählt Sona, und sie habe die Lieder malen müssen. So habe sie gelernt, die verschiedenen Musikstile mit verschiedenen Sinnen wahrzunehmen.

»Soul hat mich immer am meisten inspiriert. Auch jetzt noch. Soulmusik ist wie das Leben, weit davon entfernt, perfekt zu sein, oft irreführend und mit zu vielen Bruchstücken und Kanten, aber sie hat das Herz, das Herz. Man spürt all das Herz dieser Welt im Soul.«

Als ich ausgleichend kontern will, das Herz werde leider viel zu oft mit den Genitalien verwechselt, immerhin geht es in neunzig Prozent aller Soullieder um Betrug, Eifersucht und fatale Liebesnarretei, erzählt die Mutter bereits wieder von ihrem Ex-Mann und dass sie einmal aus rasender Wut sein Atelier abgebrannt hat.

Sona dreht die Lautstärke runter und starrt ihre Mutter an.

»Was! Warum weiß ich das nicht!«

»Jetzt weißt du's.«

»Warum hast du das gemacht?«

»Ich dachte, er hat eine Geliebte, und dann bin ich ausgerastet. Wenn ich ausraste, raste ich eben richtig aus.«

»Im Ernst? Du hättest ihn aus Versehen umbringen können.«

»Aus Versehen! Mein Schatz, es war mein Plan, dass die beiden sterben.«

»O mein Gott! Hatte er denn überhaupt eine Geliebte?«

»Nein. Oder vielleicht doch, und ich habe nichts davon gewusst. Wer weiß das schon ...«

Sie lacht und schüttelt sich. Sona dreht die Musik lauter. Wir erreichen East Hollywood und essen in einem dieser vegan-organischen Superrestaurants, die erstens wirklich hervorragendes Essen zubereiten und zweitens beste Beispiele sind für den amerikanischen Akrobatismus der Neuzeit, den man in Kalifornien und vor allem in L.A. vor- und vollführt – und der sich von hier aus um den Globus vermarktet.

Eine Mutter geht mit ihrem speziellen Kinderjoggingwagen joggen, während sie über ein Funk-Headset gleichzeitig ihre Anrufe erledigt. Eine Armee von Lifestyle-Fetischisten zwängt sich in die Ashtanga-Yoga-Studios, um am perfekten Körper zu arbeiten. iPhones und iWatches überwachen den Fitnesszustand und geben durch permanente Vermessung des Tages und des metabolischen Terrains Ratschläge, wie man aus einer sinnlosen Wartezeit eine sinnvolle, also kalorienverbrauchende, Übung werkeln kann. Die Anhäufung von Identität durch die optimale Präsentation in den sozialen Netzwerken. Die Schönheitsoperationen, Facelifts und Hormonbehandlungen. Das unablässige Zeitmanagement. Menschen, die felsenfest davon ausgehen, dass alle Zufälle, Ausfälle und Beweggründe dieses Universums nur stattfinden, damit gerade ihre Seele etwas daraus lernen kann. Der Ernährungsfaschismus von *gluten-free, fat-free, sugar-free, wheat-free*. Das: *This day could change everything.*

In Los Angeles hat der Drang zur Selbstoptimierung die mental-spirituellen Sphären verlassen und den Leib erreicht – was dem Yogi hier noch bleibt, ist der vollgeschwitzte Boden der Tatsachen, auf dem die kräftedehnende Gymnastik abgehalten wird. Die einst elitäre Suche nach der Verbesserung des eigenen Ichs (die in den spirituellen Formeln die Auslöschung ebenjenes Ich-Subjekts zugunsten eines größeren Bewusstseinssubjekts mit sich brachte) hat im kalifornischen Körper- und Selbstkult die vollkommene Demokratisierung erreicht: Der Zugriff auf den Körper ist für alle verfügbar. Zwischen Fußnagel und Dutt steckt nun der heilige Stoff, den es zu wälzen gilt.

***

Botox und Detox zeigen den Menschen in seiner Grundfunktion als ewig Übenden. Und in keinem anderen Buch ist der Trainingsverlauf der Geschichte, die derweil in Kalifornien ihre neue *frontier* erreicht hat, so umfassend dargestellt wie in Peter Sloterdijks »Du mußt dein Leben ändern«.

Der Mann, der in »Weltfremdheit« noch schrieb, dass es der Skandal des Menschen ist, sich finden zu können, ohne sich gesucht zu haben, streift durch dreitausend Jahre menschliche Kulturgeschichte und steht am Ende seines Ausflugs mit der Erkenntnis da: Wer Menschen sucht, wird Akrobaten finden.

Wenn wir das größere Bild außer Acht lassen – dass alle Funktionen und Ergebnisse, die sich während der Evolution entfalten können, bereits vor deren materiellem Erscheinen immateriell angelegt sein *müssen* –, findet sich der Zweibeiner Mensch in einem ungeheuren Kosmos wieder, der ihn mit der Erdrotation langsam, aber sicher seinem Tode entgegentreibt. Hier, wo niemand dahinscheiden will, aber alle sterblich sind, beginnt Sloterdijks Anthropotechnik. Den Menschen identifiziert er als *Homo immunologicus*: als Lebewesen, das sich in bio-, sozio- und psychoimmunologische

Praktiken hüllt, um seinem unausweichlichen Schicksal eine eigenwillige somatische Gewalt aufzuzwingen.

»We only live once / And living very well is the best revenge«, schrieb Ferlinghetti in »Blind Poet«. Solch eine Rache entspringt aus den Kämpfen mit ebenjenem ethischen Sparringspartner, den Sloterdijk als innere Vertikalspannung oder ethisches Gefälle beschreibt. Der Mensch spürt, dass es in seinem inneren Welterleben ein Spannungsfeld gibt, etwas, das sich ständig an aufkommenden Möglichkeiten orientiert und das noch Unerreichte als Ziel der menschlichen Existenz entwirft – einfach nur leben und sterben, das wäre nur Unfug gewesen! Das Vollziehbare reizt den Menschen, da er in sich Höhe und Tiefe, Sinnvolles und Sinnloses, Wertprägendes und Nichtsnutziges empfindet. Dementsprechend die Weisung: Der noch unerschlossene Zustand des Seins könnte, mit dem richtigen Training, zu einem Haben anwachsen.

Auf dem Weg dorthin werden die Übungsplätze wild verlagert. Von den spirituellen Weltfluchtszenarien der Asiaten bis zu den Sportstätten der Antike oder den religiösen Institutionen Europas leistet der Mensch stets nur das, was Sloterdijk »Tüchtigkeitsübertragung« nennt. Askese, Virtuosität und Leistung bestimmen die menschlichen Disziplinen. Ob Meditationspraktiken, Artistik oder das Training an der eigenen vitalen Hochglanzform: An allen inneren wie äußeren Wettbewerben mit sich selbst übt das Individuum jeweils die »prozesshafte Einverleibung des Fast-Unmöglichen«.

Der Mensch, die unendliche Aufgabe.

Die Moderne betreut uns mit neuen Tätigkeitsfeldern und Trainingsmethoden – da es immer noch um spannungsabbauende Übungen geht, die uns den Tod vom intensiv gepflegten Leib halten sollen, beinhaltet der neue Schein die alten Tatsachen. Anstelle einer asketischen Weltflucht, für die das Individuum seine Mitwelt zugunsten metaphysischer Einsichten verlässt, kennt die Neuzeit vor allem den Rückzug in das Fassungsvermögen des Körper-Ichs, das sich in völliger Weltzugehörigkeit übt; Rückzüge, die sich mit »welthaften Bedeutungen eigenen Werts und Umfangs« aufladen, »bis der Punkt erreicht ist, an dem die rezessiv ausgegrenzte Subjektivität in ihrer Selbstsorge-Enklave als eine Weltgestalt eigenen Rechts hervorgeht. Aus der methodisch gesuchten Weltfremdheit erblüht eine Virtuosen-Industrie. Deren Meister greifen sich selbst als Werkstücke der Lebenskunst auf, um sich zu humanen Preziosen zu gestalten.«* (Sloterdijk)

Aus der inneren Bühne ist der von allen begehbare Laufsteg hervorgegangen. Auf dessen Wertebrettern kann der Mensch sein Können unter Bewunderung und zur Unterhaltung seiner Mitbewerber demonstrieren. Selbst wenn er keine artistischen Anstrengungen unternimmt, um Sensationen in sauerstoffarmen Höhen zu meistern, steht er bereits in der Tradition sezessiver Übungsprogramme, wenn er lediglich das Essen kauft, von dem er ausgeht, es füge seinem Wohlbefinden den geringsten Schaden zu. Obwohl noch die geringste Form der Selbsterhaltung auch eine Übung ist, wäre es für die Amerikaner im Allgemeinen und die Kalifornier im Besonderen natürlich viel zu wenig. Wer nicht jede Sekunde seines Tages nutzt, um etwas Nachzuweisendes zustande zu bringen, dem fehlt es schlichtweg an der rechten (Vertikal-)Spannung, was im Umkehrschluss bedeutet, auf der größten Baustelle des Menschlichen versagt zu haben. Aber aus welcher anderen Motivation heraus sollte Amerika, das Land ewiger Sehnsüchte, denn entstanden sein? Die Christen wol-

---

* Hier findet sich letztlich alles, was man gemeinhin unter dem Begriff Säkularisierung falsch versteht. Laut Sloterdijk findet keine Umkehr oder komplette Entzauberung des Transzendenten statt, sondern lediglich eine »Entradikalisierung der ethischen Unterscheidung«, eine »Devertikalisierung der Existenz« zugunsten neuer Glaubensbereiche. »Seit die Aufklärung Gott zu einer moralischen Hintergrundstrahlung des Universums herabstufte oder ihn geradewegs zur Fiktion erklärte, haben die Modernen die Erfahrung des Erhabenen aus der Ethik in die Ästhetik verschoben.« (Sloterdijk)

len bessere Christen werden, die Schönen schöner, die Kranken gesund, die Gesunden gesünder, die Arbeiter reicher. Nirgends sind die Versprechen, zum Gipfel des Menschenmöglichen stürmen zu dürfen, so vollkommen und allzeitlich. Es könnte genauso gut von Jefferson, Washington oder Lincoln stammen, wenn Sloterdijk schreibt:

»Es ist der Sinn aller Übung, die Brechung zu brechen, die Trübung aufzuklären und die vom Schicksal verhängte Abweichung des Vollkommenen ins Unvollkommene zu korrigieren.«

Angelus Silesius forderte den Menschen auf, wesentlich zu werden. Wahrscheinlich vergeblich: Sobald der Übermensch auf der Erde wandelte, fiele er prompt in die Kategorie dessen, das überwunden werden muss. Währenddessen kann man sich sicher sein, die Beach Boys weiter ihr Amerikalied singen zu hören:

> *You can make it bigger than life if you really want to*
> *have a little faith in yourself*
> *you can make it big if you want to.*

BEACH BOYS / »MAKE IT BIG«

***

Mark weckt mich. Ich mache uns zwei gute Tassen Tee und setze mich in die Sonne, die den Innenhof zum Erblühen bringt.

Heitere Morgenelegie Nr. 354

Immer her mit Elegien!
Zwischen Niesen, Prusten, Rotzen!
Drüsen-Fibro-Endokrin
wird dich ans Lebmal klotzen.

Magen hängt so schwer im Fleisch.
Nebelschwaden schwaden.
Frage: Gibt's ein Himmelreich
und: Wann wirst du's wagen?

Zuerst die Willkür, später: Gott.
Erst Pissen und Tabletten;
den Unterhang und Leibesschrott
bis hinters Frühstück retten.

Ooo so gewaschen und ernährt
fährt's sauber in die Spitzen.
Im Hirnbalk purzeln vollversehrt
nun Fragen in die Ritzen:

Warum gerät das Ich banal
und wieso wachen Menschen?
Tja: Um das werte Seelental
mit Herzraum zu ergänzen.

Der Postbote kommt mit einem Paket, drinnen sitzt Mark noch immer an seinem Puzzle. In fast zwei Wochen hat sich da nicht viel getan, und das ist ja der Sinn der Sache. Ich öffne das Paket. Es ist voll mit Livetapes von Konzerten der Grateful Dead, über die Mark ein Buch schreibt, das sich langsam, aber auch irgendwann sicher seiner Beendigung nähert. Bis auf ein paar Aufnahmen befinden sich in seiner Sammlung alle Konzerte, die die Band jemals gespielt hat. Insgesamt sechstausend Stück. Aus dem ganzen Land schicken ihm Sammler die Tapes zu, die sie nicht mehr haben wollen, und so lese ich ihm die Daten und Orte vor, und Mark hakt sie in seinem Katalog ab – es sind nur ein oder zwei Aufnahmen, die er sicherheitshalber als Zweit- oder Drittaufnahmen behält.

»Another day another Dollar«, sagt er, zieht sich ein T-Shirt an und macht sich auf den Weg ins Atelier. Ich schnappe mir Mister Jefferson und fahre zur Asian-Pacific-Klinik, die Sona mir empfohlen hat. Seit einer Woche hängt mir eine seltsame Entzündung im Hals, genau dort, wo die Schilddrüse sitzt. Ich nehme mir also den Vormittag, um die Geschichte schnell abklären zu lassen.

Der obligatorische Fragebogen ist ein einzigartiges Dokument – mir drängt sich der Gedanke auf, dass sich aus den drei Seiten mehr über das Land lernen lässt als aus der uralten Verfassung. Jede Einwohnergruppe hat ihre genaue Beschreibung, von »Armenian-American« zu »Asian-American«, »Native American« oder einfach »Mexican«. Irgendwie hänge ich in der Luft, als ich überall das so ungenaue »White« ankreuze. Die Frage, ob ich oder ein Familienmitglied in der Landwirtschaft arbeite, wird von einigen Spezifikationen abgerundet. »Seasonal farming« oder »Migrant farming work« oder »Travelling from place to place«.

Obdachlos? Auf die Frage, wo ich die letzten drei Nächte geschlafen habe, kreuze ich großzügig und wahrheitsgemäß an: Auto und zu Hause und bei Freunden und bei Fremden.

Ob ich »Rather dead« wäre oder »Better of dead«, ob ich innerhalb der letzten Jahre geschlagen oder getreten worden sei, und wenn ja, wohin. Nach einer halben Stunde werde ich zu einer koreanischen Ärztin gebracht. Sie setzt sich, drückt die Wirbelsäule durch und legt die Hände auf ihre Knie. Ich erzähle von meinen Beschwerden, sie unterbricht. Ob ich auch Husten habe, etwas, sage ich, ob ich auch Nachtschweiß habe, manchmal etwas, sage ich; ob ich oft müde sei, etwas, sage ich. Schließlich fragt sie mich, welche Länder ich im letzten halben Jahr bereist hätte. Als ich Sri Lanka sage und dann auch noch Indien, zieht sie ein Gesicht, als hätte ich vor ihr einen Eimer Todessuppe aus dem Ganges getrunken, mich anschließend in eine Pfütze voller AIDS gesetzt und mit Hepatitis-Viren abgetrocknet.

LOS ANGELES

»Das ist Tuberkulose«, keift sie und sagt, ich müsse das sofort abklären. Sie schreibt mir den Namen einer anderen Klinik auf, die die Lunge röntgen und einen Speichel- und Bluttest durchführen kann. Meine Einwände sind ganz und gar zwecklos – ich solle sofort dorthin fahren, immerhin deuteten alle Anzeichen auf eine tödliche Infektionskrankheit!

Die Adresse der Klinik landet in der Mülltonne. Es ist ein wunderschöner Tag, und ich werde ihn weiß Gott nicht mit so einem Blödsinn vergeuden. Ich hole Sona ab und fahre mit ihr raus nach Malibu. Ihr gefällt die Krankenhausgeschichte. Sie sagt: »Panik ist in Amerika ein vollkommen normaler Zustand. We love it! It keeps us safe!«

Ich bekomme einen Anruf von einer unbekannten Nummer, und es ist das Glück des Glücklichen, dass ich entgegen meiner Gewohnheit drangehe.

Zuerst glaube ich an irgendeine Telefonwerbung, bevor ich kapiere, dass eine Frau vom Gesundheitsministerium in der Leitung ist. Nach einigen Sätzen, die ich nur schlecht verstehe, sagt sie: »Sie sind eine Bedrohung für die nationale Gesundheit.«

»Nichts da«, wehre ich mich und erzähle ihr, dass ich etwas Halsschmerzen habe, weil ich gerade mit offenem Fenster durchs ganze Land geackert bin, und nur, weil eine verrückte Ärztin glaubt, ein bisschen Husten sei bereits eine Tuberkulose, werde ich noch lange nicht ... Sie unterbricht mich und gibt mir die Fakten. Jeder Verdacht auf Tuberkulose müsse gemeldet werden. Ich stände nun auf einer Notfallliste. Ohne Abklärung dürfe ich nicht reisen, schon gar nicht fliegen. Ich könne tödlich ansteckend sein, und laut Gesetz müsse ich das abklären. Mein Name sei nun in *allen* Listen!

»Alle Listen!«, schreie ich, aber die Dame gibt mir nur die Adresse des Krankenhauses, in das ich mich morgen früh zu begeben habe. Ich lege auf. Sona grinst: »Mein armer Tuberkulose-Boy, du wirst mir doch nicht wegsterben, oder?«

*My good gal's trying
To make a fool out of me
Lord, my gal's trying
To make a fool out of me*

*Trying to make me believe
I ain't got that old T.B.
I've got the T.B. blues*

JIMMIE RODGERS / »T.B. BLUES«

Ein unglaublicher Moment. Ich betrete das Krankenhaus, und die Sicherheitsfrau fragt: »Sind Sie Mister Dennis?« Ich nicke und frage sie, ob sie das tatsächlich jeden Mann gefragt habe, der heute Morgen hier bereits hereinspaziert sei. Sie reicht mir eine Atemschutzmaske und befiehlt, sie sofort aufzusetzen und in den zweiten Stock zu fahren.

Hier sitzt die Frau vom Gesundheitsamt, die mich gestern angerufen hat. Eine bildhübsche Mexikanerin mit großen warmen Augen und Haar, das kaum echt sein kann. Wie schwarze Seide fällt es von ihrem Kopf und glänzt zwischen ihren Brüsten. Wie in einer schlechten ›Sex sales‹-TV-Serie, denke ich, in der mit trivialem Blick auf die Einschaltquoten selbst nebensächliche Nerd-Berufe von aufreizenden Busenwundern besetzt werden!

Eine Stimme wie Kokosnussöl. In den zwanzig Minuten, in denen sie mir ihren Text aufsagt, bereue ich nicht, hierhergezwungen worden zu sein. Dennoch habe ich das Gefühl, mich für die ganze Veranstaltung rächen zu müssen. Als ich zweimal in eine Quarantänezelle mit negativem Luftdruck muss, um einige Röhrchen vollzuspucken, gebe ich mir alle Mühe, wenigstens einen Furz in der Kammer zurückzulassen. Ich verziehe das Gesicht und laufe rot an. Es klappt nicht. Man nimmt mir Blut ab, röntgt meinen Brustkorb und bittet mich kurze Zeit später, die Bilder zu betrachten.

Zuerst bin ich mit einer Schwester alleine, einer dicken, freundlichen Frau von den Philippinen, die, und das ist kein Witz, ein gelbes Shirt mit neongrünen Fröschen und Davidsternen trägt. Ich versuche alles, um es ihr irgendwie abzuschwatzen, aber sie winkt nur lachend ab und kichert, ich müsse ihren Sohn kennenlernen, der sei genau so ein Witzbold wie ich. Sie nimmt tatsächlich eine Visitenkarte zur Hand und schreibt seinen Namen und seine Adresse auf. »Ihr würdet euch bestimmt super verstehen!«

Die Tür springt auf und herein stürmt der fröhlichste Arzt, den ich jemals erlebt habe. Ein baumlanger Chinese, der permanent grinst, einen Schenkelklopfer nach dem anderen raushaut und mich mit funkelnden Augen bittet, eine interessante Anekdote aus meinem Tag zu erzählen.

»Ich wollte in euren Quarantänekasten furzen, aber es hat nicht geklappt.«

»Haha, er ist ein Komiker«, erklärt die Schwester, »er will unbedingt mein Hemd haben!«

»Zu Recht«, sagt der Arzt, »das gute Stück wird man irgendwann für mehrere Tausend Dollar versteigern, nachdem wir drei schon lange unter der Erde sind. So, aber was haben wir denn nun ...«

Er hängt die Röntgenbilder auf und erklärt mir: »Alles, was schwarz ist, ist gut. Schwarz ist gesund – Weiß hingegen: nein, nein, überhaupt nicht gut.«

Ich schaue auf einen riesigen weißen Fleck am unteren linken Lungenflügel.

»Verdammt, was ist das!«, frage ich entsetzt und deute auf die weiße Landschaft, die ein Loch in das dunkle Bild reißt.

»Das? Das ist Ihr Herz, Mister Dennis. Da ist es. Weiß wie Schnee. Wenn es jemals eine Frau gab, die sie angeklagt hat, Sie hätten keines – nun, Sie haben eins, hier ist es, weiß wie eine Wolke am Himmel, Sie können Bescheid geben, es ist völlig eindeutig.«

Er drückt mir die Hand, sagt »May you live well and happy all the time« und springt aus dem Raum. Noch einmal werde ich von der Frau vom Gesundheitsamt über die weitere Vorgehensweise informiert. Wenn der Befund positiv ist, muss ich sechs Monate in L.A. bleiben und mit speziellen Antibiotika behandelt werden. Ich habe schon schlimmere Nachrichten bekommen. Um ehrlich zu sein, ist die Vorstellung, in Los Angeles festzusitzen, geradezu verlockend.

Als wir uns gerade verabschieden wollen, stürmt erneut der Arzt das Zimmer: »Ach und übrigens, das Röntgenbild, Sie wissen schon, das Ding, weiß wie Rasierschaum: Sie haben nur eines davon, wir haben keine weiteren lokalisieren können. Passen Sie gut darauf auf.«

Abgang Arzt.

Man werde mich Morgen anrufen, sobald die Befunde da seien.

Los Angeles. Goldenes Licht über der Hyperion Avenue, und alles, alles glänzt. Atmen: als schlucke man Tausende Goldpartikel, so leicht wie die Gebete von Kindern. Der Kaffee ist großartig, die Stunden vergehen, als wäre ohnehin schon alles erledigt, und Walt Whitman schreibt: »Es scheint mir, daß jegliches Ding in Licht und Luft glücklich sein sollte / Wer immer noch nicht in seinem Sarg und im finstern Grab ist: laßt ihn wissen, daß er genug habe!«

Abends fahren Mark und ich erneut in mein Lieblingsetablissement, den Comedy Store, eine der legendären Stand-up-Bühnen Amerikas. Dana Eagle, Brian Scolaro, Theo Vonn. Als zu später Stunde nur noch eine Handvoll Gäste übrig geblieben sind und wir uns auf den Weg nach Hause machen wollen, werden wir von der Kassiererin zurückgehalten:

»Das solltet ihr euch noch angucken«, sagt sie und zeigt auf die Bühne, wo der letzte Comedian der Nacht gerade Stellung bezogen hat. Es ist an Bizarrerie nicht zu überbieten, wie er minutenlang einen Penis imitiert, der in einer Vagina herumtanzt. Nach dieser Vorstellung, die uns für kurze Zeit sprachlos gemacht hat, ist es nur gerecht, dass uns die Stadt ihren grandiosesten Menschen nicht vorenthält. Blaue Badelatschen und ein pinker Pyjama sind das Einzige, was er trägt, von der todernsten asiatischen Miene mal abgesehen, die er unter seiner Militärschnittfrisur aufsetzt. Da steht er auf einer kleinen Trittleiter und pafft an einer Zigarre, während er mit einer riesigen gelben Heckenschere den einzigen Baum trimmt, den sein verwahrloster Vorgarten hergibt.

Tausend Worte reichen nicht für diesen einen Moment.

Mark nickt und sagt: »Yepp, this is how we do it.«

Wie sehr ich diese träge, so überreizte und doch seltsam anspruchslose Stadt mit all ihren Gestalten lieben gelernt habe! Es wird mir schwerfallen, sie zu verlassen. Aber es kommt, wie es kommen musste: Als ich am nächsten Tag den Anruf aus dem Krankenhaus bekomme, dass meine Befunde negativ seien, ist ein Teil von mir geradezu enttäuscht. Es ist an der Zeit, mein vorläufiges Zelt bei Mark abzubrechen, Mister Jefferson zu beladen und weiter in den Norden zu kommen.

Ein letztes Abendessen mit Mark, Sona und Dave. Am nächsten Morgen, die Sonne ist bereits so hoch gestiegen, um den Rosmarinbusch zum Knistern zu bringen, verlasse ich schweren Herzens die Stadt.

Kapitel

11

San Francisco – *Yosemite*

*Lasst den Suchenden weitersuchen, bis er findet.
Wenn er findet, wird er bestürzt sein,
wenn er bestürzt ist, wird er verwundert sein
und über das All herrschen.*

JESUS / THOMAS-EVANGELIUM

Wie Goldstaub schimmert die Sonne auf dem Fell der Pferde. Orangen, Pflaumen und Blaubeeren schwimmen im Grün. Die Kronenspitzen der Artischocken brechen aus der Erde und öffnen ihre Blüten. Bis auf einen alten, pechschwarzen Hund, der sich mit nur drei verbliebenen Beinen über die Straße schleppt, geschieht dem Auge tagelang nur Gutes.

»Virginia, ha? Was bringt dich in unser schönes Kalifornien?« – Sie ziehen sich die Kappe aus dem Gesicht und reichen dem Reisenden die schwieligen Hände. Kaum ist man aus der Stadt heraus, wird man wieder von freundlichen Gesichtern begleitet und führt diese seligen Unterhaltungen mit Fremden, an denen es Amerika niemals mangeln wird.

Eine weitere amerikanische Ikone: der Highway 1, der das gesamte Ostküstenpanorama hinaufläuft. Ein Equilibrium aus Meer,

Klippen und Wald, belassen, rau und von einer ehrfürchtigen Eleganz, die sich sonst nur an unzugänglichen Orten finden lässt. Es ist fast unmöglich, den Blick nicht unentwegt über das Meer und die den Straßenverlauf begleitende Küste schweifen zu lassen; klettert man im Gebüsch und auf den Felsen herum, riecht alles nach Minze, Holunder und Gänseblümchen; Hunderte Vögel flattern umher, See-Elefanten murren. Auf den hohen Klippen sieht man die feinen Stellen, an denen die Wogen entstehen und sich leichtfüßig aufmachen, die Wassermassen zu heben und zu senken – der Ozean atmet. Kein Wunder, dass die Ortschaften so vorbildlich korrekt sind wie ihre Umgebung: Summerland, Santa Barbara, Oceano, Harmony.

Am Abend erreiche ich Big Sur. Der Pfeiffer State Park ist komplett voll, aber ich habe Glück. Der Kerl vom Campingplatz erzählt mir, sein Vater habe mal einen ähnlichen Dodge Ram besessen; er gibt mir den Platz, auf dem normalerweise einer der Mitarbeiter campt. *Enchanted* ist wohl das richtige Wort für den Wald, der sich hier über die Küste von Big Sur legt wie der Traum eines Druiden: verwunschen. Ich könnte schwören, die mächtigen Bäume liebkosen das Tal, und kein einziger Stock-und-Stein ist sich im Unklaren über die alchemistische Ehre, hier die Bilder des Paradieses heraufbeschwören zu dürfen. Alles scheint untrennbar mit den übrigen Elementen verwoben zu sein, der ganze Wald steht wie ein Kartenhaus – rückte man auch nur einen Stein umher, würde sich das Bild auflösen wie ein Traum.

Das Telefon vibriert. Weiß der Teufel, was Sergio gerade in El Paso über die Leber gelaufen ist, aber seine SMS verheißt nichts Gutes:

»Hey, you wanna write about how Americans live/think, right? I'll tell you some: they are fat, stupid, materialistic, ignorant and egocentric. Hope that helps, brother.«

Ich schalte das Handy aus. Das glühende Sonnenrad fällt hinter den Horizont. Nacht wölbt sich über die Baumkronen, und die roten Funkenschweife der Lagerfeuer schlagen hinauf in die Übermacht des Sternenhimmels. Der Zauber Big Surs. Seit Ewigkeiten suchen Dichter und Künstler hier ihr Abgeschiedensein, und nun weiß ich, warum Ferlinghetti, Robinson Jeffers, Hunter S. Thompson und viele andere immer wieder hierher zurückkehren mussten. Das Shangri-La des 20. Jahrhunderts. Wenn Henry Miller in »Big Sur und die Orangen des Hieronymus Bosch« angehenden Schriftstellern einen teuren Rat gibt, so ist er auch das Verdienst dieses Küstenabschnitts.

»Eines muß man wissen: Wenn ihr euch restlos und nach bestem Können ausgedrückt habt, dann und nur dann werdet ihr erkennen, daß alles schon gesagt ist, nicht nur in Worten allein, sondern auch in Taten, und daß ihr nur noch Amen zu sagen braucht.«

Es ist das Willkommenszeichen der Bay Area, als sich am nächsten Morgen die Wolken so stark zusammenballen, dass sie wie Berge über dem Ozean stehen; ein gewaltiges Luftschloss, kurzlebiges Massiv, das seine noch violett gefärbten Gipfel wie eine Krone trägt. Darunter ein Streifen Tagesblau, gefolgt von der dunklen Wand des Wassers. Es sind nur Meer und Himmel, aber sie hauen dich um wie ein Schwergewichtsboxer.

Ich durchquere San José und fahre mitten durchs Silicon Valley, bis plötzlich das auf den letzten Zentimeter zugebaute San Francisco die Halbinsel abschließt. Auf das südwestliche Ende der nach ihr benannten Bucht gebaut, ist die Stadt nun *prime property:* Sie kann sich nicht ausweiten, da sie nur von Wasser umgeben ist, und darf sich nicht weit in den Himmel erstrecken, da unter der Erde die Begegnung der pazifischen und nordamerikanischen Kontinentalplatten jederzeit ein Erdbeben auslösen können. 1906 wurden auf diese Art drei Viertel der Stadt zerstört und erheblich beschädigt, 1989 gab es das letzte große Beben: satte 7,1 auf der Richterskala.

Ich rufe Nathan an, der noch arbeitet, und Ava, die erst am frühen Abend von der anderen Seite der Bucht rüberkommen kann.

Ich vertreibe mir also den Tag in dieser eng geschnittenen Schmuckkästchenstadt, in der sich die Straßenzüge wie Kinderzeichnungen über die Hügel wellen, in der alles bunt, angemessen und gemütlich ist. Das zu allen Seiten ausliegende Wasser umgarnt die Stadt, das Zusammenspiel des Himmelblaus mit Bucht und Meer ist vollkommen.

Eine Stadt mit erhobener Brust, die genau weiß, wie schön sie ist.

Ich besorge mir neue Tapes, besuche den ehrwürdigen City Lights Bookshop und sitze eine gute Zeit lang im Café Triste, einem alten italienischen Kaffeehaus, das sich das Flair von Florenz bewahrt hat. Auf meinem Tisch liegt ein alter Bon, auf den jemand »How long will it take to not find you?« gekritzelt hat.

Schließlich treffe ich Nathan in der Nähe des Dolores Park. Es ist unglaublich: Seit wir vor acht Jahren einen gemeinsamen Sommer in Indien verbrachten, haben wir uns nicht mehr gesehen, und der Teufelskerl hat sich kein bisschen verändert. Scheiße, er trägt sogar den gleichen Bart und das gleiche herrliche Grinsen im Gesicht, die rötlichen Haare zur selben Kurzhaarfrisur zurechtgestutzt. Merke: Wer sein Leben lang Frisur und Bartlänge nicht verändert, wird auch nicht altern und demzufolge auch nicht sterben.

Wir holen uns ein paar Biere. Hoch oben im Park hat man einen grandiosen Blick über die Stadt, und hier findet uns Ava. Mein Herz schlägt mir bis in die Haarspitzen, als sie wie selbstverständlich die Wiese heraufspaziert kommt. Diese Frau ist mitverantwortlich für einen Moment, der sich so tief in meine Seele gebrannt hat wie kaum ein zweiter, ein Bild von Jahrtausenden – es gehört zu mir wie mein eigenes Blut oder ein unendlich fortgesetzter Traum, ein Archetypus, der schon die Nächte des Erdenrunds ausleuchtete, lange bevor meine Großeltern geboren wurden.

Ava kam einige Jahre nach Nathan nach Indien, zu einer Zeit, als ich an der Küste lebte. In Vollmondnächten schwammen wir raus zu den Fischerbooten, die im Frühjahr vor der Küste ankern.

Da saß nun diese aus dem schönsten Licht gemeißelte Indianerin am Bug des Bootes und starrte in den riesigen Mond, während das Wasser von ihrem Körper perlte. In der Ferne wogten noch die Waagschalen der Palmen, vor uns aber schmiss der Vollmond, der kurz zuvor noch feuerrot aus dem Meer stieg, seinen Silberteppich über das Wasser und verwandelte die Welt in tausend tanzende Spiegel. Die Welt wurde so stumm, als sei sie gerade erst geboren worden. Wir hatten alles hinter uns gelassen, und trotzdem trat alles so nah, dass man sich wiedererkannte in Wasser und Licht, sich vorfand am Ort der verschwundenen, hanebüchenen Zeit. Ein Augenblick der Erleuchtung: Sobald man sich selbst verliert, gewinnt man die Summe der Welt, die man hinter dem Wetterleuchten der menschlichen Konstitution stets gewesen ist. Die in eine Scheinheiligkeit aufsummierte Persönlichkeit verschwindet und alles, was ist, erkennt sich wieder als Ursprung und Ziel der eigenen Bedingung. Viele Jahre später weiß ich: Es ist unmöglich, von solchen Nächten vollständig zurückzukehren.

Und nun: Nathan und Ava, ein knurrender Magen, unbekümmerte Unterhaltungen und der Stundengang eines weiteren Tages. Die heiligen Beiläufigkeiten San Franciscos, als ginge alles einfach so weiter. Wie warmer Sand rieseln mir Erinnerung und Gegenwart durch die Hände, und ich kann es nicht aufhalten, weiß nicht mehr, was Sand, was Hand und was oder wer dieser Zeuge ist, dieses unauffindbare Ich-Subjekt, dem dies alles geschieht, als wären unsere so hingeschmissenen Leben die normalste Sache eines pechschwarzen Universums. Als zögen wir nicht wie Geister, wie vollbestimmte Schicksale durch diesen Lebstoff, der sich unserer Kenntnis entzieht.

Nathan sagt, mir werde die Stadt gefallen wie meine eigene Leber, und schwenkt sein Bier durch die Luft. Ava zieht die Beine an den Körper und blinzelt. Man kann nur darüber staunen und den Ereignissen zustimmen. Obwohl wir nichts begreifen und das Herz, das sich so gerne der Welt vergewissern würde, unter den

Unsicherheiten der Existenz ächzt und wild um sich schlägt, wird uns die Intuition recht geben:

All das ist es wert, unendlich geliebt zu werden.

Das Wetter verändert sich stündlich. Nach einem sonnig-klaren Nachmittag zieht nun ein Nebelschleier in die Bucht, als begänne diese zu träumen. Es wird nicht halten. Der Wind bläst die Wolken aus der Stadt, um noch einmal Platz zu schaffen für dieses flüsternde Licht, zu dem nur das Meer Willen und Ressourcen hat. Aus dem goldbraunen Sonnennetz, das die Stadt überzieht, könnten nun Engelsscharen treten, und niemanden würde es wundern.

Nathan führt uns durch seine Stadt. In der Nähe des Hafens stolpern wir zufällig in eine Bar, in der eine Jazzband gerade ihr Set beendet hat und noch einmal auf die Bühne geklatscht wird. Nach der Zugabe sitzen wir mit Gerry, dem Posaunisten, an der Bar und quatschen, ich weiß nicht mehr, wieso, über Containerschiffe.

Ein großer, sanfter, gemütlicher Mensch mit müder Haut um die wachen Augen. Als der Whiskey leer ist und Gerry zu einem weiteren Gig muss, nimmt er uns kurzerhand mit. Wir quetschen uns in seine alte Karre, er zündet sich eine Zigarette an, schiebt eine Bobby-Womack-CD in den Player und beginnt, seine Geschichte zu erzählen.

»Meine Hand macht es nicht mehr richtig. Ich kann gerade wieder etwas spielen, aber ich hatte einen schlimmen Unfall, der mich den Job kostete. Kannst du dir das vorstellen? Ich bin siebenundzwanzig Jahre lang Lkw gefahren, und die Minute, wo ich für drei Monate ausfalle, will mich meine Firma sofort loswerden. So läuft das heutzutage. Jetzt bin ich sozusagen in Frührente, und da dachte ich, spiel ich doch wieder die gute alte Trompete, so gut es geht, und Posaune, ich habe ja jetzt wieder viel Zeit und brauche die Kohle.«

Er schnippt etwas Asche aus dem Fenster und hustet sich in die Hand.

Ich notiere mir: Ich war alt und brauchte das Geld.

»Entweder bist du indianischer Abstammung oder aus dem Süden des Kontinents, richtig?«

Ava führt kurz aus, warum er mit beidem ein bisschen recht hat, und Gerry sagt:

»War mal mit einer Indianerin verheiratet, die damals, als es mir finanziell besser ging, meine Kohle ständig im Kasino verschleudert hat. Ich hab zu ihr gesagt: ›Du musst damit aufhören, Baby, sonst bin ich irgendwann weg.‹ Naja, sie hörte nicht auf. Aber ich habe viel gelernt von ihrer Familie, von den Schamanen ihres Volkes. Dass ich Musik spiele, das ist auch ihnen zu verdanken. Sie brachten mir das Trommeln bei. Und ihr Vater sagte mir immer: ›Gerry, du musst mit dem Alkohol aufhören‹, dann schaffte ich es auch eine Weile, dann fing es wieder an, jetzt habe ich es unter Kontrolle. So ist das Leben, nicht wahr ...«

Wir halten vor einer Afro-Latino-Piano-Bar, in der es nach Curry und altem Rauch riecht. Gerry und seine Kollegen albern herum, die Cocktails sind miserabel. Vier Gäste hängen an der Bar. Wir sinken in eine Couch, Ava sagt: »Ich weiß noch, wie du mir erzählt hast, du würdest einmal den Bierbauch deines Vaters erben.«

»Richtig! Was noch?«

»Du wolltest nach Japan.«

»Was noch?«

»Warst du in Japan?«

»Nein. Was noch?«

»Du wolltest alles daransetzen, dich endlich mit Kakerlaken anzufreunden.«

»Naja.«

Man kann einigen Aufwand betreiben, um sich den Ekel vor diesen Viechern, die man überall auf der Welt wiederfinden wird, abzutrainieren, und trotzdem versagen – selbst Schweine sind von ihnen angewidert. Man kann zum Beispiel die toten Tierchen in aller Ruhe betrachten, ihren doch recht hübsch schimmernden Chitinpanzer bewundern oder das matte Beerenschwarz der orientalischen Schabe. Tolle Dinge lassen sich über sie lernen. Dass sie Freunde brauchen, nicht gerne alleine sind; dass sie bis zu fünf Millimeter klein oder zehn Zentimeter groß werden können; dass die Russen mit ihnen seit Jahrhunderten Wettrennen veranstalten und dass sie beinahe unverwüstlich sind, Eiszeiten, Atomtests und sogar ohne Kopf überleben. Seit Millionen von Jahren! Aber das Einzige, was wirklich hilft, ist die Sprache zu wechseln. Eine Küchenschabe oder *cockroach* wird immer unbekömmlich klingen – aber das spanische *la cucaracha* lädt ein, der umherwieselnden Verruchnis den Respekt entgegenzubringen, den nicht allzu begabte Tänzer verdienen: Ein Grund, warum *la cucaracha* teilweise bis zu dreihundert Kilometer pro Stunde schnell sein kann, sind ihre einzigartigen sechs Beine, von denen jeweils immer nur drei den Boden berühren.

Die Band spielt ein paar Standards, während wir versuchen, irgendwie unsere Drinks runterzukriegen. Bald verabschieden wir uns von Gerry und ziehen ins Lucky 21, die Bar, in der Nathan nun vorhat, den Rest der Nacht zu bleiben. Als unser Bier kommt, hebt er es vor sein Gesicht und betrachtet es, als läge darin ein großes Geheimnis. »Ah, so, hier markiere ich den Tag«, sagt er. »Wie ein Eselsohr in einem Buch. Das ist kein Bier – das ist wie Brot! Es ist ein Ritual.«

»Alter, das ist einfach Bier«, pöbelt der Barkeeper, und hätte er einen dämlichen Scherz machen wollen, könnte man es ihm noch irgendwie durchgehen lassen. Aber der fette Scheißtyp meint es ernst. Er ist eine dieser Arschgeigen, die ihr Leben lang in Bars arbeiten, sich aber für klüger und besser halten als die Seelen auf der anderen Seite des Tresens. Es gibt nichts Schlimmeres auf der Welt als respektlose Kellner und Barkeeper! Man sollte ihn auf die Straße zerren, in Teer marinieren und mit einem Federkleid abschmecken.

»Fuck off«, murmelt Nathan in seinen Bart, dann heben wir die Gläser und trinken auf dieses wunderbare Leben und das Ende meiner Reise. Eine Bar im Silicon Valley! Draußen die Botschaften einer neuen Tech-Ära, und hier drinnen die Alkoholiker am Ende der Bar, die mich an jene Shiva-Anhänger in Indien erinnern, die so lange in die Sonne starren, bis sie erblinden. Tatsächlich gibt es keinen besseren Ort, um noch einmal begreifen zu wollen, was Amerika ist, und wohin es den Menschen von hier aus zu träumen wagt.

***

Hier, wo nur wenige Blocks entfernt der Pazifik rumort und seine Nebel an Land wälzt, ist der Westen vorerst an seinem Ende angekommen. Unerforschtes Territorium wird es hinter dem großen Wasser nicht mehr geben. Wo entstehen jetzt also die neuen Räume und besseren Welten? Wo üben wir weiter, Menschen zu sein auf einem kleiner werdenden Planeten? Der Verlauf der Geschichte ist von Osten her in Amerika eingetrudelt, die Konsequenzen des Ackerbaus, der Reformation, der Aufklärung und der Achsenzeit schifften über den Atlantik; Menschen aus aller Welt warfen an der Küste Anker, um Nordamerika von Ost bis West mit ihrem Wissen, ihren Ängsten und Ideen zu besiedeln, und nun sitzen wir alle hier in Kalifornien, bestaunen den menschengemachten Garten Eden und merken, dass natürlich gerade hier Neuland geschaffen wird. Eine Umstürzung, die das Potenzial hat, den Verlauf der Menschheit innerhalb weniger Jahrzehnte so radikal und vollständig zu verändern wie kein anderes Ereignis zuvor.

Es sind die eisernen Eigenschaften Amerikas, die den Erfolg von Silicon Valley garantiert haben: Mut, Tatkraft und grenzenloser Optimismus. Man wagt mehr und ist weniger skeptisch. Nirgends sonst wird so viel Geld für die Umsetzung von Visionen ausgegeben, und nirgends sonst hat man so wenig Angst, mit seinen Investitionen ebenso großartig zu scheitern.

Die neuen Technologien beschränken sich nicht mehr darauf, Handys zu verbessern oder selbstfahrende Autos herzustellen; die nächste Revolution betrifft Maschinen so sehr wie das Menschsein. Nanowissenschaften, Biotechnologie und die Büchse der Pandora, der nächste schwarze Schwan: KI, Künstliche Intelligenz. Wenn die Zukunft auch immer ungewiss bleibt, eines ist sicher: Es wird um nichts Geringeres gehen als um eine Neudefinition dieser recht unverstandenen Bedingung, die wir Leben nennen.

Der Computerwissenschaftler Ray Kurzweil wurde von PBS zu einem von nur sechzehn »Amerikanischen Revolutionären« gekürt. Er erfand unter anderem den Scanner, verschiedene Sprach- und Texterkennungssysteme und, inspiriert von der Zusammenarbeit mit Stevie Wonder, den Kurzweil K250, einen Synthesizer, dessen Spiel nicht mehr von einem herkömmlichen Instrument zu unterscheiden ist. Heute ist er Leiter der technischen Entwicklung bei Google und bereitet uns dort auf unsere Zukunft vor.

In seinen Vorträgen und Büchern erzählt er mit Begeisterung vom Moorschen Gesetz, nach dem die Leistungen der Informationstechnologie nicht linear, sondern exponentiell wachsen und sich alle paar Jahre verdoppeln. Kurzweil trifft seit über fünfzig Jahren Voraussagen über den Gang der technischen Entwicklung und ist durch den Verlauf der Geschichte meistens bestätigt worden. In der Tradition großer Amerikaner weiß er um die Rahmenbedingungen. Seit der Mensch zum ersten Mal einen Stock in die Hand nahm, um nach essbaren Wurzeln zu stochern, oder mit einem Stein eine Nuss aufschlug, tun wir nichts anderes, als unsere Grenzen zu erweitern. Durch die Mittel der Technologie erweitern wir sie nun in einem Tempo, das uns bald an den Rand aller Voraussagen bringen wird.

Was heute noch unmöglich erscheint und sich wie Science-Fiction liest, sagt Kurzweil fundiert voraus. Zuerst werden wir aufhören, all diese Geräte, die seit Jahrzehnten (exponentiell) kleiner, leistungsfähiger und kostengünstiger werden, mit uns herumzutragen. Molekulare Prozessoren und biometrische Sensoren werden externe Computer ersetzen, die Technologie hält Einzug in unsere Körper und vernetzt sich direkt mit unseren Körper- und Gehirnfunktionen. Unser Denken wird ein Hybrid aus biologischem und nichtbiologischem Denken, wir werden permanent und in Sekundenbruchteilen auf alle Daten und Informationen zurückgreifen können, die es auf der Welt gibt. Was wir früher mühsam in einer Bibliothek nachschlagen mussten und heute nach einigen Sekunden über das Smartphone auf Wikipedia finden, wird als unbegrenzte Cloud mit unserem Denken verwoben sein, da Computer keine Hardware mehr benötigen. Im Jahr 2029 können wir ein Gehirn vollständig, also Atom für Atom, scannen und in eine Einheit kopieren, die keinen physischen Körper mehr benötigt. Virtuelle Roboter werden unsere Lehrer, Fahrer, Freunde und Liebhaber. Wir werden so weit mit nichtorganischen intelligenten Einheiten verschmelzen, bis wir zu klären haben werden, was den Menschen überhaupt zu einem Menschen macht und was uns noch von einer Maschine unterscheidet. Kurzweil schreibt in »Homo s@piens«, dass die Komplexität eines Computers schon bald die des Menschen überschritten haben wird. Und da sich Computer in Teilen von Modellen menschlicher Intelligenz ableiten, werden auch sie beginnen, ihre Wünsche und Vorhaben mit ganz individuellen Emotionen und Werten zu äußern; eigenen Ansichten also, die nicht zwingend dem entsprechen werden, was wir bereits kennen oder von ihnen erwarten.

Das Stichwort des nächsten Big Bang heißt abermals Singularität. So wird der Zeitpunkt genannt, an dem künstliche Intelligenz die Fähigkeit besitzen wird, sich selbst zu verbessern. Bis dahin, Kurzweil prophezeit in »Menschheit 2.0« das Jahr 2045, sind Maschinen um das Milliardenfache intelligenter und leistungsfähiger als heute. Niemand wird genau sagen können, was dann geschieht. Alles könnte sich verändern, es könnte der Neubeginn des Menschen werden oder sein Ende. Ohne die Gefahren in den Wind zu schlagen, bleibt Kurzweil Optimist: Nach ihm ist das Jahr 2045 auch der Zeitpunkt, in dem der Mensch durch die Unabhängigkeit von biologischen Alterungsprozessen die Unsterblichkeit erlangt.

Auch Ralph Waldo Emerson setzte im 18. Jahrhundert große Hoffnung in die Zukunft der Menschheit, als er sich zärtlich über die Wiege, in der das Kindlein Amerika vor sich hinträumte, beugte und schrieb: »Zum ersten Mal wird eine Nation von Menschen existieren, weil jeder einzelne Mensch sich von der göttlichen Seele inspiriert fühlt.« Er war so klug, den Menschen ihre inhärente Göttlichkeit nicht abzusprechen, und so gescheit, die irdischen Manifestationen jener überirdischen Seele nicht zu unterschätzen. Ganz im Sinne Nietzsches, der wusste, dass das Merkmal der Wahrheit ihre Grausamkeit ist, erkannte Emerson ebenfalls: »Kein Abbild des Lebens ist wahr, das nicht auch die unerfreulichen Tatsachen wiedergibt.«

Es sind mitunter jene unerfreulichen Tatsachen, die der Künstler Doug Rickard in seinem Fotoband »A New American Picture« präsentiert. Rickard fotografiert in diesem Fall nicht selbst, sondern bedient sich ebenjener Konzerne und Technologien, mit denen der Mensch kaum noch Schritt und Seele halten kann. »A New American Picture« verlässt sich einzig auf das Material von Google Street View, um die amerikanische Gegenwart in apokalyptischen Bildern darzustellen. Die wild in die Gegend geschossenen Fotos zeigen ein Land, in dem der Himmel noch blau ist und die Büsche noch grün sind, ein Land, in dem die Natur weitermacht, die Menschen jedoch aufgehört haben und als Hinterbliebene, als neblige Figuren durch die Vorstädte taumeln, die ihnen keinen Ort, keine Beheimatung mehr garantieren können. Die Unzugehörigkeit ist enorm. Die Unschärfe der Bilder und die deprimierende Einsamkeit, die sie heraufbeschwören, sind so real wie die Fahrzeuge Googles, die mit ihren

Kameras durch fast jeden Winkel Amerikas zogen. Als habe man eine mysteriöse Kraft, die das Land auffrisst, und dessen letzte Gesichter auf verpixeltes Fotopapier gebannt. Fernab der sauberen Fassaden der Innenstädte offenbaren die Fotografien das abseitige Amerika, ein vergessenes, brachliegendes Land, in dem selbst die Hoffnung verschwunden zu sein scheint. In den Worten von David Campany: »›A New American Picture‹ may be the first important work about not being lost, about no longer being *able* to be lost.«

»Niemand kann mit Sicherheit sagen, wann die Abwicklung begann – wann die Bürger Amerikas zum ersten Mal spürten, dass die Bande sich lösten, die sie sicher, manchmal erdrückend fest wie eine eng gewickelte Spule, zusammengehalten hatten.«

Mit diesen Worten beginnt George Packers »Die Abwicklung«, und es wird sich kaum ein Buch finden lassen, das die zurückliegenden drei Jahrzehnte besser beschreibt. Die Story Amerikas liest sich wie ein absurder Thriller – und auf jeder Seite wünschte man, es wäre einer.

Obwohl Packer Menschen aller sozialen Schichten zu Wort kommen lässt, die mit genug Hoffnung und Willen ausgestattet sind, enden ihre Geschichten tragisch. Die Bürger haben keine Chance mehr gegen die Mächte, die wie unsichtbare Plagen in ihrem Land wüten. Eine dunkle, schwer zu handhabende Stimmung zieht sich durch das gesamte Buch: Jeder ist sich sicher, dass etwas Grundlegendes nicht mehr funktioniert.

Packer beschreibt, wie in den letzten Jahrzehnten amerikanische Institutionen und von der Politik eingesetzte Sicherheitssysteme wie Glass-Steagall, die die Finanzmärkte regulierten, immer weiter abgeschafft wurden. Die entstandene Lücke schloss das organisierte Geld. Die Finanzwelt entwickelte ein Eigenleben und entzog sich jeglicher Kontrolle – der Jubel einiger weniger schwoll gewaltig an. Als die von den Banken selbst geschaffenen Blasen schließlich platzten, blieb das gescheiterte neoliberale System noch immer so machtvoll, dass auch nach Jahren keiner der Verantwortlichen zur Rechenschaft gezogen worden ist. Stattdessen haben Hunderttausende Familien ihre Häuser und Arbeit verloren und werden von ihren Banken mit Papierkriegen konfrontiert, die so undurchsichtig und endlos sind, dass sie nicht gewonnen werden können. Packer beschreibt, wie die Abwärtsspirale sich so lange weiterdreht, bis die Menschen vor Schulden und Sorge todkrank werden und weiterhin mitanschauen müssen, wie Amerika an den Meistbietenden verkauft wird: Rund dreitausend Wirtschaftslobbyisten sorgen in Washington dafür, dass die demokratischen Strukturen, die Amerika einst zusammengehalten haben, weiterhin abgebaut werden. Unter ihnen: Jeff Connaughton, der zuerst im Team von Joe Biden und später als Lobbyist am Kapitol arbeitete, bevor er wieder den Weg zurück in die Politik fand. Als er sich schließlich aus Washington verabschiedete, wusste er, dass er mit seiner Lobbyarbeit mehr Einfluss auf die Gesetzgebung des Landes hatte als der Senator, in dessen Mitarbeiterstab er arbeitete. Nüchtern wie ein Glas Wasser stellte er fest, dass »der Staat von der Finanzelite übernommen worden ist, die ihn ganz in den Dienst der Plutokratie gestellt hat.«

Amerika ist ausgehöhlt, seine Bürger krank, niedergeschlagen und gelähmt. Das amerikanische Urversprechen, sich mit harter und ehrlicher Arbeit ein prosperitives Leben sichern zu können, ist so hinfällig geworden wie eine Wählerstimme. Packer lässt den Schriftsteller Raymond Carver zu Wort kommen, dessen Protagonisten diesem neuen Typus des Amerikaners beängstigend nahekommen: »Die meisten meiner Figuren wünschen, dass ihr Handeln etwas bedeutet. Sie haben aber – wie viele Menschen – schon den Punkt erreicht, an dem sie wissen, dass es nicht so ist. Es kommt nichts dabei herum. Was wir irgendwann einmal für wichtig gehalten haben, für das wir vielleicht unser Leben gegeben hätten, ist auf einmal keinen Cent mehr wert. Sie fühlen sich in ihrem

Leben nicht mehr wohl, es zerfällt vor ihren Augen. Sie würden gern etwas dagegen unternehmen, wissen aber nicht, was.«

Die Fallhöhe ist so groß wie die ewigen Glücksversprechen, auf denen man sich ikarusisch in den Himmel schwang. Um noch einmal Greil Marcus zu zitieren: »Amerikaner zu sein bedeutet, die Hoffnung als ein Geburtsrecht zu empfinden und sich allein und verfolgt zu fühlen, wenn diese Hoffnung nicht erfüllt wird. Kein Scheitern, egal ob in der Liebe oder im Beruf, ist jemals einfach in Amerika; es ist immer eine Art Verrat, ein Verrat an einem Haufen schemenhafter, geteilter Hoffnungen.« Und: »Weil wir eben an Hoffnungen und Versprechungen glauben, liegt das wahre Unheil der Amerikaner in der Unfähigkeit, das Unheil einzusehen, sogar dann noch, wenn es bereits das gesamte Leben übernommen hat.«

Die einstige Weltmacht, die sich im 20. Jahrhundert noch der Bewunderung der Welt versichern konnte, hat immer mehr Schwierigkeiten, all die Mängel, die an allen Ecken und Enden der Gesellschaft hervortreten, vor sich selbst und der Welt, der sie noch immer ihre imperiale Ordnung aufzwingt, zu verdecken. Eine Bestandsaufnahme Amerikas liest sich nicht wie eine Erfolgsstory: Die wenigen Reichen werden reicher, während der Großteil immer ärmer wird und die Versprechen, auf die sich die Mittelschicht stützt, unaufhaltsam wegbrechen. Der Rassismus in der Gesellschaft ist so lebendig wie eh und je und »so tief wie Sex oder Habsucht in die schismatische Psyche Amerikas eingegraben« (Eldridge Cleaver), der Vermögensunterschied zwischen Weißen und Schwarzen größer als zu Zeiten der Apartheid in Südafrika, und jeder dritte Schwarze saß schon einmal im Gefängnis. Über zwei Millionen Amerikaner sind derzeit insgesamt weggeschlossen, das ist jeder Hundertste Einwohner und eine Zahl, die Staaten wie Russland oder China vor Neid erblassen lassen. Die Lebenserwartung in armen ländlichen Gebieten ist so hoch wie in den Entwicklungsländern Mittelamerikas. Dreißigtausend Menschen fallen jährlich der

Gewalt auf den Straßen zum Opfer, weitere Zehntausende den Drogen. Fünfundneunzig Prozent der Medien sind in der Hand von fünf reichen Familien. Die Verfassung ist zweihundertdreißig Jahre alt und damit das älteste Staatsgrundgesetz der Welt. Amerika ist für die Wahrung seiner Vormachtstellung auf permanenten Krieg angewiesen. Kein anderes Land der Welt hat für den Erhalt seiner Wirtschaftsinteressen auch nur annähernd so viele Angriffskriege geführt und so viele Zivilisten ermordet. Es hat zu seinen Gunsten politische Unruhen und Putsche in der ganzen Welt (unter ihnen etliche Demokratien) ausgeführt, in Nicaragua, Chile, dem Iran, Irak und Dutzenden anderen Ländern.

»Unser Ziel ist nicht die Bekämpfung eines Rivalen – denn es gibt keinen –, sondern die Aufrechterhaltung unserer imperialen Position und die Wahrung der imperialen Ordnung.« (Stephen Peter Rosen) Amerika schickt die Ungebildeten und Armen mit Lügen, die man später mit dem Glauben an eine göttliche Mission für gerecht erklärt, in seine Kriege: Zweiundzwanzig Veteranen bringen sich täglich um. Es hat ein paralleles Gerichtssystem eingeführt, das nur dem Pentagon und den Geheimdiensten unterstellt ist – Folter, Entführung und Mord sind ein ausdrücklicher Bestandteil der politischen Agenda, der schon lange nicht mehr abgestritten wird. Seit 1996 hat das Militär Waffen und Kriegsmaterial im Wert von 4,3 Milliarden Dollar an die Polizei und Kommunen weitergegeben. Manche kleinen Städte im Nirgendwo der USA sind so stark bewaffnet, als befände man sich mitten in Bagdad. Die NSA setzt jeden Bürger unter Terrorismusverdacht und untergräbt durch einen alles durchdringenden Überwachungsapparat die Rechte und Freiheiten der Bürger, während der ungezügelte Kapitalismus seinen Beitrag dazu leistet, genau jenes Gut zu vernichten, das die Amerikaner dem Rest der Welt predigen: Demokratie.

Noch nie hatte Amerika eine klare Vision seiner Zukunft, noch nie ließ sich ahnen, was auf lange Sicht geschehen würde. Das Land besitzt keine aus der Vergangenheit gewonnene Identität und infolgedessen auch keine Souveränität im Umgang mit seinen Ambitionen – und Missständen. Während es immer um alles oder nichts geht, sind die eigentlichen Themen bestenfalls improvisiert und das Tagesgeschäft ist den Schwankungen des jeweiligen Zeitgeistes unterworfen. Das Land hängt in der Luft, und was es dort oben schon immer gab, war die Hoffnung. Heute jedoch scheint es, als wisse kaum noch jemand, was aus den heroischen Ideen und den Träumen geworden ist, die die Menschen zu ihren Höchstleistungen angespornt haben. Ein großes Zittern ist unter die Menschen gekommen. Zum ersten Mal stehen Repräsentanten beider politischer Lager, stehen Arme und Reiche, Schwarze und Weiße gleichermaßen kopfschüttelnd vor dem Scherbenhaufen ihrer Nation und fragen sich, was sie wohl erwarten wird. Die Gedanken Tocquevilles, die er 1835 über die junge und aufblühende Nation niederschrieb, sind heute so aktuell wie nie zuvor:

»Die entstehende Gesellschaft ist noch zur Hälfte von den Trümmern der versinkenden Gesellschaft bedeckt, und keiner vermag – inmitten der ungeheuren Verwirrung der menschlichen Angelegenheiten – zu entscheiden, was von den alten Institutionen und Sitten bleiben und was vollends verschwinden wird.«

Oder wie Dylan dichten würde:

> *And the only sound that's left*
> *After the ambulances go*
> *Is Cinderella sweeping up*
> *On Desolation Row.*

BOB DYLAN / »DESOLATION ROW«

Bevor der Barkeeper die letzte Runde ausrufen kann, machen wir uns auf den Nachhauseweg. »Just walking the dog«, erklärt uns ein abgehalfterter Kerl, der mit seinem verdutzten Hund spazierengeht, »just walking the dog.«

»Keep up the great work and have a good morning, Sir«, antwortet Nathan und macht eine leichte Beuge, woraufhin der Kerl sich zurückverbeugt. San Francisco hat sich abgekühlt, die Menschen liegen in ihren Betten. Bis auf ein rhythmisches Pochen ist es ruhig geworden in den Straßen. Dot, dot, dot! Wir folgen dem Geräusch und finden an der nächsten Straßenecke einen Mann, der schon so müde ist, dass er die Augen geschlossen hat und schläft, und noch so wach, dass sein Arm wie von Geisterhand getrieben noch immer sein Schild auf den Boden dotzt:

»America
God hates
your sin
Adulterers
Porno-Freaks
Liars & Thieves
Drunkards
Murderers
Dope-Head
Fornicators
Sodomites
HELL FIRE«

»Sweet Jesus«, sage ich, und Nathan antwortet: »Only in America, baby!«

Wohlan: Der Kerl ist das verzweifelte Bild, das Amerika recht gibt und in seinem fanatischen Überschuss beweist, was Sache ist. Bevor ich die letzten Tage meiner Reise antrete, bin ich mir sicher, in den zurückliegenden drei Monaten das Entscheidende über dieses Land gelernt zu haben. All die Beispiele des Verlustes, der Rückschläge und der Abwicklungen bedeuten nämlich keineswegs, dass Amerika nicht funktioniert. Womöglich gilt es nur zu verstehen, dass hinter den Nebellichtern aufgebauschter Ideale und trügerischer Versprechen, hinter den sauberen, herausgeputzten Lächeln die Vereinigten Staaten schlichtweg nicht als eine Gesellschaft konzipiert wurden, in der es allen gleich gut gehen soll. Es soll nur jeder die Möglichkeit haben, selbst für sein Glück zu sorgen und für sich selber verantwortlich zu sein, was nichts anderes bedeutet, als dass es nur wenige zu dem anvisierten Reichtum schaffen, um den es eigentlich geht. Mehr ist es nicht, und es ist auch nicht weniger. Die von George Packer beschriebenen Ereignisse der derzeitigen Abwicklung sind nichts weiter als die extreme Version der Gewinner-Verlierer-Mentalität, auf der das Land fußt. In der *American Dream Competition* müssen die *loser* stets in der absoluten Mehrheit sein. Derzeit fallen sie lediglich tiefer und tiefer, während die wenigen Gewinner »entschweben wie Luftschiffe«. (Packer)

Kein von Gott eingefordertes Land also, und noch keine göttliche Seele, die die Rahmenbedingungen des menschlichen Zusammenlebens zu organisieren vermag. Die Verwirklichungen des Humanismus, der Transzendentalisten und des Christentums, dessen gnostischer Kern auf persönlicher Erleuchtung beruht, bleiben Phänomene am Rande der Gesellschaft und haben noch lange nicht die Kraft, auf das Bewusstsein der Masse einzuwirken. Wenn Amerika der Menschheit Anfang des 21. Jahrhunderts etwas beweisen kann, dann, dass die leibeseigenen Urinstinkte noch immer stärker sind als die göttliche Intuition, dass unsere Gesellschaftsstrukturen noch von drüsen- und hormongeplagten Primaten verwaltet werden anstatt von Beinahe-Engeln. Wir sind einfach noch zu gewöhnlich, um bereits den ganzen Seiltanz vom Affen zu einem Gott zurückgelegt zu haben.

»I am the auto salesman and I love you«, schrieb John Berryman. Und wenn man tausend Werbeagenturen beauftragte, es ließe sich kein passenderer Untertitel Amerikas denken. In keinem anderen Land wird Extroversion derart belohnt und den Phänomenen des Innenlebens mit vergleichbarer Skepsis, wenn nicht gar mit Verachtung begegnet. D. H. Lawrence schrieb über seine Landsleute, ihr vorderes Bewusstsein gackere unaufhörlich von Liebe und Produktion, während sie eigentlich von einem Unterbewusstsein angetrieben würden, das nur auf Zerstörung aus sei. Die Darbietungen der perfekten Show usurpieren die wirklichen Zustände. Nach diesem Prinzip funktionieren die strahlenden Gewinner, die vorbildlichen Familien, die Happy-End-Geschichten und der patriotische Adel: Da alles inszeniert werden muss, um erfolgreich und ideal zu sein, rumort es unter der Oberfläche und schafft einen enormen Raum für Panik und Gewalt. Das Ergebnis der Anstrengung ist ein Mangel, der Anlass gibt zu den wegweisenden Tragödien.

Man darf sich also entspannen: Amerikas Freiheit ist nicht Foucaults Rede vom nicht entfremdeten Menschen, sondern die Erkenntnis, auf den Rücken der anderen neue Gipfel erstürmen zu können, und das Glück muss nur so viel Schmalz hergeben, dass es in einen Popsong passt. So ist in Amerika alles unvollkommen und großartig. Dass der Traum nicht in Erfüllung geht, ist immer eine Reise wert. Wenn man auch nichts über das Göttliche erfährt, so lernt man doch das zutiefst Menschliche kennen, das seinen Wert darin hat, dem Schicksal mit den bekannten Heilsmitteln zu begegnen.

Das Sakramentale –
schön, wer es hört und sieht,
doch Hunde, Schakale
die haben auch ihr Lied.

GOTTFRIED BENN / »EURE ETÜDEN«

Und so hat Amerika der Welt seine Kunst geschenkt: Gerade dann, wenn die Illusionen verflogen sind und einem das Leben nackt und unbequem an die Kehle springt, weiß der Mensch seine Übermenschlichkeiten zu leisten. Der Kanon amerikanischer Verwirklichungen ist überall zu haben, wo das Scheinwerferlicht keine Masken mehr über die Gesichter wirft. Der Songlines der australischen Aborigines ähnlich, besingen die Menschen ihr Land zu einer kollektiven Erinnerung: in den texanischen Weiten, New Orleans, den letzten Winkeln der Appalachen, im alten wie neuen Glanz Nashvilles oder an den Ufern des Mississippi, wo der Schweiß ertragloser Arbeit eine Poesie hervorbringt, die Bettler und Heilige gleichermaßen zu Tränen rührt. Es sind die Leben und Lieder von Woody Guthrie und Charles Mingus, Blind Lemon Jefferson, Robert Pete Williams, Dock Boggs, Elvis, Hank Williams oder Lightnin' Hopkins. Es sind die permanent um Welt und Seele kreisenden Geschichten, die sich Bob Dylan immer wieder aufdrängen und die Neil Young veranlassten, während eines Konzerts, auf dem aus dem Publikum die Gleichheit der Songs angeprangert wurde, stellvertretend für alles und alle auszurufen: »It's all one song.« Am Straßenrand der USA, der einen rupft und hart angeht, wird man mehr amerikanische Seele entdecken als auf ihren Boulevards. Das Unfertige und Unvollkommene: Es steht Amerika besser als die Fratzen, die das geheuchelte Immergut zieht. Kaum einer hat diese Stimmungen besser auf den Punkt gebracht als der größte Dichter der amerikanischen Wirklichkeit, Charles Bukowski:

> I am dying of sadness and alcohol
> he said to me over the bottle
> on a soft Thursday afternoon
> in an old hotel room by the train depot.
>
> I have, he went on, betrayed myself with
> belief, deluded myself with love
> tricked myself with sex,
> the bottle is damned faithful, he said,
> the bottle will not lie.

meat is cut as roses are cut
men die as dogs die
love dies like dogs die,
he said.

listen, Ronny, I said,
lend me 5 dollars.

CHARLES BUKOWSKI / »5 DOLLARS«

***

Frühmorgens streifen sie durch die Stadt wie eine Armee, die alten Chinesen, die ihre Spaziergänge machen und sich auf den Kreuzungen lachend voreinander verbeugen. Wieder allein, verschränken sie die Arme hinter dem Rücken und halten Zwiesprache mit dem Nebel, der gegen Ende der Nacht über San Francisco hergefallen ist. Man hört sie kaum, und selbst wenn man sie hören könnte, würde man sie nicht verstehen. Ihr Vor-sich-hin-Gerede schafft es jedoch, die weiße Decke aus den Straßen zu treiben.

And then the halcyon late mornings
  after the fog burns off
    and the sun paints white houses
          with the sea light of Greece
    with sharp clean shadows
      making the town look like
        it had just been painted.

LAWRENCE FERLINGHETTI / »THE CHANGING LIGHT«

Ich packe meine Siebensachen zusammen und verlasse mit Nathan das Haus, als er zur Arbeit fährt. Eine Verabschiedung, so schwer und so leicht wie die letzte vor acht Jahren – wir wissen, wir werden uns irgendwann wiedersehen. Nach einigen letzten Schönheitsreparaturen an Mister Jefferson, die ich ihm mit Tacker und Klebeband verabreiche, verlasse ich die Stadt über die Golden Gate Bridge und begebe mich auf die Suche nach dem nächsten See, den ich auf der Karte finde. Lake Berryessa. Durch diese beiden Worte ist man bereits darüber in Kenntnis gesetzt, dass den Besucher nichts Geringeres als das Paradies erwartet.

Wer schon einmal in der Toskana war, darf sich hier erinnern: Die Wärme legt sich zwischen die Hügel, auf denen der satte kalifornische Wein wächst, und das trockene Land bringt immer wieder Leben und Farbtafeln hervor, denen man hier eine größere Aufmerksamkeit schenkt. Winzige blaue Wasser glitzern zwischen dem ausgetrockneten Gras, und schon die kleinsten Erhöhungen bringen stämmige Bäume hervor, zarte, weich geströmte Wälder im vollen Zitronat der Zedern: Harz und Nadeln vermischen sich mit der Luft, so greifbar wie abklingender Rauch. Nichts an diesen Wäldern erinnert an die dicken, nassen Stammesbrüder aus Nordeuropa oder Südamerika, die sich in Hülle und Fülle kleiden. Was sich hier als Zuviel entpuppt und die Harmonie der feinen Gestaltungen stören könnte, wird überhaupt nicht erst geschaffen.

Es gleicht an Magie, wie schnell sich die Landschaft verändert, wie die Reben den Wald ablösen und das Grasland den Wald. Lake Berryessa taucht aus der kahlgeschorenen Erde auf wie eine Fata Morgana. Der Campingplatz ist fast leer; ich parke auf einer Anhöhe mit Blick über den See und die mit wenigen Bäumen und Sträuchern besetzten Graslandschaften, die sich von hier aus ins Innere des Landes erstrecken.

Abenddämmerung, und die große Schwester des Menschen: Warme, leichtfüßige Nacht, die mich, ausgestreckt auf der Picknickbank, unendlich weit träumen lässt. Um die Aureole der Venus entspringt eine Lichteinheit nach der anderen; nach einigen zaghaften Minuten blühen Tausende Sterne am Nachthimmel, zu viele, als dass man noch denken könnte, es handele sich um jene selbstverständliche Wirklichkeit, in der wir die Tage zubringen und die Nächte bestreiten. Der Gipfel der Intimität: Man schaut bis ans äußere Ende der Milchstraße, ohne sich entdecken zu können. Auch die Erde hat mich verloren. Hier unten pulsiert nur noch die blauschwarze Hand des Wassers, auf der das Sternenlicht liegt.

»Nicht schlecht«, sage ich zu Mister Jefferson, »nicht schlecht, das Ganze. Selbst wenn man einen Gedanken halten könnte, was sollte man mit ihm anfangen?«

MJ blickt über den See und holt kurz Luft, um zu antworten.

Und entscheidet sich dann doch, dem nichts mehr hinzuzufügen.

Ich bleibe noch zwei Tage, bevor ich weiterfahre. Als der See im Rückspiegel verschwindet, frage ich mich, wie lange man hier draußen bleiben könnte mit groß gewordenen Augen und elementarisierten Sinnen, bevor es einen nach der Gesellschaft von Menschen, nach dem Heckmeck der Zivilisation verlangen würde.

Im Landesinneren macht sich die Dürre bemerkbar wie nirgendwo sonst. Als fahre man durch eine von Zauberhand gezogene Hügellandschaft eines Wüstenplaneten, die zwischen den glatten braunen Buckeln immer wieder Grüntupfer und blau schimmernde Täler hervorbringt und mit nichts geizt. Vor einem Ölfeld hat man das schwarze Banner eines Radiosenders platziert. »Nothing but Jesus« ist alles, was darauf steht. Es reiht sich ein in die religiöse Highway-Galerie, die einen in den USA immer begleitet. »I love you – God«, »We have to talk – God«, »Jesus is Lord«. Wie zum Beweis, dass die herben und mit zornigen Allmächtigen ausgestatteten monotheistischen Religionen allesamt aus der Kargheit der Wüste stammen, findet sich ringsum nur das goldverdorrte Land mit nichts und niemandem darinnen.

Eine alte Goldgräberstadt, die Schaufenster an der Hauptstraße brettervernagelt, die noch zu bestaunende Kulisse einer ehemaligen Kulisse. Es ist heiß; die Sonne sprengt klaren Staub aus den Steinen. Der Horizont flimmert, als rönne all das Wasser, das dem Boden fehlt, an ihm herunter und versickerte hinter der Erde. Nichts in der Landschaft deutet darauf hin, dass bald die Gebirgskette der Sierra Nevada aus dem Boden hervorbricht und der Anstieg durch die duftenden Kiefernwälder beginnt.

Der Yosemite-Nationalpark ist eines der großen Versprechen Amerikas. Und wie viel man auch erwartet, es ist unmöglich, enttäuscht zu werden. Das Yosemite-Tal ist ein einziger Schrein, eine Ehrwürdigung, mit der sich der Gestaltungstrieb der Natur selbst zu loben gewagt hat. Das letzte Mal, dass mich die Erhabenheit eines Ortes sprachlos gemacht hat, ist keine drei Wochen her. Nun weiß ich: Der Grand Canyon zelebriert die Gewalten der Erdenkräfte, Yosemite aber ist ein Zeichen ihrer Geduld. Zwischen die mächtigen Granitblöcke – deren edles Grau so zart wirkt, als könnte man es mit einem Atemzug von ihnen abpusten, um die Weiten der Sierra in glitzernden Staub zu hüllen – wirft sich eine Decke aus Grautannen, Mammutbäumen, glasklaren Seen und fruchtbaren Wiesen, über denen die Bienen und Vögel kreisen. Schon geht man leisen Schrittes und möchte sein Herz andächtig niederlegen. Die alten Gletscherschneisen sind mit neuem Leben, mit frischen Tannen besetzt, die den Verlauf des ehemaligen Eises nachzeichnen. Wasserfälle stürzen von den nackten Klippen und vereinigen sich mit dem klaren, wie für diesen Stein gemeißelten Licht, um den Granit in der Nachmittagssonne türkis schimmern zu lassen. Berglöwen, Bären und Vögel, als gäbe es keine andere Welt als diese; als bewahrte man hier noch diese Einheit, die wir Kinder der Städte so schmerzlich vermissen. Das Paradies auf Erden. Es scheint ganz und gar unvorstellbar, dass dies ohne schöpferische Vernunft, ohne eine intelligente Kraft angeordnet ist.

Der Merced River ist zu dieser Jahreszeit nicht mehr als ein flacher Bach, aber noch immer groß genug, um darin zu baden und von hier aus in den Wald zu lauschen, in dem die Worte, die man sich im Mund herumschiebt, aufknacken wie Tannenzapfen: Rinde. Quarz. Ur.

Um dem Betrieb auf den großen Campingplätzen zu entgehen, fahre ich zu dem abgelegenen *first come first served* Tamarack Flat Campground, auf dem selbst in der Hauptreisezeit noch etliche Plätze frei sind. Sofort klettere ich auf den nächsten Grat, um das letzte Glühen des Tages zu erleben, das die Sierra küsst mit seinen tausend ungeküssten Küssen.

»Unter der Berührung dieses göttlichen Lichts schienen die Berge in einem verzückten, religiösen Bewusstsein entflammt und standen ruhig und warteten wie andächtig Betende. Kurz bevor das Alpenglühen zu verblassen begann, zogen zwei karmesinrote Wolken über den Gipfel wie Feuerflügel und machten die erhabene Szene noch eindrucksvoller; dann kamen die Dunkelheit und die Sterne.«[*] (John Muir)

Ich mache Feuer und kaue meine Erdnüsse. Die Tannen ragen in den Hain der Sterne, während es um die Berge immer klarer und kälter wird. Eine dünne Wolldecke hat die letzten Monate gereicht – hier oben aber gehe ich mit voller Montur ins Bett, und selbst das wird nicht reichen. Nach einem gewaltigen Traum – in dem ich gerade auf einer Wurzel saß und Mohn und Erde an mir rochen – wache ich mitten in der Nacht auf, durchgefroren bis auf die Knochen. Ich ziehe alles an, was ich übereinander bekomme, und raufe alles zusammen, was als Decke verwendet werden kann.

Der Traum kommt nicht wieder.

Am Morgen stoße ich die Hecktür auf und blinzle durch die Tannen ins Tagblau. Ich bleibe unter meinen Kleiderdecken, bis

---

[*] Jürgen Brôcan hat John Muirs meisterhafte, 1894 in New York unter dem Titel »The Mountains of California« erschienenen Aufzeichnungen für die *Naturkunden*-Serie von Matthes & Seitz übersetzt. »Die Berge Kaliforniens« ist das großartig gestaltete Buch, das die Sierra Nevada verdient.

sich die Wärme der ersten großen Sonnenstrahlen zu mir ins Bett legt. Zum ersten Mal sehe ich ein Babyeichhörnchen, kaum so groß wie mein Mittelfinger. Es hüpft zwischen den hohen Bäumen umher und wuselt über den Schwung der Wurzeln, während die Echsen ihre Hälse nach seinen Sprüngen dehnen.

Da ich kein ordentliches Frühstück habe und zudem noch alleine bin, werde ich natürlich eingeladen. Auf dem Gaskocher dampft bereits der Kaffee und meine Gastgeber, eine fünfköpfige Familie aus dem Süden Kaliforniens, öffnen fleißig die Konserven.

Sie sei einmal in Frankfurt stationiert gewesen, sagt die Frau, und die zehnjährige Tochter ruft dazwischen, dass sie unbedingt nach Paris möchte.

»Paris!«, sage ich und schwärme ihr ein bisschen von der Stadt vor, um ihren Wunsch noch zu verstärken.

»Gib dir keine Mühe,« bremst mich ihre Mutter, »sie will nur dorthin, weil ich ihr erzählt habe, dass es dort auch ein Disneyland gibt.«

Der Vater ergreift das Wort.

»Ach, Europa, die Alte Welt, wo alles begann. Was habt ihr da in Deutschland, die Mark, nicht?«

»Nicht mehr, wir haben den Euro.«

»Ach ja, der German Dollar«, sagt er und ich belasse es dabei. Es folgt eine kurze Diskussion zwischen den Eltern, ob Griechenland im Norden Afrikas oder im Herzen Europas liege, gefolgt von einer rasanten Fragerei des Sohnes: Gibt es in Deutschland Kühlschränke und Schulen wie in den USA? Internet? Spiderman? Swimming-Pools? Klassenfahrten?

»Alles, alles, alles«, antworte ich, »und Scheinwerfer, Hecken, Taekwondo!« Ich bleibe noch eine Weile sitzen, um dieses so leichte Beisammensein zu genießen. Ich habe Hunderte Unterhaltungen dieser Art geführt, und mag man auch vielen Amerikanern Naivität und Oberflächlichkeit vorwerfen, so kann sich doch der Rest der Welt von ihrer direkten, offenherzigen und hilfsbereiten Art eine gute Scheibe abschneiden. Ich weiß jetzt schon, dass ich diese Zusammenkünfte, die mehr das Herz als den Kopf ansprechen, im besorgten Europa sehr vermissen werde.

Ich werde noch eingeladen, mit ihnen durch das Haupttal zu wandern, entscheide mich aber, alleine zu bleiben und einen kleinen Trail zu nehmen, der am hinteren Ende des Campingplatzes in den Wald führt. Eine Stunde bin ich unterwegs, ohne einem Menschen zu begegnen. Dann verlasse ich den Pfad und schlage mich querfeldein.

Große und kleine Felsen, das Obdach der breiten Sequoia-Bäume, kalte Bäche und weiche Moosmatten: alles derart harmonisiert, als sei das eine nicht ohne das andere möglich. Plötzlich öffnet sich der Wald und mein Spaziergang endet auf einem mächtigen Felsen, von wo ich einen guten Ausblick über das vor mir liegende Tal und doch das Gefühl habe, noch von den Armen des Waldes umfangen zu sein. Ich lege mich auf den warmen Stein. Von irgendwo das Rauschen eines Flusses oder Wasserfalls. Vögel zwitschern, die Sonne schmiegt sich in meinen Schoß, kein Bär ist in Sicht.

Besser wird sich kein Kreis schließen lassen. Wie an meinem ersten Abend mit Mister Jefferson, als ich auf dem Anwesen seines Namensvetters meine Erwartungen über den grünen Körper des Landes schweifen ließ, liegt hier die Gestaltungskraft Amerikas in all ihrer Erhabenheit vor meinen nackten Füßen.

Hier wie dort beginnt es erneut. Der in die Ferne blickende Reisende erwartet stets etwas von den Begegnungen, die der Horizont verspricht – ihn verlangt es nach neuen Herausforderungen, Offenbarungen und Liedern. So macht er sich auf, um die Welt bewohnbar werden zu lassen und eine Beheimatung zu erobern, die mehr ist als das Rasseln der Lungenflügel oder das Hin und Wieder seiner Wege. Er sieht, hörtsagt und schmeckt, liebt und verzeiht, weint und bestaunt, bis er erneut feststellt, dies alles schon gekannt zu haben als Teil einer noch nicht erlebten Erinnerung.

Vor ein paar Minuten erst hatte ich mich über einen umgeknickten Baum gebeugt, der durch seine Wunde die Strukturen seines Inneren preisgab; der Wuchs des Holzes und die klaren Linien der Kraft, die den Baum in die Höhe getrieben hatte. Es erinnerte mich an eine Beobachtung Schopenhauers über die Erscheinungen der unorganischen Welt, die es wert ist, in gegebener Länge zitiert zu werden:

»Wenn wir sie nun mit forschendem Blicke betrachten, wenn wir den gewaltigen, unaufhaltsamen Drang sehen, mit dem die Gewässer der Tiefe zueilen, die Beharrlichkeit, mit welcher der Magnet sich immer wieder zum Nordpol wendet, die Sehnsucht, mit der das Eisen zu ihm fliegt, die Heftigkeit, mit welcher die Pole der Elektrizität zur Wiedervereinigung streben und welche, gerade wie die der menschlichen Wünsche, durch Hindernisse gesteigert wird; wenn wir den Kristall schnell und plötzlich anschießen sehen, mit soviel Regelmäßigkeit der Bildung, die offenbar nur eine von Erstarrung ergriffene und festgehaltene ganz entschiedene und genau bestimmte Strebung nach verschiedenen Richtungen ist; wenn wir die Auswahl bemerken, mit der die Körper, durch den Zustand der Flüssigkeit in Freiheit gesetzt und den Banden der Starrheit entzogen, sich suchen und fliehn, vereinigen und trennen; wenn wir endlich ganz unmittelbar fühlen, wie eine Last, deren Streben zur Erdmasse unser Leib hemmt, auf diesen unablässig drückt und dränget, ihre einzige Bestrebung verfolgend; – so wird es uns keine große Anstrengung der Einbildungskraft kosten, selbst aus so großer Entfernung unser eigenes Wesen wiederzuerkennen, jenes Nämliche, das in uns beim Lichte der Erkenntnis seine Zwecke verfolgt, hier aber, in den schwächsten seiner Erscheinungen, nur blind, dumpf, einseitig und unveränderlich bleibt, jedoch, weil es überall Eines und das Selbe ist, – so gut, wie die erste Morgendämmerung mit den Strahlen des vollen Mittags den Namen des Sonnenlichts teilt, – auch hier wie dort den Namen Wille führen muss, welcher Das bezeichnet, was das Seyn an sich jedes Dinges in der Welt und der alleinige Kern jeder Erscheinung ist.«

Wenn Schopenhauer auch jene schöpferische Kraft, die alle materiellen und mentalen Formen der zu bestaunenden Welt in ihren Myriaden Manifestationen hervorbringt, nur als einen Willen identifiziert, der es zum Liebewohl des menschlichen Seelenheils verdient hat, verneint zu werden, so beschreibt er doch die Bedingungen der Natur, die die Wesen und Formen aus der andauernden Wesentlichkeit ihrer selbst hervorbringt – und sie somit auf immer verbrüdert. Das erste Elementarteilchen und meine Sehnsucht, selbiges in seinem Ins-Leben-gekommen-Sein begreifen zu wollen, teilen dieselbe Essenz, teilen dieselbe Größerwerdung des Eigentlichen, das sich als gestaltende Kraft durch die Jahrmillionen bewegt und immer nur hervorzubringen vermag, was es bereits besitzt.

»Es besteht eine Beziehung zwischen den Stunden unseres Lebens und den Jahrhunderten der Zeit. So wie die Luft, die ich atme, aus den großen Weltenlagern der Natur stammt, das Licht auf meinem Buch von einem Hunderte Millionen Meilen entfernten Stern und das Gleichgewicht meines Körpers aus der Balance zentrifugaler und zentripetaler Kräfte, so sollten die Zeitalter die Stunden hervorbringen und die Stunden es vermögen, die Zeitalter zu erklären. Jeder einzelne Mensch ist eine weitere Inkarnation des Allumfassenden Geistes.« (R. W. Emerson)

Es ist diese Verwandtschaft, die uns antreibt und auf neue Wege und in unbekannte Länder zwingt. Das Blühen erfindet die Blume, das Bewusstsein Gehirne und das Bewortenmüssen das Wort. Den Formen liegt das Formlose zugrunde und den Gestaltungen das feinstoffliche Reich des Gestaltlosen: Alles andere wäre Zauberei und altbackene Mythologie, die aus einem absoluten Nichtsein ein Sein hervorflunkert und alles Existierende aus einem Loch hervorzieht, in dem gerade mal gar nichts existiert.

Soweit man auch zurückdenkt, den Stoff des Seins hat es immer gegeben.

Involution: Wenn das Insgesamt des Vollbringbaren nicht schon – verschleiert und verdichtet – in der Materie angelegt wäre, käme aus ihr kein Leben zustande und aus dem Leben kein

Bewusstsein. Der andauernde Entfaltungsprozess dessen, was wir so leichthin Evolution nennen, hat aus Energie Teilchen hervorgebracht und aus den Teilchen Atome und Moleküle, das Tier, den Affen, den Menschen. Nimmt man sich also noch etwas Zeit, so wird wiederum aus dem Menschen ein neues Wesen hervorgehen, das sich in seinem körperlichen und geistigen Vermögen so sehr von uns unterscheidet wie der heutige Mensch von den Schimpansen. Und so weiter und so fort. So ist es niemals der Mensch, sondern das Leben, dieses Bewusstsein-an-sich, das in den Erscheinungen nach sich selbst fragt. Es spricht die Vielzahl der Welten aus, während es immer das *Eine* bleibt. Verlebendigungen! Nur so ist es möglich, dass wir uns gegenseitig erkennen. Nur so bleibt es dabei: Die Entschleierung des Mentalen aus den Ständen des Materiellen, die Sehnsucht des Menschen und die Sucher Amerikas wollen stets die Verfügung über einen neuen Raum, den wir schon kennen. Und an fast keinen anderen Orten der Erde lässt sich dies so klar ablesen wie an den einzigartigen Canyons, Wüsten und Wäldern Amerikas, wo sich der Stoff, aus dem unsere Wiegen und Wege gemacht sind, so leicht fassen lässt, als zwinge er sich dem Besucher magnetisch in die Hände.

> There is no great and no small
> To the Soul that maketh all:
> And where it cometh, all things are;
> And it cometh everywhere.

RALPH WALDO EMERSON

Dieses *Alles,* während der Tag über Yosemite zieht:
    Es ist schon immer getan.

Playlist / Songs

Da es unmöglich wäre, selbst in tausend Liedern dem kulturellen Gewicht amerikanischer Musik im Allgemeinen und den regionalen Höhepunkten im Besonderen gerecht zu werden, beschränke ich mich in dieser Playlist allein auf eine Auswahl der Songs, die ich während der Reise und des Schreibens gehört habe und/oder die für das jeweilige Kapitel eine besondere Rolle spielen. Von Musikern, die im Buch länger besprochen werden, habe ich statt nur eines Songs jeweils drei Titel angegeben. Unnötig hinzuzufügen, dass so eine Liste immer unvollständig sein muss und selbst Künstler, ohne die solch eine Playlist nie auskommen sollte, nicht berücksichtigen kann ...

Kapitel 1 / New York

Alice Coltrane featuring Pharoah Sanders: Journey in Satchidananda
Sun Ra: Enlightenment
Les McCann & Eddie Harris: Compared to What
John Coltrane: My Favorite Things
Brad Mehldau: Everything in Its Right Place
Digable Planets: Where I'm from
Charles Mingus: Moves / Dizzy Moods / Fables of Faubus
Kool Keith: Livin' Astro
Don Cherry: Malkauns
Action Bronson: Nordic Wind

Kapitel 2 / Virginia

Old Regular Baptists: I Am a Poor Pilgram of Sorrow
Dock Boggs: Pretty Polly / Sugar Baby / Prodigal Son
Tom Waits: Shiver Me Timbers
Ola Belle Reed: High on a Mountain
Karen Dalton: Katie Cruel

PLAYLIST / SONGS

Roscoe Holcomb: Little Maggie
Bob Dylan: Highlands
The Louvin Brothers: Are You Afraid to Die
Johnny Cash: If I Were a Carpenter
Dolly Parton: My Blue Ridge Mountain Boy

Kapitel 3 / Tennessee

Jimmie Rodgers: In the Hills of Tennessee
Ernest Tubb: Drivin' Nails in My Coffin
New Lost City Ramblers: Leaving Home
Sleepy LaBeef: Boogie Woogie Country Girl
Roy Orbison: In Dreams
Willie Dixon: God's Gift to Man
Bob Dylan: In My Time of Dyin'
Roy Acuff: Freight Train Blues
Leadbelly: Where Did You Sleep Last Night
Spider John Koerner: Southbound Train

Kapitel 4 / Nashville

Hank Williams: Lost Highway / Kaw-Liga / Ramblin' Man
Kitty Wells: Making Believe
The Carter Family: Cannonball Blues
Merle Haggard: Branded Man
Johnny Cash: Don't Take Your Guns to Town
Bill Monroe: Blue Moon of Kentucky
Chet Atkins: Man of Mystery
Tim Carroll: Don't Make Nothing in the USA
Lee Morgan: The Sidewinder
The Black Keys: Everywhere I Go

Kapitel 5 / Mississippi

Charley Patton: Dry Well Blues
Scrapper Blackwell: Hard Time Blues

Lightnin' Hopkins: Bring Me My Shotgun

No More, My Lawd, aus »Negro Prison Blues and Songs«, 1947 von Alan Lomax in den Gefängnissen des Südens aufgenommen

Elvis Presley: That's All Right / Mystery Train / Devil in Disguise

Robert Johnson: Kind Hearted Woman Blues / I Believe I'll Dust My Broom / Dead Shrimp Blues

Skip James: Special Rider Blues / Cypress Crove / Devil Got My Woman

Mississippi Fred McDowell: Good Morning Little Schoolgirl

Bob Dylan: Tombstone Blues / From a Buick 6 / Dirt Road Blues

Robert Pete Williams: Got Me Way Down Here / You Used to Be a Sweet Cover Shaker But You Ain't No More / Motherless Children Have a Hard Time

Kapitel 6 / New Orleans

Marvin Gaye: Inner City Blues (Make Me Wanna Holler)

Mick Jenkins: Martyrs

Louis Armstrong: A Kiss to Build a Dream on

Jelly Roll Morton: Doctor Jazz

Son House: Preachin' Blues / Death Letter Blues / Government Camp Blues

Yusuf Lateef: Like It Is

Muddy Waters: Long Distance Call / The Same Thing / I Feel Like Going Home

Kansa Joe McCoy & Memphis Minnie: When the Levee Breaks

The Animals: House of the Rising Sun

Rodriguez: Cause

Kapitel 7 / Texas

Henry Thomas: John Henry

Blind Lemon Jefferson: Prison Cell Blues

Lightnin' Hopkins: Way Out in Abilene

Bukka White: Black Train Blues

PLAYLIST / SONGS

R. L. Burnside: Old Black Mattie
Willie Dixon: I Can't Quit You, Baby
Gil Scott Heron: Home Is Where the Hatred Is
Guns N' Roses: Civil War
The Doors: Roadhouse Blues
Morning Again: America On Line

Kapitel 8 / El Paso – Ciudad Juarez

Otis J. Jackson: Walk With Jesus
Neil Young: Driftin' Back
Buck Owens: Understand Your Man
Marty Robbins: El Paso
Cisco Houston: Passing Through
Bob Wills and His Texas Cowboys: Brown Skin Girl
Kris Kristofferson: Sugar Man
Bob Dylan: Folsom Prison Blues
Dr. Lonnie Smith: I Can't Stand It
Iggy Pop: Ballad of Hollis Brown

Kapitel 9 / New Mexico – Arizona

Joni Mitchell: Refuge of the Roads
Deep Purple: Highway Star
America: A Horse with No Name
Woody Guthrie: Talking Dust Bowl / Hard Travelin' / Worried Man Blues
Bob Dylan: A Hard Rain's A-Gonna Fall / Desolation Row / Tangled Up in Blue
Charlie Mingus: The Black Saint and the Sinner Lady (Album)
Thelonious Monk: Epistrophy
Sonny Clark: Cool Struttin'
Jeff Cowell: And When
Mississippi John Hurt: Make Me a Pallet on Your Floor

Kapitel 10 / Los Angeles

Shabazz Palaces: Sparkles
Shalamar: There It Is
Spooky Black: Idle
Mos Def: Kalifornia
Syl Johnson: Different Strokes
Gang Starr: Mass Appeal
Flying Lotus: Golden Diva
Computer Jay: The Dead Ends Dead End
Curtis Harding: Beautiful People
Slayer & Ice T: Disorder

Kapitel 11 / San Francisco – Yosemite

Eden Ahbez: Eden's Cove
Miles Davis: Pfrancing
Gonjasufi: Kobwebz
Darondo: Didn't I
J. J. Cale: Money Talks
Reagan Youth: Brave New World
Charlie Parker: Moose the Mooche
Pharoah Sanders: Prince of Peace
Smog: Say Valley Maker
Stuart Dempster: Morning Light

Quellennachweis

Alle nicht gekennzeichneten Gedichte sind Arbeiten des Autors.

S. 5: »Wir sollten doch ...«: R.W. Emerson, Die Tagebücher. Alfred Kröner Verlag, Stuttgart 1954, S. 198

S. 5: »I Ain't Got No Home«: Woody Guthrie, ©renewed 1961, 1963 by Woody Guthrie Publications, Inc. & TRO-Ludlow Music, Inc. (BMI)

Kapitel 1 / New York

S. 9: »Dream Song 1«: John Berryman, The Dream Songs. FSG Books, New York 2007, S. 3

S. 18: »Ein großer Gelehrter ...«: Ralph Waldo Emerson, Die Tagebücher. Alfred Kröner Verlag, Stuttgart 1954, S. 205

S. 19: »Wer mit sich identisch ist, ...«: Heiner Müller, zitiert nach: Katharina Ebrecht, Heiner Müllers Lyrik. Königshausen & Neumann, Würzburg 2001, S. 172

S. 20: »Die Morgenröte«: Federico García Lorca, Dichter in New York (Übersetzung: Martin von Koppenfels). Suhrkamp, Frankfurt/M. 2000, S. 75

S. 23: »America the greatest ...«: Lawrence Ferlinghetti, Americus. New Direction Books, New York 2004, S. 3

Kapitel 2 / Virginia

S. 24: »Des Menschen Verstand ...«: Czesław Miłoz, Auf unserer Erde, zitiert nach: John Jeremiah Sullivan, Pulp Head. Suhrkamp, Berlin 2013, S. 54

S. 25/26: »Baltimore«: Randy Newman, Album »Little Criminals«. 1977, ©Sony/ATV Music Publishing LLC, Warner/Chappell Music Inc.

S. 39: »Shiver Me Timbers«: Tom Waits, 1974, ©Fifth Floor Music Inc.

S. 43: »(...), der in den Bergen lebt, ...«: New York Journal, zitiert nach: Anthony Harkins, Hillbilly – A Cultural History of an American Icon. Oxford University Press, Oxford 2003, S. 49

S. 44: »Sixteen Tons«: Traditioneller Song, Merle Travis (1946). 1. Veröffentlichung auf »Folk Songs of the Hills«, Capitol Studios, Hollywood 1947

S. 45: »Ich stand mal in meinem Hauseingang ...«: Dock Boggs, zitiert aus: Greil, Basement Blues. Rogner & Bernhard, Berlin 2011, S. 154

S. 46: »Wer von der Erde stammt ...«: Joh 3, 31–36, Bibel

S. 46: »Sugar Baby«: Dock Boggs, um 1927–29

S. 46: »Oh Death«: Dock Boggs, 1920er-Jahre, Wiederaufnahme 1963, newly released Smithsonian Folkway Recordings 1998

S. 48: »Prodigal Son«: Dock Boggs, © 1964 Folkways Records, 2004 Smithsonian Folkway Recordings

S. 48: »Wenn du aufrichtig bist ...«: Dock Boggs, zitiert aus: Greil Marcus, Basement Blues. Rogner & Bernhard, Berlin 2011, S. 174

Kapitel 3 / Tennessee

S. 53: »The Waking«: Theodor Roethke, Collected Poems. Anchor Books (Knopf Doubleday), New York 1975, S. 104

S. 58: »In the Hills of Tennessee«: Jimmie Rodgers, New York 1932

S. 60: »Entferne dich nur ein, zwei ...«: Ralph Waldo Emerson, Die Tagebücher. Alfred Kröner Verlag, Stuttgart 1954, S. 156

S. 61: »Das Absurde sind nicht ...«: Julio Cortázar, Rayuela. Himmel und Hölle. Suhrkamp, Frankfurt/M. 1987

S. 62: »(...) meine Vorstellung vom Leben«: Bob Dylan, Chronicles 1. Hoffmann und Campe, Hamburg 2004, S. 230

S. 62: »Wenn ich überhaupt etwas wollte, ...«: Bob Dylan, Chronicles 1. Hoffmann und Campe, Hamburg 2004, S. 65

QUELLENNACHWEIS

Kapitel 4 / Nashville

S. 70: »We don't make nothin' ...:« Tim Carroll and the Midnight Orange, »Don't Make Nothing in the USA«. © Lamon Records 2014

S. 70: »(...) glatt und berechenbar ...« – »(...) sleek and predictable, a safe adventure in a smoke-free environment«: Nicholas Dawidoff, In the Country of Country. A Journey to the Roots of American Music. Faber & Faber, London 1997, S. 309

S. 71: »Sie ist eine Art Ort. ...« – »It's a kind of place. (...) It's music where people are sitting and writing about life, the things they're struggling with and the hard times. They're about trying to get through life and hope for the future. Whether you believe in heaven or not, heaven is an idea of hope, and hope can get you through life. For me, I'm drawn to that music because it's honest. It's written to help people, and for my family, that's all they were trying to do was get through life, and those songs helped a lot.« Iris DeMent, zitiert aus: Nicholas Dawidoff, In the Country of Country. A Journey to the Roots of American Music. Faber & Faber, London 1997, S. 265

S. 71: »Weil der Hillbilly härter ...« – »He sings more sincere than most entertainers because the hillbilly was raised rougher than most entertainers.« Hank Williams, zitiert nach: Nicholas Dawidoff, In the Country of Country. A Journey to the Roots of American Music. Faber & Faber, London 1997, S. 18

S. 72: »Don't Take Your Guns to Town«: Johnny Cash, Columbia Records 1958, ©Chappell & Co. Inc.

S. 73: »If the son of a bitch ...«: Faye Louvin, zitiert aus: Nicholas Dawidoff, In the Country of Country. A Journey to the Roots of American Music. Faber & Faber, London 1997, S. 145

S. 73: »I wasn't trying ...«: Merle Haggard, zitiert aus: Peter Guralnick, Lost Highway. Canongate, Edinburgh 2002, S. 243

S. 74: »Meine Schwester Lonja«: Marie Luise Kaschnitz, Kein Zauberspruch. Insel Verlag, Frankfurt/M. 1972, S. 24

S. 75: »Kaw-Liga«: Hank Williams, Fred Rose, 1952, ©Sony/ATV Music Publishing LLC, Warner/Chappell Music, Inc.

S. 76: »Ramblin' Man«: Hank Williams, 1951, ©Sony/ATV Music Publishing LLC

S. 77: »Cold, Cold Heart«: Hank Williams, 1951, ©Sony/ATV Music Publishing LLC

S. 78: »I'll Never Get Out of This World Alive«: Hank Williams, Fred Rose, 1952, ©Sony/ATV Music Publishing LLC, Warner/Chappell Music, Inc.

S. 86: »The One I Love Is Gone«: Bill Monroe, aufgenommen von Hazel Dickens und Alice Gerrard, Folkways 1973, ©Peermusic Publishing

S. 87: »The greatest nation ...«: George W. Bush, zitiert aus: Geo Epoche, Nr. 11/2003, S. 3

S. 88: »Die Sonne schien niemals ...« Thomas Paine, zitiert aus: Liber. Das erste Buch Thomas. Gesunder Menschenverstand (Common Sense, Philadelphia 1776; Übersetzung: Arnold Albrecht). www.liberliber.de/fileadmin/pdfs/ErstesBuchThomas.pdf, § 4.9, Hamburg

S. 91: »Nicht der Gebrauch der Macht ...«: Alexis de Tocqueville, Über die Demokratie in Amerika. Fischer, Frankfurt/M. 1956, S. 23

S. 92: »Oh ihr, die ihr die Menschheit liebt ...«: Thomas Paine, überarbeitet zitiert aus: Liber. Das erste Buch Thomas. Gesunder Menschenverstand (Common Sense, Philadelphia 1776; Übersetzung: Arnold Albrecht). www.liberliber.de/fileadmin/pdfs/ErstesBuchThomas.pdf, § 4.226–231, Hamburg

S. 95: »Wir halten diese Wahrheiten ...«: Unabhängigkeitserklärung der Vereinigten Staaten von Amerika, zitiert aus: Pennsylvanischer Staatsbote, Philadelphia 5.7.1776 (erste dt. Übersetzung)

S. 96: »He said the right words ...«: Gore Vidal, in einem Interview mit PBS. www.pbs.org/jefferson/archives/interviews/Vidal.htm, abgerufen am 21.7.2015

Kapitel 5 / Mississippi

S. 98: »Tupelo«: Nick Cave and the Bad Seeds, ©Music Sales Corporation O/B/o Mute Song

S. 100: »Ohne Mythos ist ...« – »History without myth is surely a wasteland; but myths are compelling only when they are at odds with history (...) Elvis's performance of his myth is so satisfying to his audience that he is left with no musical identity whatsoever, and thus he has no way to define himself, or his audience – except to expand himself and his audience. Elvis is a man whose task is to dramatize the fact of his existence; (...).«: Greil Marcus, Mystery Train. Images of America in Rock 'n' Roll Music. Plume, New York 1997, S. 123

S. 101: »If I could find a white man ...«: Sam Phillips, zitiert aus: Peter Guralnick, Lost Highway. Canongate, Edinburgh 2002, S. 125

S. 107: »The Same Thing«: Muddy Waters, Willie Dixon, ©Sony/ATV Music Publishing LLC, BMG Rights Management US, LLC

S. 108: »Cross Road Blues«: Robert Johnson, 1936, ©The Bicycle Music Company

S. 113: »Das Sklavenschiff«: Heinrich Heine, Das Sklavenschiff. 2. Version (um 1855), zitiert nach www.deutschunddeutlich.de/index.php?SUBJECT=&actualid=25, GT61ps, abgerufen am 21.7.2015

S. 115: »Das Licht und die Finsternis ...«: Philippus-Evangelium

S. 115: »(...) eine Explosion von Furcht und Frömmigkeit ...« – »(...) an explosion of dread and piety that Southern whites passed onto their slaves and that blacks ultimately refashioned into their own religion. The blues singers accepted the dread but refused the piety; they sang as if their understanding of the devil was strong enough to force a belief in God out of their lives. They lived man's fear of life, and they became artists of the fear.«: Greil Marcus, Mystery Train. Images of America in Rock 'n' Roll Music. Plume, New York 1997, S. 22

S. 115: »Der Blues ...«: – »The Blues used to be a music that people escaped on, man. That was their whole thing. (...) You start the first two bars of a blues, and they yell.« Charles Mingus, zitiert nach: John F. Goodman, Mingus Speaks. University of California Press, Berkeley/L.A. 2013, S. 242

S. 116: »Drunken Hearted Man«: Robert Johnson, ©Handle Bar Music O.BO, Standing Ovation Music, The Bicycle Music Company

S. 117: »I'm a Steady Rollin' Man«: Robert Johnson, ©Universal Music Publishing Group, The Bicycle Music Company

S. 118: »He sold his soul to the devil, ...«: Son House, zitiert aus: Greil Marcus, Mystery Train. Images of America in Rock 'n' Roll Music. Plume, New York 1997, S. 28

S. 119: »Love in Vain«: Robert Johnson, 1937, ©Warner/Chappell Music Inc., The Bicycle Music Company

S. 120: »In dieser Welt ...« – »In this world no man, no woman knows what trouble really is. In this world. Now you take this. You sitting here in this house, but you don't know what kind of trouble you run into before you get back home. Ain't that right, man? Ain't that the truth? And I'll tell you something, this is the troublest world. But it's not the world, it's the peoples in it. It's the peoples in the world now.« Robert Pete Williams, zitiert aus: Peter Guralnick, Feel Like Going Home. Harper & Row 1989, S. 125

S. 122: »An den Blues gewöhnt man sich nur schwer ...« – »The blues is something that is hard to get acquainted with. Just like death, the blues dwells with you everyday and everywhere.« Lightnin' Hopkins, zitiert nach: The Blues Accordin' to Lightnin' Hopkins. Dokumentarfilm, Les Blank Films 1968

S. 123: »Der Klang der Atmosphäre ...« – »The sound of the atmosphere, the weather changed my style. But I could hear, since me being an air-music man. The air came in different, with a different sound of music. Well, the atmosphere when the wind blowing carries music along. I don't know if it affect you or not, but it's a sounding that's in the air, you see? And I don't know where it comes from – it could come from the airplanes, or the moaning of automobiles, but anyhow it leaves an air current in the air, you see. That gets in the wind, makes a sounding, you know? And that sounding works up to a blues.« Robert Pete Williams, zitiert aus: Peter Guralnick, Feel like going home. Harper & Row, New York 1989, S. 142

S. 126: »All we say to America is, ...«: Martin Luther King, www.youtube.com/Watch?v=4WZbxYGy3As

Kapitel 6 / New Orleans

S. 130: »Sound is to people what ...«: Ornette Coleman, www.youtube.com/watch?v=8CoPGDfMWFc, abgerufen am 21.7.2015

S. 134: »Das ist ein sehr dummes Gefühl ...« Pumuckl, Fernsehserie von BR und Infafilm, www.youtube.com/watch?v=_eE4grWMbvA

S. 135: »While the rain drank champagne ...«: Sixto Díaz Rodriguez, »Cause«. ©Interior Music Corporation

S. 142: »Hinter jeder Tür findet ...«: Bob Dylan, Chronicles 1. Hoffmann und Campe, Hamburg 2004, S. 185

S. 148: »(...) einen Klang, eigentümlicher als ...« – »(...) a sound more strange than any is heard anywhere else in the world. It is a more incessant, loud, rapid, and various gabble of tongues of all tones than was ever heard at Babel.« Benjamin H. Latrobe, zitiert aus: Lee Sandlin, Wicked River. The Mississippi when it last ran wild. Pantheon Books, New York 2010, S. 119

S. 149: »I Gotta Right to Sing the Blues«: Ted Koehler, Harold Arlen, ©Warner/Chappell Music, Inc., S. A. Music

S. 150: »Trompetenbläser 52. Straße«: Langston Hughes, Schwarzer Orpheus. Moderne Dichtung afrikanischer Völker beider Hemisphären, hrsg. von Janheinz Jahn. dtv, München 1973, S. 243

S. 152: »Im Jazz wird die offene und ...«: Daniel Martin Feige, Philosophie des Jazz. Suhrkamp, Berlin 2014, S. 25

S. 154/155: »When the Levee Breaks«: Kansas Joe McCoy & Memphis Minnie, 1929, Columbia Records

S. 156: »Long Distance Call«: Muddy Waters, ©BMG Rights Management US, LLC

Kapitel 7 / Texas

S. 158: »(...) there are known knowns ...«: Donald Rumsfeld, Auszug aus dem DoD News Briefing – Secretary Rumsfeld, General Myers. 12.2.2002, U.S. Department of Defense, Transkription durch den Federal News Service Inc., Washington, D.C.

S. 161: »Have you reckoned ...«: Walt Whitman, Song of Myself I. In: American Poetry of the Nineteenth Century. The Library of America, New York 1993, S. 721

S. 162: »Abstammung vom Affen! ...«: mündlich tradierter Ausspruch der Frau eines Bischofs von Worcester

S. 166: »Fly Like an Eagle«: Steve Miller Band, 1976, ©Steve Miller

S. 166: »Was ist also Zeit? ...«: Augustinus, Confessiones. Buch XI, Kapitel 14, zitiert aus: Fokus: »Wer hat an der Zeit gedreht?«, in: Hohe Luft 03/2014, Hohe Luft Verlag, Hamburg 2014, S. 78

S. 169: »Hingezwungenheit des Daseins in die Spitze ...«: Martin Heidegger, zitiert aus: Rüdiger Safranski, Heidegger – Ein Meister aus Deutschland. Fischer, Frankfurt/M. 2011, S. 223

S. 169: »So trägt uns im Alltag eines glanzlosen ...«: Albert Camus, Der Mythos des Sisyphos. Rowohlt, Reinbek 2000, S. 25

Kapitel 8 / El Paso – Ciudad Juárez

S. 171: »Ich habe Gott von Angesicht zu Angesicht ...«: Jakob, Genesis 32,31, Bibel

S. 177: »last straw that makes the battered wife say ...«: Sarah Palin, zitiert aus: Michael Gerson, »The tea party risks scaring away voters«. www.washingtonpost.com/opinions/michael-gerson-

QUELLENNACHWEIS

gop-shouldnt-scare-away-voters/2014/07/10/04f2c8ac-085a-11e4-8a6a-19355c7e870a_story.html?hpid=z2, abgerufen am 21.7.2015

S. 177: »Als junge Nation sind wir schon müde ...«: Henry Miller, Big Sur und die Orangen des Hieronymus Bosch. Rowohlt, Reinbek 1971, S. 125

S. 180: »Die Vereinigten Staaten scheinen von ...«: George Washington, zitiert aus: Geo Epoche Nr. 11/2003, S. 3

S. 180: »Als Amerika heißen wir unsere Aufgabe ...«: Barack Obama, zitiert aus: Slavoy Žižek, Globaler Schlamassel, in: Die Zeit Nr. 53, 23.12.2014

S. 180, Fußnote: »Je mehr es Dinge in der Welt gibt, ...«: Laotse, Tao te King. Texte und Kommentare von Richard Wilhelm, Diederichs Verlag, München 2000, S. 100

S. 182: »Jesus Was a Capricorn«: Kris Kristofferson, ©Sony/ATV Music Publishing LLC

S. 183: »With God on Our Side«: Bob Dylan, 1964, ©Bob Dylan Music Co.

S. 185: »Glück, das heißt, ich bin ein ...«: zitiert aus: Marcus Steinweg / Rosemarie Trockel, Duras. Merve Verlag, Berlin 2008, S. 56

S. 188: »(...) still don't make nothin' ...«: Tim Carroll and the Midnight Orange, »Don't Make Nothing in the USA«, ©Lamon Records 2014

S. 190: »Pick Me Up on Your Way Down«: Harlan Howard, ©Sony/ATV Tree Publishing

S. 191: »Ein Sicario zieht niemals die Aufmerksamkeit ...«: El Sicario – Room 164. Dokumentarfilm basierend auf einem Artikel von Charles Bowden, Regie Gianfranco Rosi, released by Icarus Films 2010, www.youtube.com/watch?v=7q_1OU-JBP0, abgerufen am 21.7.2015

Kapitel 9 / New Mexico – Arizona

S. 197: »Es gab ein paar bestimmte Dinge ...« – »I had some certain things in my life I wanted to do. I wanted to hop a freight. I wanted to work in the oil fields. I wanted to play the guitar. There's a great choice of what to do in America.« Merle Haggard, zitiert nach: Nicholas Dawidoff, In the Country of Country. A Journey to the Roots of American Music. Faber & Faber, London 1997, S. 253

S. 197: »Wenn dir was Neues einfällt, daß du ...«: Woody Guthrie, Dieses Land ist mein Land (Übersetzung: Hans-Michael Bock). Zweitausendeins, Frankfurt/M. (heute Leipzig) 1977, S. 416

S. 198: »Heißsporn und hatte Dynamit im Kopf ...«: ebd., S. 66

S. 199: »Los, stellen wir uns auf die Hinterbeine ...«: ebd., S. 139

S. 200: »Ich saß da ein oder zwei Minuten ...«: ebd., S. 219

S. 200: »Du warst in Ordnung, Papa ...«: ebd., S. 228

S. 201: »Die Welt wurde zweimal so groß ...«: ebd., S. 229

S. 201: »Ich war dreizehn, als ich zu einer Familie ...«: ebd., / S. 265

S. 202: »Sie war das mit Abstand extremste ...«: Bill Bryson, Sommer 1927. Goldmann Verlag, München 2014, S. 217

S. 202: »Faith reading ...«: zitiert nach: Alan Lomax / Woody Guthrie / Pete Seeger, Hard Hitting Songs for Hard-Hit People. University of Nebraska Press, Lincoln 1999, S. 26

S. 203: »Ich versuche, die Fiedel zu lernen ...«: Woody Guthrie, Dieses Land ist mein Land (Übersetzung: Hans-Michael Bock). Zweitausendeins, Frankfurt/M. (heute Leipzig) 1977, S. 308

S. 203: »Talking Dust Bowl Blues«: Woody Guthrie, ©renewed 1960, Woody Guthrie Publications, Inc. & TRO-Ludlow Music, Inc. (BMI)

S. 204: »Die Amerikaner waren gesund, die Amerikanerinnen schön ...«: Joseph Roth, New York fürs Handgepäck. Geschichten und Berichte – Ein Kulturkompass. Unionsverlag, Zürich 2012, S. 43

S. 204, Fußnote: »Southern Flood Blues«: Big Bill Broonzy, ©Universal Music Publishing Group

S. 204, Fußnote: »The Levee's Gonna Break«: Bob Dylan, ©Special Rider Music 2006

S. 205: »Hard Time Killin' Floor Blues«: Skip James, ©Skip James, Peermusic Publishing, Wynwood Music Co. Inc.

S. 205/206: »Boll Weevil«: Folksong der 1920er-, 1930er-Jahre, zitiert aus: Alan Lomax / Woody Guthrie / Pete Seeger, Hard Hitting Songs for Hard-Hit People. University of Nebraska Press, Lincoln 1999, S. 31

S. 207: »So Long It's Been Good to Know you« (»Dusty Old Dust«): Woody Guthrie, ©renewed 1940, 1950, 1951 by Woody Guthrie Publications, Inc. & TRO-Ludlow Music, Inc. (BMI)

S. 208: »Der Zug lachte und schimpfte und war ...«: Woody Guthrie, Dieses Land ist mein Land (Übersetzung: Hans-Michael Bock). Zweitausendeins, Frankfurt/M. (heute Leipzig) 1977, S. 398

S. 209: »Skinnamalinkadoolium«: Folksong, zitiert aus: Alan Lomax/ Woody Guthrie / Pete Seeger, Hard Hitting Songs for Hard-Hit People, University of Nebraska Press, Lincoln 1999, S. 106

S. 209: »I felt like I had learnt the secret of all religion ...«: ebd., S. 28

S. 210: »Jesus Christ«: Woody Guthrie, ©renewed 1961, 1963 by Woody Guthrie Publications, Inc. & TRO-Ludlow Music, Inc. (BMI)

S. 210: »Ill-housed, ill-clothed, ill-fed«: Franklin D. Roosevelt, zitiert aus: Alan Lomax / Woody Guthrie / Pete Seeger, Hard Hitting Songs for Hard-Hit People. University of Nebraska Press, Lincoln 1999, S. 14

S. 211: »Heute sollten wir eine Periode gedanklicher ...« – »Today we shall have come through a period of loose thinking, descending morals, an era of selfishness, among individual men and women and among Nations.« »Out of every crisis, every tribulation, every disaster, mankind rises with some share of greater knowledge, of higher decency, of purer purpose.« Franklin D. Roosevelt, Presidential Nomination Address, 2.7.1932, zitiert nach: http://publicpolicy.pepperdine.edu/academics/research/faculty-research/new-deal/roosevelt-speeches/fro70232.htm, abgerufen am 21.7.2015

S. 211: »Tom Joad«: Woody Guthrie, ©renewed 1960, 1963 by Woody Guthrie Publications, Inc. & TRO-Ludlow Music, Inc. (BMI)

S. 212: »The Ghost of Tom Joad«: Bruce Springsteen, ©Sony/ATV Music Publishing LLC

S. 213: »Ich bin drauf aus, Lieder zu singen, die ...«: Woody Guthrie, Dieses Land ist mein Land (Übersetzung: Hans-Michael Bock). Zweitausendeins, Frankfurt/M. (heute Leipzig) 1977, S. 7

S. 213: »that was bound to kill all wars«: Phil Ochs, I Ain't Marching Anymore. ©Universal Music Publishing Group

S. 213: »All wir Kerle, die wir im Zweiten Weltkrieg ...« – »All the guys we used to ride on the ships with in WW II used to do some of the best singing I ever heard in my life. On one ship, the Sea Porpoise, there were a lot of Negro soldiers. We used to go down in the latrine. The acoustics there were wonderful, and the singing filled the whole thing. (...) Among the soldiers and sailors and merchant marine and gun crew, the thing that brought them together was the singing.« Cisco Houston, zitiert aus: www.ciscohouston.com/essays/cisco/songbook2.shtml, abgerufen am 21.7.2015

S. 214: »No Depression in Heaven«: The Carter Family, 1936, Decca Records

S. 215: »Song To Woody«: Bob Dylan, ©1962, 1965 Duchess Music Corporation; renewed 1990, 1993 by MCA (Music Corporation of America)

S. 217: »Refuge of the Roads«: Joni Mitchell, ©1976 Crazy Crow Music

S. 218: »Das Nichts / rollt seine Meere zur Andacht«: Paul Celan, »Matière de Bretagne«, in: Sprachgitter. Fischer, Frankfurt/M. 2003

S. 223: »Das Stunden-Buch«: Rainer Maria Rilke, Das Stunden-Buch – Enthaltend die drei Bücher: Vom mönchischen Leben. Von der Pilgerschaft. Von der Armut und vom Tode. Insel Verlag, Frankfurt/M. 1972, S. 23

S. 223: »Out of the earth-bound womb ...«: Sri Aurobindo, Aushang Sri Aurobindo Ashram, Pondicherry

S. 224: »Es ist schon viel gewonnen, ...«: Novalis, Die Lehrlinge zu Sais. Alfred Scherz Verlag, Bern 1948, S. 13

S. 225: »trügerische Vertrautheitszone und elementarer Unheimlichkeitsraum«: Marcus Steinweg, Inkonsistenzen. Matthes & Seitz, Berlin 2015

S. 226: »Die Nähe zum letzten Gott ist die Verschweigung«: Martin Heidegger, Beiträge zur Philosophie. Vittorio Klostermann, Frankfurt/M. 2003, S. 12

S. 231: »das als eine bemerkenswerte Epoche in der Geschichte ...«: Abraham-Hyacinthe Anquetil-Duperron, zitiert aus: Dieter Metzler, Achsenzeit als Ereignis und Geschichte. In: Martin Fitzenreiter (Hrsg.), Das Ereignis. Geschichtsschreibung zwischen Vorfall und Befund. Workshop vom 3. bis 5. Oktober 2008, Internet-Beiträge zur Ägyptologie und Sudanarchäologie, Vol. X (IBAES 10), Golden House Publications, London 2009, S. 169, www2.hu-berlin.de/nilus/net-publications/ibaes10/publikation/metzler_ibaes10.pdf, abgerufen am 21.7.2015

S. 232: »überwältigendste Fruchtbarkeit in der Gestaltung des Menschseins«: Karl Jaspers, Vom Ursprung und Ziel der Geschichte. Fischer, Frankfurt/M. 1955

S. 232: »den romantischen Traum von sich selbst in die Pflicht zu nehmen«: Norman Mailer, zitiert aus: Sean Wilentz, Bob Dylan und Amerika. Reclam, Stuttgart 2012, S. 92

S. 233: »who took the wildest side of the road ...«: Lawrence Ferlinghetti, Americus. New Direction Books, New York 2004, S. 76

S. 234: »Und als sich der Geist der Rebellion aus jenem belanglosen Bus ...«: Eldridge Cleaver, zitiert aus: Black and Blue. Literatur aus dem Jazz-Zeitalter. Eine Anthologie, hrsg. von Hans Christoph Buch. Suhrkamp, Frankfurt/M. 1995, S. 234

S. 234/235: »The Times They Are A-Changin'«: Bob Dylan, ©1963,1964 Warner Bros. Inc.; renewed 1991, 1992 by Special Rider Music

S. 235: »Song to Woody«: Bob Dylan, ©1962, 1965 Duchess Music Corporation; renewed 1990, 1993 by MCA (Music Corporation of America)

S. 235: »Der überwiegende Teil der Folk Musik basiert ...«: Bob Dylan, zitiert aus: Greil Marcus, Basement Blues. Rogner & Bernhard, Berlin 2011, S. 42

S. 236: »I was born very far from ...«: Bob Dylan, in: Martin Scorsese, No Direction Home. Dokumentarfilm 2005

S. 237: »Ich meine, man könnte zu dem Ergebnis ...«: Bob Dylan, zitiert aus: Greil Marcus, Basement Blues. Rogner & Bernhard, Berlin 2011, S. 114

S. 237: »Ballad of a Thin Man«: Bob Dylan, ©1965 Warner Bros. Inc.; renewed 1993 by Special Rider Music

S. 238: »Folk spielen wir alle«: Thelonious Monk, zitiert aus: Bob Dylan, Chronicles 1, Hamburg 2004, S. 100

S. 238: »Als Jugendlicher las ich ein Buch von Debussy ...« – »As a youth I read a book by Debussy and he said that as soon as he finished a composition he had to forget it because it got in the way of his doing anything else new and different.« Charles Mingus, What is a Jazz Composer – Liner Notes zu »Let My Children Hear Music«. 1971, zitiert nach: http://mingusmingusmingus.com

S. 239: »Wäre ich in einem anderen Land oder weiß geboren, ...«: –

»Had I been born in a different country or had I been born white, I am sure I would have expressed my ideas long ago. Maybe they wouldn't have been as good because when people are born free, I can't imagine it, but I've got a feeling that if it's so easy for you, the struggle and the initiative are not as strong as they are for a person who has to struggle and therefore has more to say.« Ebd.

S. 239, Fußnote: »Und da stand ich Nigger dann, zur Sau gemacht ...«: Charles Mingus, Beneath The Underdog. Edition Nautilus, Verlag Lutz Schulenburg, Hamburg 2003, S. 170

S. 241: »Es muss betont werden, dass Mr. Mingus ...« – »It must be emphasized that Mr. Mingus is not yet complete. He is still in a process of change and personal development. Hopefully the integration in society will keep pace with hiS. One must continue to expect more surprises from him.« Dr. Edmund Pollock, Liner Notes zu: Charles Mingus »The Black Saint and the Sinner Lady«. Impulse! Records 1963

S. 242: »To me, ... jazz is a montage ...«: Langston Hughes, Jazz As Communication, in: The Collected Works of Langston Hughes. University of Missouri Press, ©2002 The Estate of Langston Hughes, zitiert nach: www.poetryfoundation.org/learning/essay/237856, abgerufen am 21.7.2015

Kapitel 10 / Los Angeles

S. 243: »Fadensonnen«: Paul Celan, Ausgewählte Gedichte. Suhrkamp, Frankfurt/M. (heute Berlin) 1968, S. 105

S. 254: »eine neurotische Verzerrung der Tatsachen«: Isaiah Berlin, zitiert aus: Neal Gabler, Ein eigenes Reich. Wie jüdische Emigranten »Hollywood« erfanden. Berlin Verlag, Berlin 2004, S. 13

S. 254: »In den Studios und auf der Leinwand konnten ...«: Neal Gabler, Ein eigenes Reich. Wie jüdische Emigranten »Hollywood« erfanden. Berlin Verlag, Berlin 2004, S. 18

S. 258: »If you go home with ...«: John Waters, This Filthy World.

Dokumentarfilm Netflix/Red Envelope Entertainment, Los Gatos 2006

S. 264: »Blind Poet«: Lawrence Ferlinghetti, in: How to Paint Sunlight. Lyric Poems & Others. New Directions, New York 2001, S. 84

S. 264: »prozesshaften Einverleibung des Fast-Unmöglichen«: Peter Sloterdijk, Du mußt dein Leben ändern. Über Anthropotechnik. Suhrkamp, Berlin 2011, S. 194

S. 265: »welthaften Bedeutungen eigenen Werts und Umfangs«: ebd., S. 511

S. 265, Fußnote: ebd., S. 585 und S. 705

S. 266: »Es ist der Sinn aller Übung, die Brechung zu brechen ...«: ebd. S. 391

S. 266: »Make It Big«: Beach Boys, Sony/ATV Music Publishing LLC, Universal Music Publishing Group 1989

S. 269/270: »T.B. Blues«: Jimmie Rodgers, 1931, ©Peermusic Publishing

S. 272: »Es scheint mir, daß jegliches Ding ...«: Walt Whitman, Die Schläfer (Übersetzung: Max Hayer). In: Sozialistische Monatshefte 22 (1916), S. 437

Kapitel 11 / San Francisco – Yosemite

S. 274: »Lasst den Suchenden weiter suchen ...«: Jesus, Thomas-Evangelium

S. 276: »Eines muß man wissen ...«: Henry Miller, Big Sur und die Orangen des Hieronymus Bosch. Rowohlt, Reinbek 1971, S. 3

S. 284: Ray Kurzweil, Homo S@piens. Leben im 21. Jahrhundert – Was bleibt vom Menschen? Econ, Düsseldorf 1999; Ullstein, Berlin 2000 (der Autor hat die amerikanische Originalausgabe verwendet: The Age of Spiritual Machines. When Computers Exceed Human Intelligence. Viking, New York 1999)

S. 284: Ray Kurzweil, Menschheit 2.0. Die Singularität naht. Lola Books, Berlin 2014

S. 285: »Zum ersten Mal wird eine Nation von ...«: Ralph Waldo Emerson, zitiert aus: Geo Epoche, Nr. 11/2003, S. 176

S. 285: »Kein Abbild des Lebens ist wahr ...«: Ralph Waldo Emerson, Schicksal (hrsg. von H. G. Schwieger). PR-Verlag, Wiesbaden 1982, S. 17

S. 286: »A New American Picture may be the first important ...«: David Campany, in: Doug Rickard, A New American Picture. Aperture, New York 2012, S. 8

S. 286: »Niemand kann mit Sicherheit sagen, wann die Abwicklung ...«: George Packer, Die Abwicklung. Eine innere Geschichte des neuen Amerika. S. Fischer, Frankfurt/M. 2014, S. 9

S. 287: »der Staat von der Finanzelite übernommen worden ...«: ebd., S. 325

S. 287: »Die meisten meiner Figuren wünschen ...: ebd., S. 93

S. 288: »Amerikaner zu sein bedeutet, ...«: – »To be an American is to feel the promise as a birthright, and to feel alone and haunted when the promise fails. No failure in America, whether of love and money, is ever simple; it is always a kind of betrayal, of a mass of shadowy, shared hopes.« Greil Marcus, Mystery Train. Images of America in Rock 'n' Roll Music. Plume, New York 1997, S. 20

S. 288: »Weil wir eben an Hoffnungen ...« – »Because of our faith in promises, the true terror of doom is in the American's natural inability to believe doom is real, even when he knows it has taken over his life.«: ebd., S. 33

S. 288: »so tief wie Sex oder Habsucht in die schismatische Psyche ...«: Eldridge Cleaver, zitiert aus: Black and Blue. Literatur aus dem Jazz-Zeitalter. Eine Anthologie, hrsg. von Hans Christoph Buch. Suhrkamp, Frankfurt/M. 1995, S. 231

S. 289: »Unser Ziel ist nicht die Bekämpfung eines Rivalen ...«: Stephen Peter Rosen, zitiert aus: USA – das vermessene Imperium. Edition Le Monde Nr. 3, 2008, S. 6

S. 290: »Die entstehende Gesellschaft ist noch zur Hälfte von ...«:

Alexis de Tocqueville, Über die Demokratie in Amerika. Fischer, Frankfurt/M. 1956, S. 219

S. 290: »Desolation Row«: Bob Dylan, ©1965 Warner Bros. Inc.; renewed 1993 by Special Rider Music

S. 292: »entschweben wie Luftschiffe ...«: George Packer, Die Abwicklung. Eine innere Geschichte des neuen Amerika. S. Fischer, Frankfurt/M. 2014, S. 10

S. 292: »I am the auto salesman and I love you«: John Berryman, The Dream Songs. FSG Books, New York 2007, S. 24

S. 293: »Eure Etüden«: Gottfried Benn, Gedichte. Fischer, Frankfurt/M. 2006, S. 455

S. 294/295: »5 Dollars«: Charles Bukowski, in: Play the Piano Drunk Like a Percussion Instrument until the Fingers Begin to Bleed a Bit. HarperCollins, New York 2003, S. 63

S. 295: »The Changing Light«: Lawrence Ferlinghetti, in: How to Paint Sunlight. Lyric Poems & Others. New Directions, New York 2001, S. 8

S. 299: »Unter der Berührung dieses göttlichen Lichts schienen ...«: John Muir, Die Berge Kaliforniens (Übersetzung: Jürgen Brôcan). Naturkunden – Matthes & Seitz, Berlin 2013, S. 55

S. 302: »Wenn wir sie nun mit forschendem Blicke betrachten ...«: Arthur Schopenhauer, Die Welt als Wille und Vorstellung. Voltmedia, Paderborn o. J., S. 140

S. 303: »Es besteht eine Beziehung ...«: – »There is a relation between the hours of our life and the centuries of time. As the air I breath is drawn from the great repositories of nature, as the light on my book is yielded by a star a hundred millions of miles distant, as the poise of my body depends on the equilibrium of centrifugal and centripetal forces, so the hours should be instructed by the ages and the ages explained by the hourS. Of the universal mind each individual man in one more incarnation.« Ralph Waldo Emerson, Essays. Peter Pauper Press, New York o. J., S. 8

S. 304: »There is no great and no small ...«: ebd., S. 6

Der Autor zu Lightnin' Hopkins

Bei TBOOKS COLOGNE ist in einer Edition der ergänzende Essay »Burning Bad Gasoline« über Sam »Lightnin'« Hopkins erschienen.

Danksagung

Danke Hannah. Danke dem CTP, Walter Dahn, Jacob Sweetman, Matthias Klein, Riaz Mohammed, Jorinde Fischer, Nikolaus Deutsch, Hans Decker, DERMES, den Metzes und Freischlads.

Danke Kim ›Kimbaji‹ Schneider, Nova Zef, Philip Emde, Arielle Rose, Jeanne Kaiser, Sumit ›Babaji‹ Sharma & Jackie, Tim, Nickel, Angela & Fenn & Siena Edwards, Mr. Wallace, Gabriella & Ally & Vinnie Freitas, Tim Carroll, Caitlin, Ross Reiland, Ashlin Parker, Gigi, Sergio, Hector, Ernesto, Piper, Mark Rodriguez, Valerie Babayan, Erin Weber, Nathan Rhodes, Shawn, Rick Brown, Sarah Niewens und allen anderen, die diese Reise begleiteten.

Danke Pia Janssen, (tim), Jenny Brenke, Julie Mosmuller und Britta Rath.

Weitere Reiseabenteuer bei DuMont ...

PAPERBACK, 336 SEITEN
ISBN 978-3-7701-8250-3
PREIS 14,99 € [D]/15,50 € [A]
AUCH ALS E-BOOK ERHÄLTLICH

Die Suche nach Indien

Eine Reise in die Geheimnisse Bharat Matas

von Dennis Freischlad

Über viele Jahre hinweg hat der Dichter und Künstler Dennis Freischlad in Indien gelebt, er hat sich als Übersetzer und Bibliothekar, Farmer, Koch und Hostelmanager verdingt. Nun begibt er sich auf einen weiteren Roadtrip durch *Bharat Mata,* Mutter Indien, um jenen indischen Geheimnissen nahezukommen, die zwischen Mensch und Mythologie einen einzigartigen Zugang zur Welt bilden. Auf der Suche nach Indien reist Dennis Freischlad auf abenteuerlicher Route mit seinem Motorrad vom tempelreichen Süden des Landes über das paradiesische Kerala und das schillernd-zerstörerische Mumbai bis in die Steppe des romantischen Rajasthan. Weiter geht es mit dem Zug in den Punjab, um schließlich an den Ufern des Ganges im mystischen Varanasi anzukommen, der heiligsten Stadt der Hindus.
Hinsichtlich Erfahrungen, Begegnungen und Intensität wird es eine Reise durch das »reichste Land der Welt«. Der Indienkenner schildert den Alltag, die Geschichte und Gegenwart der Inder in spannenden, poetischen und oft skurrilen Begegnungen und erzählt aus erster Hand von ihren Träumen und Realitäten, immerwährenden Katastrophen und Hoffnungen.

PAPERBACK, 248 SEITEN
ISBN 978-3-7701-8273-2
PREIS 14,99 € [D]/15,50 € [A]
AUCH ALS E-BOOK ERHÄLTLICH

Stadt im Rausch

Auf der Suche nach dem Glück in Las Vegas

von Christoph Wöhrle

Es gibt viele Arten von Glück in Las Vegas: Glück im Spiel, Glück in der Liebe oder Glück im Big Business. Aber es gibt hier auch viele Verlierer, die bei all diesem Glück nicht mithalten können. »Stadt im Rausch« ist ein Buch über die Glücksritter von Las Vegas, über ihre Träume, und das, was daraus wurde. Christoph Wöhrle trifft Pokerspieler, Stripperinnen, Boxer, Unternehmer, Magier und Obdachlose, die alle ihre Fortune in Sin City gesucht und herausgefordert haben. Und natürlich probiert er sich auch selbst am Spieltisch, er lässt sich nach einer durchzechten Nacht den Kater von einem Arzt wegdoktern, er versucht erfolglos, einen Hamburger mit acht Lagen Fleisch zu essen, und er sucht nach den Gegensätzen der Glitzermetropole, pendelt zwischen denen, die es nach ganz oben geschafft haben, und denen, die es nach ganz unten zog. Die Stadt ist für ihn eine Amour Fou geworden, in deren Arme es ihn immer wieder treibt. En passant bereist er die Gegend rund um die Neonmetropole in der Wüste, er nimmt die Leser mit in ein Indianerreservat oder zum wunderschönen Lake Mead.

»Stadt im Rausch« ist ein Buch für Las Vegas-Fans und für Las Vegas-Hasser, für USA-Reisende und für Liebhaber guter Geschichten.